Claude Gauteur
Ginette Vincendeau

JEAN GABIN

24, rue des Grands Augustins - 75006 Paris
ISBN-10 : 2-84736-164-2
ISBN-13 : 978-2-84736-164-2
Dépôt légal : avril 2006
N° d'impression : 040620314-2000
Imprimé chez Présence graphique

Claude Gauteur
Ginette Vincendeau

JEAN GABIN

Anatomie d'un mythe

nouveau monde
éditions

Des mêmes auteurs

Claude Gauteur

- *D'après Simenon. Simenon et le cinéma*, Carnets Omnibus, 2001.
- *Michel Simon*, Éditions du Rocher, 2005.
- *D'un Renoir à l'autre*, Le Temps des Cerises, 2005.

Ginette Vincendeau

- *French Film : Texts and Contexts* (avec Susan Hayward), Londres, Routledge, 1990.
- *Popular European Cinema* (avec Richard Dyer), Londres, Routledge, 1992.
- *Stars and Stardom in French Cinema*, Londres/New-York, Continuum, 2000.
- *Jean-Pierre Melville. An Américan in Paris*, Londres, British Film Institute, 2003.
- *La Haine*, Londres, I.B. Tauris, 2005.

PRÉFACE

Ce livre est un « OVNI » dans le paysage bibliographique français.

On publie tous les ans, depuis les origines du cinéma, des dizaines de volumes sur la vie des acteurs, petites ou grandes stars, sur leur déboires sentimentaux ou leurs frasques amoureuses. De nouveaux hebdomadaires qualifiés de « people » se substituent aux anciens, et leur tirage s'amplifie. En revanche, les livres qui ont la témérité de prétendre analyser le jeu d'un acteur, sa dimension mythique et anthropologique, se comptent toujours sur les doigts d'une seule main.

Il est fondamental de relancer la réflexion théorique sur l'acteur de cinéma. La plupart des titres régulièrement publiés sont des autobiographies ou des hagiographies écrites par des admirateurs. Leur projet est rarement analytique. Or, comme chacun sait, l'acteur joue un rôle décisif dans le rapport du spectateur au film, mais ce rôle est paradoxalement peu étudié tant le poids du *star system* est grand, et le rapport à l'acteur de type magique, comme marqué par un tabou.

Et pourtant, dès 1957, Edgar Morin avait lancé une réflexion stimulante sur le phénomène de la star, restée sans véritable suite, jusqu'aux travaux anglo-saxons des années 1970 et 1980, notamment ceux de Richard Dyer (*Stars*, 1979, traduction française 2004). Cette *Anatomie d'un mythe* est donc assez novatrice en France.

Jean Gabin est assurément un mythe qui traverse l'histoire du cinéma français. Il incarne à tout jamais une certaine francité gouailleuse et arrogante, souvent irascible. C'est le seul acteur de la période classique du cinéma français dont le nom reste familier aux jeunes spectateurs d'aujourd'hui.

Cet essai comprend deux parties fondées sur deux méthodes et développe deux thèses. Outre la vertu didactique et théorique, la confrontation de celles-ci nous semble apporter des éléments d'analyse productifs.

Les trois premiers chapitres proposé par Claude Gauteur, version remaniée et augmentée de la première monographie de l'acteur, publiée en 1976, reposent sur une approche *externe* de l'image de l'acteur, tant celle qu'il a voulu lui-même offrir dans ses déclarations publiques, que de celle construite par le discours critique (journaux, revues spécialisées, mémoires d'acteurs et de personnalités du spectacle). Claude Gauteur, historien du cinéma français connu pour sa méticulosité, a opté pour une stratégie d'apparence modeste, fondée sur le montage de témoignages, de jugements et d'opinions.

Le lecteur découvrira ici un véritable « dossier Gabin », accumulant sur la carrière de l'acteur, puis sur l'élaboration de sa mythologie publique des documents de première main, scrupuleusement sélectionnés et référencés dans la presse de l'époque. Les textes contemporains de la distribution initiale des films témoignent de l'émergence de la figure de la future star, qui fut d'abord inspirée de Maurice Chevalier dans ses premières apparitions publiques.

De même, les extraits d'articles choisis par Claude Gauteur dans les années 1960 et 1970 permettent d'étayer son hypothèse fondée sur deux mythes irréconciliables : le mythe du héros du « réalisme poétique », à l'époque du Front populaire, et celui du sexagénaire bougonnant et râleur, contemporain du déclin du gaullisme : « Photographié en 1936 auprès de Maurice Thorez, Jean Gabin n'aurait pas choqué. Pas davantage en 1972 auprès de Georges Pompidou », écrit l'auteur.

Cette image est précisément celle que la critique cinématographique a construite à partir des films réalisés dans la dernière partie de sa carrière. Les deux mythes restent contradictoires à un certain niveau, celui de l'image publique, de sa relation immédiate aux événements sociaux, politiques d'une période.

Cette lecture sociopolitique du mythe est incontestable : le Gabin des *Vieux de la vieille* est, tant idéologiquement qu'esthétiquement, à des années-lumière de celui de *La Belle Équipe*. Mais elle demeure limitée si l'on désire en produire une lecture anthropologique. Cette autre approche du mythe permet d'expliquer pourquoi l'acteur a pu offrir les éléments d'une identification nationale qui survit à sa carrière.

Les nouvelles générations découvrent les films des années 1970 en même temps que ceux des années 1930, en dehors de toute évolution chronologique, et cette découverte atteste de la permanence du mythe qu'incarne l'acteur Jean Gabin, métaphore de valeurs nationales (esthétiques, morales, comportementales), archétypes du « Français » tel que l'imaginent tous les spectateurs du monde et en premier lieu, bien sûr, les « non Français ».

Jean Gabin est, au même titre qu'à pu l'être Brigitte Bardot pour les femmes, l'emblème même de l'homme français, et c'est ce que démontre de manière très novatrice Ginette Vincendeau dans la seconde partie de ce livre. Sa méthode s'oppose à celle de Claude Gauteur et le lecteur pourra apprécier, nous l'espérons, le fonctionnement dialectique de ces six chapitres.

Ginette Vincendeau procède par analyse *interne*. Elle évacue la quasi-totalité des discours de l'acteur sur ses propres personnages pour partir de l'analyse la plus approfondie possible de ses « performances », telles que les films aujourd'hui nous les restituent. Les chapitres de Ginette Vincendeau font appel à la démarche de l'histoire culturelle, à ce que les Anglo-saxons appellent les *cultural studies*. Dans le cas présent, il s'agit d'une analyse fondée sur les aspects économiques et anthropologiques (une « star »), nationaux (un « Français »), et sexuels (un « homme ») du personnage.

Mais l'originalité de l'étude de Ginette Vincendeau réside dans le fait qu'elle conjugue une approche socioculturelle avec une approche marquée par les études féministes d'inspiration psychanalytique, dans le sillage des travaux de Laura Mulvey (« Visual Pleasure and Narrative Cinema », *Screen, CinemaAction*, n° 67, dossier réuni par Ginette Vincendeau et Bérénice Reynaud, printemps 1993). Le lecteur aura ainsi le plaisir de découvrir dans le sixième chapitre de ce livre « Un homme », une lecture inédite et fort stimulante du caractère masculin du mythe Gabin, « représentant à la fois l'évidence de la virilité et une masculinité en crise ». C'est parce qu'il a su concilier ces éléments contradictoires que l'acteur a pu accéder au statut de « star » et traverser l'époque « classique » du cinéma français jusqu'aux années 1970 : « Il réussit la réconciliation magique de valeurs antagonistes : ordinaire et extraordinaire, pauvre et riche, prolétaire aux racines dans la France profonde et bourgeois individualiste qui a réussi son ascension sociale, héros viril par excellence qui valorise les valeurs féminines », c'est ce que Ginette Vincendeau nomme avec humour le « système G » pour en conclure, à la différence des propositions de Claude Gauteur, qu'il existe en ce sens une continuité profonde entre la figure mythique des années 1930 et celle de l'après-guerre.

Il appartient au lecteur, en fonction de son propre rapport aux personnages auxquels Jean Gabin a prêté son visage, de choisir entre ces deux approches.

Michel Marie

PREMIÈRE PARTIE

GABIN PLURIEL : DEUX MYTHES INCONCILIABLES ?

par Claude Gauteur

« *Jean Gabin* [...] *c'est l'homme qui a reçu en don un sixième sens : celui du cinéma. Il ne joue pas devant les caméras ; il se contente d'être lui-même, et cela impressionne merveilleusement la pellicule. Un phénomène, un miracle comme Bancroft ou Wallace Berry. Le seul que je connaisse en France !* »

(Jean Renoir, à Michel Gorel, *Cinémonde*, n° 417, 15-10-1936)

« *Être tragique au sens classique du mot, et cela en restant coiffé d'une casquette, vêtu d'un bleu de mécanicien et en parlant comme tout le monde, c'est un tour de force que Gabin a accompli en jouant ce rôle de Jacques Lantier.* »

(Jean Renoir présentant *La Bête humaine*, *Cinémonde*, n° 529, 7-12-1938)

« [...] *Vous souvenez-vous, dans* la Grande Illusion *ou dans* La Bête humaine, *des regards de Gabin ? Le regard de Gabin sur un écran, quelle merveille, quel miracle ! Les sentiments les plus divers y défilent. On les lit, ils ne vous trompent pas. Eh bien, il m'est arrivé, pour lui faire exprimer un sentiment d'émotion de lui demander de songer à tout autre chose. Un jour, ne parvenant pas à obtenir l'œil désiré, je suivis Gabin dans un coin et lui vantai les mérites du bœuf mironton. Ah ! ce regard ! cette expression ! J'en étais moi-même confondu.* »

(Jean Renoir, à Maurice Bessy, *Cinémonde*, n° 683, 2-09-1947)

AVANT-PROPOS

La première édition de la première partie de ce livre sortit en librairie dans la deuxième quinzaine d'octobre 1976[1]. Le 15 novembre, la nouvelle de la mort de Jean Gabin éclatait, que rien ne laissait prévoir si brutale. Je le lui avais fait parvenir, en lui précisant que, s'il daignait jeter un œil sur elles, certaines pages lui plairaient peut-être, d'autres moins assurément, les unes comme les autres dictées nonobstant par une profonde admiration : mais le plus français des acteurs sinon le plus acteur des Français n'avait-il pas personnifié successivement à l'écran deux mythes inconciliables ? Ce sont ces deux images contraires – cet emblème bifrons – qu'il a fait forger de lui qui étaient – et qui demeurent – au cœur de mon approche. La vie publique (mythologique) de l'acteur et non, bien évidemment, la vie privée de l'homme.

Le hasard voulut que ce fut le seul ouvrage qui lui fut consacré de son vivant. Après sa disparition, cinq autres, de la plaquette de poche au pavé de l'ours, devaient paraître entre 1977 et 1983. Démarquage de copiste, hagiographie lénifiante ou maquillage éhonté, l'obsession, puérile, est identique : éliminer les témoignages négatifs, pourtant connus de tout le monde ; écarter non seulement toutes les critiques défavorables mais aussi les plus bénignes réserves. Au mépris de la plus élémentaire vérité historique. C'est pourquoi, même si je n'épouse pas toutes ses conclusions (j'y reviendrai), je tiens Jacques Siclier pour le plus subtil exégète de Jean Gabin[2], et, à titre gracieux, lui ! Michel Audiard, qui a tenu à son endroit des propos insultants (*France-Soir*, 31-08-1977), s'était trompé de cible.

« Seule biographie autorisée », le *Gabin* d'André Brunelin (l'acteur avait choisi de son vivant l'auteur, qui fut son attaché de presse et son ami, afin qu'il écrive sa vie) est, effectivement, « presque une autobiographie ». Brunelin a signé là, fin 1987, ce « Gabin par Gabin », que l'homme (mal connu, d'une extrême complexité, voire énigmatique) comme l'artiste devait à ses admirateurs, et que j'appelais de mes vœux au terme de mon essai, ne pouvant imaginer que le temps lui était à ce point compté.

« Les préoccupations de Gabin dans la vie courante sont absolument opposées aux miennes, disait Simone Signoret. Je ne fais pas courir de trotteurs à Vincennes, je n'élève pas de vaches, et on n'a pas les mêmes idées sur bien des choses. Sauf sur une, et elle est de taille : comment jouer la comédie ensemble. Nous nous sommes tendrement aimés à jouer à nous haïr dans le film [*Le Chat*]. Pendant les pauses, il me racontait son Hollywood à lui, son Jean Renoir et son Jacques Prévert, et c'était beau de retrouver dans son œil le regard du déserteur de *Quai des brumes*, dans son sourire le sourire du capitaine Maréchal de *La Grande Illusion* » (*La nostalgie n'est plus ce qu'elle était*, Le Seuil, 1978, p. 364). « Parsifal des faubourgs [...] destiné à incarner, à sa manière, le Français râleur, buté et pousseur de coups de gueule », Gabin « incarna la France » note Jean Cau, qui conclut : « Prolo, comédien, paysan, propriétaire, séducteur, pater familias, mythe et tout ce que l'on voudra mais, jusqu'à la caricature – prodigieuse mais caricature quand même – le Français d'abord » (*Paris Match*, n° 1942, 15-08-1986).

Jugement corroboré par les résultats du référendum organisé par *Paris Match* (et TF1) en 1987 auprès de ses lecteurs sur « les Françaises et les Français ayant le plus marqué les quarante dernières années ». Cent vingt personnalités ont été réparties par groupes de dix en douze spécialités. Parmi les dix acteurs sélectionnés, quatre vivants : Philippe Noiret (1931), Jean-Paul Belmondo (1933), Alain Delon (1935) et Gérard Depardieu (1948), et six morts : Bourvil (1917-1970), Fernandel (1903-1971), Michel Simon (1895-

1975), Jean Gabin (1904-1976) et Yves Montand (1921-1991). À côté de Charles de Gaulle pour la politique, Marcel Pagnol pour la littérature, Albert Schweitzer pour les sciences, Pablo Picasso pour l'art, Édith Piaf pour la chanson, etc., Jean Gabin a été plébiscité, ainsi que Simone Signoret pour les actrices (*Paris Match* n°s 1977, 1978 et 2000 des 17-04, 24-04 et 25-09 1987).

Jean Gabin en effet appartient à l'histoire des passions françaises du *XXe siècle* tout autant qu'à celle du cinéma. « Les acteurs, écrit précisément Theodore Zeldin, sont aussi importants que les hommes politiques pour ce qui est d'exprimer l'opinion publique, et peut-être même davantage, puisque les spectateurs acceptent de payer pour les voir vivre les problèmes qui se posent à eux [...] Parler d'une vedette de cinéma n'est ni frivole ni étranger à l'image que les gens se font d'eux-mêmes[3] ».

Jean Gabin fut, selon la belle formule de Pascal Jardin (dans sa pièce *Comme avant*), « l'expression souveraine de la France dans la splendeur de ses contradictions ». Aujourd'hui comme hier, c'est tout le sujet de cet essai, revu, corrigé et augmenté. Entre-temps, le monde a quelque peu changé, et l'auteur aussi parfois.

CHAPITRE 1

CARRIÈRE

> « *Jamais je n'ai pensé à mes débuts que je ferais une carrière pareille. D'abord, je ne voulais pas être comédien, et cela pour une bonne raison : je déteste apprendre des rôles. Que voulez-vous, je suis « feignant » de nature. Aussi, quand je voyais travailler mon père, qui jouait dans des opérettes et des revues, j'avais envie de faire tous les métiers, sauf celui d'acteur.* »
>
> (Jean Gabin, à Jean-Claude Mazeran, *Le Journal du dimanche*, n° 1299, 17-10-1971)

Jean, Alexis, Gabin, Moncorgé, dit *Jean Gabin*, est né le 17 mai 1904 à Paris, 23, boulevard Rochechouart dans le 18e, précédé par six frères et sœurs. Sa mère a été chanteuse fantaisiste ; son père est chanteur de café-concert et compère de revue. Premières années à Mériel (Seine-et-Oise), où il contracte ce goût de l'air, de l'eau et de la terre, de la pêche et de la chasse, de la culture et de l'élevage, qui ne le quittera plus. Il se plie difficilement à la discipline de l'école du village, puis, pendant la guerre, à celle de la rue de Clignancourt. Rêvant d'être chauffeur-mécanicien sur une locomotive (rêve qu'il réalisera en conduisant « La Lison » dans *La Bête humaine* : « *assurément le plus beau jour de ma vie* »), il s'enfuit du lycée Janson-de-Sailly, où son père l'avait mis pensionnaire.

Il est, successivement, cimentier à la gare de la Chapelle, manœuvre dans une fonderie à Beaumont, magasinier aux Magasins d'automobiles de Drancy. Son père feint alors de s'incliner, mais, agissant par surprise, le présente à Pierre Fréjol, administrateur des Folies-Bergère, qui l'engage ! « Frimant », « bec de gaz dans le lointain », Gabin fils a pour parrain de théâtre le célèbre comique Bach.

Sur les planches (1922-1930)

« Voici Gabin fils aussi drôle que l'est son père. »
(Mistinguett, *Paris-Midi*, 23-03-1928)

Selon Philippe Chauveau, « Jean Gabin, ne cherchez pas ce nom au programme, débute, payé 600 F par mois, le 11 février 1922, dans la revue *Folie sur folie*, de Louis Lemarchand, dont Bach [...] et Jenny Golder sont les vedettes. Il paraît en maréchal de Saxe dans le tableau intitulé « La Guerre en dentelle », puis en garde dans une autre vantant les mérites des « Sports d'hiver à Davos ». (Intégrale Jean Gabin, Fremeaux et Associés SA, 1994).

1923. Marguerite Deval, Thérèse Dorny, Gaby Montbreuse et Miss Iriss Rowe, Signoret, Morton, Georgé, Quinault et Vilbert créent, le 14 avril, la nouvelle *Revue de Rip* au Vaudeville. Jean Gabin y est un garde égyptien, un contrôleur, un mendigot et un pirate. Le 1er juin, nouvelle version, avec Spinelly dans *L'Amour à Paris*. Toujours en 1923, mais aux Bouffes-Parisiens cette fois, Jean Gabin est, au premier acte, un barman dans *La Dame en décolleté*, comédie musicale en trois actes d'Yves Mirande et Lucien Boyer, musique de Maurice Yvain, que jouent, à partir du 23 décembre, Dranem et Lucien Baroux, Marthe Davelli et Tirmont, de l'Opéra comique. Suivant Brunelin (*Gabin*, Robert Laffont, 1987, p. 106), son père lui décroche une figuration, toujours aux Bouffes-Parisiens, dans *Là-Haut*, dont les vedettes sont Maurice Chevalier, idole de Jean, Dranem et... Joseph Gabin.

En 1924 et 1925, Jean Gabin effectue son service militaire. Fusilier-marin à Lorient, il est ensuite affecté au ministère de la Marine à Paris.

Le 3 décembre 1925, Dranem, Edmond Roze et Jeanne Saint-Bonnet créent aux Bouffes-Parisiens *Trois Jeunes Filles nues*, opérette en trois actes d'Yves Mirande et Albert Willemetz pour le livret, et Raoul Moretti pour la musique. Joseph Gabin, pensionnaire des Bouffes depuis une douzaine d'années, interprète le commandant Le Quérec. Gaby Basset, épouse de son fils, y est une piquante « femme au homard ». Notes de Georges Van Parys dans son journal en janvier 1926 :

> « Une petite bonne femme très gentille, frimousse de parigote : Gaby Basset, qui détaille des couplets faussement innocents. Son mari vient tous les soirs avec elle, un blond un peu rouquin à l'air jaloux, la mine patibulaire avec de bons yeux de toutou. Quarante ans à eux deux. C'est le fils de l'acteur Gabin, qui joue souvent aux Bouffes-Parisiens. Il vient d'être libéré du service militaire et veut, lui aussi, faire du théâtre. Nous allons parfois ensemble boire un demi en sortant du cabaret » (*Les Jours comme ils viennent*, Plon, 1969, p. 63).

Trois Jeunes Filles nues est repris le 1er septembre 1926 jusqu'en décembre : Jean Gabin, jusque-là doublure, y tient, pour la première fois aux côtés de son père, le rôle de Marcel, créé par Gustave Nellson, Dranem étant, d'autre part, remplacé par Serjius.

En 1927, Jean Gabin présente un tour de chant à Paris et en province. Période difficile :

> « *"Laissez votre adresse, on vous écrira." C'est une phrase que j'ai entendue pendant six mois, presque tous les jours. De temps en temps, j'arrivais à placer mon tour de chant à l'Eden d'Asnières ou au Kursaal de Clichy. J'avais un peu de succès : je chantais des trucs de Dranem à la manière de Maurice Chevalier. C'était pas la mort du petit cheval, mais c'était loin d'avoir la classe internationale*[4]. » Il part en tournée en Amérique du Sud – « *la plus toquarde que j'ai jamais faite* ».

1928. Faute d'engagements, il passe une audition pour une seconde tournée en Amérique du Sud. Mistinguett, qui prépare sa rentrée, le remarque et le fait engager comme boy au music-hall du Moulin Rouge dans *Paris qui tourne*, de Jacques-Charles et Earl Leslie. À partir du 18 avril, les sœurs Mazza, Mlle Domenica et Jean Gabin y chantent et dansent « Il faut savoir demander ça gentiment », paroles de Jacques-Charles et Léo Lelièvre fils, musique de René Sylviano et Jean Boyer. Jean Gabin y est également « l'homme du milieu au bouledogue » dans « Une femme qui a beaucoup de chiens ». « Mégotier », il chante avec Mistinguett « La Java de Doudoune », paroles de Mistinguett et Didier-Gold, musique de José Padilla, dans « Un début dans le demi-monde ». Enfin, il est « Pontgibault » dans « La du Barry », tableau inspiré par Cécile Sorel à Mistinguett, qui y fait scandale. Appuyé par les royalistes, les bien-pensants et les patriotes, le préfet de police Chiappe essaie de faire interdire la scène de la montée à l'échafaud, où Mistinguett-du Barry implore le bourreau tout en montrant ses jambes. Pierre Laval, dit-on, fait échouer la manœuvre. À la 300e, ce sketch discuté est remplacé par « La Panthère », où la Miss reprend son plus grand succès « Mon homme » et danse « La Tempête » avec Gabin. La dernière a lieu le 13 janvier 1929.

1929. À compter du 19 janvier, toujours au Moulin Rouge, Jean Gabin chante la mode des « petites sockettes » pour femmes, paroles de Léo Lelièvre fils et Sylviano, musique de Fred Pearly et Pierre Chagnon, dans *Allô... Ici Paris*, deux actes et quarante-cinq tableaux de Jacques-Charles et Earl Leslie. Il est également de « C'est si bon d'aller doucement », « L'Article de Paris », « Il faut danser » et de deux numéros comiques, le soldat Brutus Cocordase dans « La Grande épreuve » et La Fanouille dans « Le Dompteur », avec le clown Dandy, ici La Cloche, là le soldat Ange Charmillon, par ailleurs « Hank et sa mule » et seul bénéficiaire d'une entreprise par trop disparate, arrêtée en plein insuccès début mars.

Un demi-siècle plus tard, Georges Tabet se souvient de ce jeune premier morose, ne trouvant de réconfort que dans l'amitié de

Dandy, et désolé que le Moulin Rouge passe des mains de M. Foucret à celles de M. Natan :

> « Gabin ne souriait pas, les lèvres minces toujours serrées. [...] Sa carrière semblait ne pas vouloir démarrer, pour une raison majeure, incroyable aujourd'hui : il n'avait aucune personnalité. Quoi qu'il fît, chant ou danse, il ne pouvait s'empêcher d'imiter Chevalier ». (*Vivre deux fois*, Robert Laffont, 1979, respectivement pp. 87 et 83).

Le 9 mai 1929, Jean Gabin fait aux Bouffes-Parisiens ses véritables débuts de jeune premier comique dans *Flossie*, opérette en trois actes de Marcel Gerbidon, paroles de Ch. L. Pothier, musique de Joseph Szule, interprétée par Jacqueline Francell, Marthe Derminy, Mireille et Josylla, Koval, Louis Blanche, Georgé et Robert Ancelin. Paul Reboux le trouve « assez drôle » (*Paris-Soir*, 10-05), et Georges Pioch « drôlatique avec mesure » (*Soir*, 10-05). Pierre Lazareff vante « la bonne grâce et le naturel de son comique » (*Paris-Midi*, 09-05). Et Nozière écrit : « M. J. Gabin [...] a des qualités précieuses, une autorité qui se dissimule, de l'humour. Il fait songer à M. Sacha Guitry. Je ne crois pas pouvoir lui offrir un plus bel éloge » (*L'Avenir*, 17-06). Gros succès, *Flossie* est donné quatre cents fois.

Le 7 mai 1930, Jacqueline Francell et Meg Lemonnier, Koval, Louis Blanche, Lucien Baroux, Robert Ancelin, Paul Faivre et Joseph Gabin créent *Arsène Lupin banquier*, opérette policière en trois actes et quatre tableaux d'Yves Mirande, d'après Maurice Leblanc (qui, par la suite, en tirera un roman), musique de Marcel Lattès. À la reprise, le 3 septembre, Jean Gabin a droit, pour la première fois, à une photo pleine page du programme des Bouffes-Parisiens. La presse est flatteuse : acolyte « à transformations » de Koval-Lupin, « Jean Gabin multiplie ses dons précieux de tranquille goguenardise en garçon de banque, en serveur, en mécano, en secrétaire de Topaze et en faux agent » (*Paris-Midi*, 09-05). Père et fils sont réunis dans un même éloge : « M. Jean Gabin a mis la salle en joie. C'est un de nos comédiens gais les mieux doués. Sa puissance comique est irrésistible [...]. Et M. Joseph Gabin a composé une bien amusante silhouette de vieux général » (*Paris-Soir*, 09-05). « M. Jean Gabin est pour nous un nouveau venu; je crois, écrit Pierre Veber, que ce jeune artiste a un très bel avenir dans les comiques d'opérette; il réussit à merveille toutes ses compositions et passe avec le même bonheur de Dranem à Chevalier » (*Le Petit Journal*, 10-05). « M. Jean Gabin, qui a une véritable nature, gagnera à se dégager de l'influence que Maurice Chevalier exerce sur lui comme, d'ailleurs, sur tous nos jeunes chanteurs » [lui] avait conseillé Paul Achard (in *La Presse* du 28-04-1928). « Gabin fils éclipsera-t-il son père ? Il possède une vraie personnalité comique, mais surtout qu'il ne cherche pas à imiter Dranem !... » [lui] conseille *Aux Écoutes* du 10-05-1930.

Le 11 décembre 1930, les Bouffes-Parisiens affichent *Les Aventures du roi Pausole*, opérette en trois actes d'Albert Willemetz, d'après le roman de Pierre Louÿs, musique d'Arthur Honegger, avec Jacqueline Francel, Meg Lemonnier, Dorville, Koval, Pasquali et, dans de petits rôles, Simone Simon et Cora Lynn, qui ne s'appelle pas encore Edwige Feuillère. Jean Gabin en effet n'imitera plus Dranem ni Maurice Chevalier : il quitte les Bouffes pour débuter au cinéma, qui va l'emmener en Allemagne, en Espagne, au Canada et en Afrique du Nord.

Il ne remontera sur les planches qu'en 1949 pour créer, avec Madeleine Robinson et Claude Dauphin, *La Soif*, d'Henry Bernstein, au Théâtre des Ambassadeurs, aujourd'hui Espace Pierre Cardin.

Sous les sunlights (1931-1935)

> « *Jean Gabin* (Paris-Béguin, Gloria) *deviendra probablement un meilleur acteur que Flamant. Il a encore plus cette aisance populaire, cette simplicité éveillée, mais il est moins séduisant.* »
>
> (Jean-George Auriol, *La Revue du Cinéma*, 1-12-1931)

Jean Gabin aurait débuté au cinéma dans un sketch muet, *Les Lions* :

> *« On était deux clodos. On se promenait devant la ménagerie où il y avait accroché une pancarte : « On demande un dompteur ». Des gens se présentaient, des costauds. Ils entraient, on entendait des rugissements ; et le type sortait sur une civière. Dandy, qui mesure 1,50 mètre, se dégonflait pas quand même. Il entrait dans la cage. On entendait des rugissements encore plus terribles. Puis Dandy sortait de la cage, en costume de dompteur rouge et or, et il accrochait une pancarte : « On demande des lions ». C'était pas génial, mais ça faisait rire. On en a fait d'ailleurs tous les deux un petit film, mais je ne sais pas s'il est jamais sorti »* (*Opéra* n° 282, 6-12-1950).
>
> *« J'ai commencé en 1931, un peu avant le parlant. J'ai fait des sketches sonores avec Dandy, un comique, un petit bonhomme qui m'arrivait à l'épaule. Ça s'appelait Ohé ! les valises et Les Lions. Je n'ai jamais su pourquoi »* (À Alain Rémond, *Télérama* n° 1289, 25-09-1974).

De 1931 à 1935, il tourne dans vingt films. Et c'est le vingtième qui l'impose. Si *Variétés* est « le dernier film qu'il ne choisit pas », *La Bandera*, résume excellemment Brunelin, ouvre « la voie royale des films voulus et déterminés par lui ». Les mythes, d'ailleurs contradictoires, qu'il a assumés en quarante-cinq ans de cinéma, sont déjà inscrits dans quelques-uns de ces films et dans les personnages qu'il y interprète.

Par ordre chronologique donc : *Chacun sa chance, Méphisto, Paris-Béguin, Tout ça ne vaut pas l'amour, Cœur de lilas, Pour un soir… !* et *Cœurs joyeux* (1931) ; *Les Gaîtés de l'escadron, La Belle Marinière* [« *mon premier très grand rôle* » (*Opéra* n° 287, 03-1-1951)], *La foule hurle* et *Gloria* (1932) ; *L'Étoile de Valencia, Adieu les beaux jours* – dont Frank Borzage fera le *remake, Désir*, avec Marlène Dietrich et

Gary Cooper –, *Le Tunnel* et *Du haut en bas* (1933) ; *Zouzou*, où il est le frère adoptif de Joséphine Baker, et *Maria Chapdelaine*, où il est François Paradis (1934) ; *Golgotha*, *Variétés* et *La Bandera* (1935). Principales partenaires : Annabella (deux fois), Brigitte Helm et Madeleine Renaud (trois fois chacune). « Jean Gabin, note Odette Pannetier, qui était encore inconnu il y a quelques mois est en train de devenir une très grande vedette. Il est naturel, il respire la bonté, l'indulgence [...] Il sait être comique sans jamais rien exagérer et il est prodigieux de voir ce qu'il peut tirer d'un simple mouvement de sourcil, d'un haussement d'épaules, d'un tapotement des doigts sur la table » (*Ric et Rac*, 10-12-1932. À propos de son interprétation « vraiment de très grande classe » de *La Belle Marinière*).

Historien de Paris, Louis Chevalier voyait dans le Gabin de *Paris-Béguin*, « le beau p'tit gars de Paris », le titi parisien plus parigot que nature. L'accent, l'allure, tout y est. Un titi parisien, mais d'après la guerre, c'est-à-dire élégant. Costume, cravate, souliers vernis à bouts très effilés. Et surtout, pièce essentielle, le chapeau mou, tantôt baissé sur les yeux, dans les moments de réflexion, tantôt rejeté en arrière du crâne, dans les moments d'abandon. Au lieu de jeu de physionomie, on parlerait de jeu de chapeau, de mimique de chapeau. Quant au compagnon de Dédé [Bob], c'est Ficelle, Fernandel qui, bien entendu, en reste à la casquette [...] ». « Leurs exploits feraient plutôt rire si la mort de Dédé [Bob] ne les faisait oublier, poursuit l'auteur dans cette belle page (393) de *Montmartre du plaisir et du crime* (Robert Laffont, 1980). Dédé [Bob] en train de cambrioler la danseuse, avant de coucher avec elle, est un spectacle impayable. On se dit que Carco aurait pu trouver mieux ». Mieux, pour Gabin, « qu'un rôle d'empoté, un rôle de ce qu'on baptisera un jour les pieds nickelés ».

Ponce Pilate dans *Golgotha* (1935) demeure, avec le maréchal Lannes du *Napoléon* de Sacha Guitry (1955), le seul personnage historique réel interprété par Jean Gabin. Inquiet, l'acteur signait le billet suivant :

« À quoi bon le taire ?
J'imagine que mon choix pour interpréter le rôle de Ponce Pilate dans la prochaine production de Julien Duvivier, Golgotha, *ne manquera pas de surprendre bien des gens.*
Comment, Jean Gabin, tour à tour ouvrier, marinier, trappeur, navigateur, ingénieur, chaque fois sympathique mais chaque fois si près du peuple, dans le rôle du procurateur de Judée ?
Quelle audace !
Pourquoi pas ?
Avant tout, et bien qu'il soit prématuré de parler du scénario de ce film, il faut qu'on sache que Golgotha *ne sera pas une production biblique telle que les Américains et les Allemands ont l'habitude d'en faire. Elle sera d'une conception latine, où la mystique religieuse s'effacera devant la dramatique réalité des faits. Au contraire d'une fresque – dans lequel cas on ne m'aurait sans doute pas choisi – ce sera l'illustration aussi véridique que possible des événements qui, il y a 19 siècles, conduisirent la populace à exiger et à obtenir la mort d'un homme, avec toute la bêtise, l'injustice et l'horreur que comporte ce genre de manifestations.*
Le Ponce Pilate que j'interpréterai n'aura donc que peu de rapports avec le grave proconsul que l'on voit sur le tableau n° III ou n° IV des chemins de croix, décidant du sort du Christ par une négligeante indécision. Je m'efforcerai de le montrer comme il fut sans doute en réalité, tel du moins que les livres que j'ai lus et les personnes qualifiées que j'ai interrogées me permettent de l'imaginer. C'est un soldat, sorti du peuple, qui parvient à un poste important grâce à son courage, mais qui, étant fonctionnaire – les proconsuls romains équivalaient à nos actuels préfets – manque un peu d'initiative. En outre, il est dominé par sa femme, plus intelligente et plus arriviste que lui, laquelle croit au Christ, à la suite d'un songe.
Je connais le savoir et l'érudition de Duvivier ainsi que le talent

de mes camarades. C'est donc sans émotion que j'aborde Golgotha. *Au reste, je ferai de mon mieux pour faire admettre… l'inadmissible.*
C'est donc dire que… je ne m'en lave pas les mains » (*Paris-Soir*, 6-10-1934).

Quinze ans plus tard, Gabin avouait :

« *Peu après mon retour à Paris, Duvivier entreprit la réalisation de* Golgotha *avec Robert Le Vigan dans le rôle du Christ. Il avait déjà engagé Harry Baur pour personnifier le grand prêtre Caïphe, quand il vint me demander de jouer Ponce Pilate. Je ne voulais rien entendre, mais « Dudu » insista tellement que je finis par accepter. Je rejoignis mes autres camarades à Alger, où fut tournée la majeure partie des extérieurs, et je retrouvai à Paris, en studio, Edwige Feuillère qui tenait le rôle de… Mme Pilate ! Je n'avais que quelques scènes dans ce film. Et mes cheveux avaient été taillés à la mesure même de mon rôle… Presque aussi courts ! Mon interprétation dut paraître aussi inattendue que ma coiffure à frange, car je me souviens encore de l'opinion de Jeanson, qui, rédigeant sa critique de* Golgotha, *écrivait alors, à peu près : « Quant à Gabin, ce n'est pas du Golgotha qu'il a l'air de descendre… mais de La Courtille ! D'ailleurs, il s'en lave les pognes !* » » (*Le Film vécu* n° 8, 09-03-1950).

Et encore :

« […] *le truc qui m'a donné le plus de mal, c'est les cothurnes. Je n'ai jamais pu arriver à marcher convenablement avec ça. Il y avait des scènes que Duvivier était obligé de couper parce que le fou rire nous prenait tous au moment le plus pathétique* » (*Opéra* n° 290, 24-01-1951).

Star (1936-1939)

> *« Étrange mauvais garçon, tête exceptionnellement dure ; à l'aise dans les bagarres, ayant le vin triste et quelquefois mauvais ; champion de tous ceux qui n'ont guère de chance et qui, dans des milieux hostiles, luttent péniblement pour des causes simples : la liberté, la nourriture, un amour ou une amitié d'une qualité exceptionnelle. Toujours mal engagé dans l'existence, il garde le cœur pur, à sa manière. Avec ses parts d'ombre et de lumière, pauvre gars pour qui les choses ne vont jamais toutes seules, rarement vainqueur, il touche quantité de cœurs : on se retrouve en lui. Il crée un type : ce fut longtemps un type de rôle, et cela devient un type d'homme. »*
>
> (Charles Spaak, *Cinémonde*, 1-12-1937)

Car, souligne Françoise Holbanne, « Gabin sait ce qu'il lui faut, et voit tout de suite ce qui pourrait faire un bon film. Il est plein d'excellentes idées de scénarios, et un metteur en scène serait bien inspiré en lui demandant quelques-uns des titres qu'il a retenus après ses lectures » (*Ciné-Miroir* n° 665, 31-12-1937). À Doringe qui le surprend en train de lire *Mort à crédit*, Gabin confie : « *Céline, c'est un type formidable*[5] ». Bref, « il y a toute une liste de bouquins que je voudrais tourner ![6] ». Parmi les adaptations alors envisagées, *Le Révolté* (Maurice Larrouy), *Le Coup de grâce* (Joseph Kessel), *Le facteur sonne toujours deux fois* (James Cain) et *Martin Roumagnac* (Pierre-René Wolf). Marcel Pagnol lui aurait également proposé *Regain* (Jean Giono). Et, parmi les scénarios originaux, outre *Robert Macaire, François Villon* et *Train d'enfer* (Pierre Bost et Jacques Prévert, pour Jean Grémillon), *Rumeurs* (Simon Gantillon, pour Jacques Daroy) et *Casque d'or* (Henri Jeanson, pour Julien Duvivier).

Il ne fait pas mystère de son ambition nouvelle :

> « *C'est à partir du film suivant,* Maria Chapdelaine, *que j'ai commencé à faire très attention aux rôles qu'on me proposait. Il s'agissait, désormais, de ne plus accepter n'importe quoi, mais, au contraire, de choisir judicieusement mes personnages. Le premier de ceux-ci fut donc François Paradis, le jeune trappeur*

> *amoureux de Maria Chapdelaine* » (Le Film vécu, op. cit.) ; « […] *j'aurais pu en tourner le double ou même le triple. Mais je n'ai jamais voulu tourner n'importe quoi.* […] *Tout dépend du metteur en scène. Alors qu'on ne dise pas que j'ai eu du pot : j'ai attendu les metteurs en scène. Avec Renoir, Carné ou Duvivier, je me sentais tranquille. Souvent, il me fallait attendre un an. Je refusais deux, trois propositions. Quand j'ai commencé à tourner* La Grande Illusion, *il me restait 6 000 F à mon compte en banque, alors que j'aurais pu gagner un million dans l'année* » (Opéra n° 284, 20-12-1950) ; « *J'ai attendu, je n'ai pas voulu faire de loupé ; j'ai préféré manquer de carbure, alors que je pouvais avoir le matelas… Ce que je voulais, c'était faire des films qui me plaisaient. Quand j'ai acheté les droits de* La Bandera *avec Duvivier, j'avais presque plus rien à la crèche… Mais j'ai refusé des centaines de milliers de francs qu'on m'offrait pour tourner des films tartes et loquedus. Un film qu'on aime, c'est quelque chose ; il faut ramoner un film ; il faut qu'il te sorte par les yeux, par les oreilles, par tout. Il faut avoir le feu sacré…*[7] »

1936-1939 : bilan éblouissant, mis à part *Le Messager* (Raymond Rouleau, d'après Henry Bernstein) en 1937 et *Le Récif de corail* (Maurice Gleize, d'après Jean Martet) en 1939. On ne se lasse pas de le citer : deux Duvivier, *La Belle Équipe* et *Pépé le Moko*, en 1936 ; trois Renoir, *Les Bas-fonds* (Prix Delluc, 1936), *La Grande Illusion* (Grand Prix du cinéma français, 1937) et *La Bête humaine* (1938) ; deux Grémillon, *Gueule d'amour* (1937) et *Remorques* (1940) ; deux Carné, *Quai des brumes* (Prix Delluc, 1938) et *Le jour se lève* (1939)[8]. Soit neuf réussites, neuf classiques, en quatre ans, sur onze films tournés… Principales partenaires : Michèle Morgan (trois fois), Mireille Balin (deux fois), Gaby Morlay, Dita Parlo, Viviane Romance, Simone Simon. « Jean Gabin, peut écrire Doringe, est un artiste demandé partout, que tous les producteurs veulent comme « tête d'affiche » pour les rôles de puissance. Un film « avec Gabin » est vendu d'avance, car la recette est assurée ; distributeurs et directeurs de salles savent le pouvoir sur le public de cet homme qui, jamais, ne flatte le public, jamais ne se présente « avantageusement » au risque de nuire à l'action ou simplement à un camarade, qui « joue » toujours comme il juge que les événements auraient été « vécus » » (*Visages et Contes du Cinéma* n° 21, 15-06-1938).

Rien ne vaut, pour donner l'idée la plus exacte possible de la notoriété de Jean Gabin à l'époque, les témoignages de cinéastes ou de journalistes, qui l'ont alors bien connu.

Charles Spaak

> « Quand Gabin n'est pas au studio, le plus clair de son temps se passe à expliquer pourquoi il ne veut pas des rôles qu'on lui propose. [...] Il aime les scénarios qui se développent avec une rigueur intérieure, fidèles jusqu'au bout aux personnages qu'ils opposent. [...]
> Si bien que j'aime Gabin pour les films qu'il a tournés, *et pour tous ceux qu'il nous a épargnés*. Selon les lois de l'offre et la demande, c'est l'acteur français que nous verrions le plus souvent sur les écrans. Avec une dignité exemplaire – et l'exemple ne fut suivi par personne ! – il n'a jamais paru dans un film qu'il trouvait d'une inspiration trop basse ou trop facile. Lequel d'entre vous, messieurs, mesdames, qu'on voit partout et dans n'importe quoi, peut s'enorgueillir d'un tel éloge ? De *La Belle Marinière* à *Gueule d'amour*, son dernier succès, pas une erreur !
> S'il n'a point voulu de rôles en or, Gabin a lutté pour des scénarios dont personne ne voulait. Il n'est point mauvais parfois de rappeler certaines choses. Il fut le premier qui aima *Gueule d'amour*, le premier qui aima *La Grande Illusion*, quand de

« grands » acteurs refusaient d'y paraître, que tous les producteurs refusaient de tourner le film. Dans l'instant qu'il déclinait de beaux contrats, il tournait, en participation, *La Bandera* et *La Belle Équipe.* « Ça me plaît, j'en suis... » Et l'affaire était réglée. Le cinéma français, il y a deux ans, était tombé terriblement bas. Les efforts de quelques-uns seraient restés vains s'ils n'avaient pu compter sur l'appui de Gabin » (*Cinémonde* n° 476, 1-12-1937).

Jean Renoir

« [...] Au cours du tournage des *Bas-fonds* [...] je découvrais Jean Gabin ; c'était une découverte de taille. [...] Gabin était au sommet de son expression lorsqu'il n'avait pas à forcer la voix. Cet immense acteur obtenait les plus grands effets avec les plus petits moyens. Je conçus à son usage des scènes qui pouvaient être murmurées. Nous ne nous doutions pas que ce style allait conquérir le monde et que les acteurs murmurants allaient être légion. Les résultats de cette mode ne sont pas toujours heureux. Gabin, d'un léger frémissement de son visage impassible, peut exprimer les sentiments les plus violents. Un autre devrait hurler pour arriver au même résultat. « Le Jean », comme l'appelait Gabrielle, bouleversait le public d'un clin d'œil » (*Ma vie et mes films*, Paris, Flammarion, 1974, p. 118). « Gabin, c'est l'acteur avec un grand A. J'ai tourné avec des tas de gens, je n'ai jamais rencontré une telle puissance cinématographique ; il est une force cinématographique ; c'est fantastique, c'est incroyable ; ça doit provenir d'une profonde honnêteté. C'est certainement l'homme le plus honnête que j'aie rencontré dans ma vie... [...] Il n'y a aucune ruse. » (*Cahiers du Cinéma* n° 78, noël 1957, p. 38). « Jean est un acteur unique, il possède le don, il possède la grâce au sens religieux du mot, exactement comme Anna Magnani. Il a dans son physique, dans son jeu, une force étonnante, une puissance de moyens d'expression qui lui permettent de jouer « facile » presque toujours « en dedans ». Moyens énormes donc, dont il ne met seulement qu'une petite partie dans l'action et c'est ce qui, à mon sens, caractérise sa façon de jouer « réel », de jouer « vrai ». Beaucoup trop de gens ont, à mon avis, ramené Gabin simplement à une sorte de « gueule cinématographique », exactement « la bête à cinéma ». Il n'y a rien de plus faux, la gueule c'est l'acteur qui la compose au plus profond de lui-même ; pour cela il travaille. Gabin est l'Acteur-né, mais j'insiste bien, c'est l'acteur avec un grand A. Pour en arriver à créer les personnages qu'il a interprétés, il ne lui a pas suffi d'entrer dans la scène, il y a pensé, réfléchi, et leur a donné des caractéristiques. Gabin compose tous ses rôles. Il y a, malgré les apparences, une profonde différence de ton entre le misérable des *Bas-fonds* et le déserteur du *Quai des brumes* ; entre le chômeur de *La Belle Équipe* et le prisonnier de *La Grande Illusion*. Il n'y a pas de monotonie mais un constant renouvellement. L'étendue des émotions que peut fournir Gabin est immense, tout son art est de n'en donner que l'essentiel. En parlant de lui, je pense un peu, et dans un autre domaine, à Charles Chaplin. L'un et l'autre viennent du café-concert et du music-hall, et je crois que cela a dû beaucoup les aider… Je répète que ce qui me plaît chez Gabin c'est qu'il est un acteur qui travaille, et qui transpire en travaillant » (À André G. Brunelin, *Ciné-Club*, avril 1954).

Raymond Rouleau

« Il m'est arrivé, pendant le travail, de me trouver déconcerté en le voyant prendre, trop discrètement à mon avis, certaines scènes dont je jugeais qu'elles demandaient soit plus de force, soit une force plus visible, plus en dehors, plus appuyée. Or, à la projection, et surtout au montage, je m'apercevais à chaque fois que Gabin avait fait très exactement ce qu'il fallait faire. Je me suis rendu compte alors qu'aucun acteur n'est plus que lui, ni par un plus sûr instinct, proche de l'objectif ; il a le sens de la caméra comme les oiseaux et Lindberg ont le sens de l'orientation ; il sait, sans que ce soit une chose apprise ou qui se puisse apprendre, ce que telle intonation, ce que tel mouvement non pas « donne » mais « donnera sur l'écran ». Pas une fois je ne l'ai vu jouer pour épater les camarades ou pour plaire au metteur en scène. Toujours, avec une sûreté prodigieuse, *il joue directement pour le public* – si directement qu'on ne le sent, qu'on ne le comprend, que lorsque, pendant trois ou quatre jours, on a vu les projections de travail. Ce qui avait pu laisser le jugement indécis pendant l'exécution, et ce que, pourtant, Gabin avait exécuté sans une hésitation, comme si c'était la seule chose à faire, à l'écran… c'était bien la chose qu'il fallait faire et comme il fallait le faire.

Quand Gabin fut choisi pour protagoniste du *Messager*, certains critiques, déconcertés ou fâcheusement inspirés, assurèrent qu'on avait tort de lui donner un rôle qui n'était pas de son emploi. Quelle erreur était la leur ! Force leur fut bien de s'en rendre compte. Gabin n'est pas fait pour incarner toute la vie des hommes du milieu. Il disait avec noblesse un texte noble. Et quand il jetait à Gaby « Tu es basse ! » c'était avec un ton si naturellement juste que l'émotion naissait d'elle-même » (*Visages et Contes du Cinéma* n° 21, 15-06-1938).

Denis Marion

« Jean Gabin, après *La Bandera, La Belle Équipe, Les Bas-fonds*, achève de créer son double mythique : ce gars régulier, solide, têtu, mérite de prendre place parmi les figures symboliques dont la création constitue l'apport le plus certain du cinéma et qui empruntent seulement l'apparence d'être réels pour atteindre à l'attrait des personnages forgés par le rêve et l'obsession. L'image du hors-la-loi qui impose le respect par son courage et sa fidélité avait déjà été esquissée par Bancroft avant que le parlant n'eût relégué celui-ci aux rôles de troisième plan. Elle ne doit pas manquer d'attirance, car elle est reprise dans le cinéma américain par Spencer Tracy et James Cagney. Mais Jean Gabin dépasse ses deux rivaux en mesure et en puissance » (*La Nouvelle Revue Française*, avril 1937).

Françoise Holbanne

« Il n'entre aucun « truc » de métier, aucune « ficelle », aucune trace d'efforts, d'application ou d'entraînement, dans le jeu de Gabin. C'est un *instinctif*, un acteur de l'espèce des Raimu, des Victor Mac Laglen, des James Cagney, et, sans leur ressembler un seul instant, il a la même classe qu'eux, la très grande classe… » (*Ciné-Miroir* n° 665, 31-12-1937).

Doringe

« Gabin joue *pour* l'appareil, ce qui signifie qu'il sait, non seulement, ce que tel geste, telle attitude, telle façon de prendre une scène, telle mollesse ou telle intensité, donnera, mais il ne joue *jamais* à l'appareil, c'est-à-dire qu'il se comporte comme le ferait normalement son personnage et se montre indifféremment de face ou de dos, de profil droit ou de profil gauche, selon que le doit faire son personnage. Bref, il joue avec naturel, et surtout, je le répète, avec honnêteté, sans chercher d'angles avantageux pour lui-même « et tant pis pour le voisin »! même si c'est une voisine... » (*Visages et Contes du Cinéma* n° 21, 15-06-1938).

Michel Duran

« "Il a la tête enflée, disent les petits copains, il travaille dorénavant dans le génie". Mon Dieu, je trouve surtout qu'il fait de bons films.
Je ne crois pas que le gars Jean soit grisé. Seulement il connaît sa valeur, aussi bien que ses limites. Il sait que le comte Almaviva et Fortunio ne sont pas des rôles pour lui.
Ni les gentlemen, ni les poètes surréalistes.
Il faut même que ses rôles ne soient pas trop écrits en français. Au besoin, il les traduit dans son argot spécial.
Il est fait pour incarner les fils du peuple, bons ou mauvais garçons, ouvriers ou souteneurs, aux poings rudes et au cœur tendre.
Les Américains nous épatent assez avec leurs acteurs nés. Pour avoir un Jean Gabin là-bas, il faudrait que Bancroft fasse un enfant à James Cagney.
Un acteur français qui vaut à lui seul deux vedettes américaines, c'est un cas unique.
Le gars Jean est un bon fils, qui aime le boulot bien fait.
Il pourrait tourner 12 films par an, et être à Hollywood.
Il préfère rester en France, vivre sagement, sans tapage publicitaire.

Il ne tourne que trois films par an. Et ce n'est tout de même pas un effet du hasard si ce sont toujours des films de qualité.
Car il choisit son histoire (au besoin, il l'achète, comme *La Bandera*), il choisit son metteur en scène, et même ses partenaires.
Il doit sa situation à Julien Duvivier, qui a mis en scène ses meilleurs films.
Maintenant, Gabin et Duvivier sont fâchés. Ce dernier est même en Amérique.
Et Gabin se passe très bien de Duvivier.
Voyez *Quai des brumes* » (*Le Canard enchaîné* n°s 1143 et 1144, 25-05-1938 et 01-06-1938).

Benjamin Fainsilber

« C'est le type même de l'acteur de cinéma.
Un acteur qui s'ignore.
Un acteur qui ne s'analyse pas.
Un acteur qui joue d'instinct.
Est-ce bien un acteur, d'ailleurs ?...
C'est quelque chose de différent.
Peut-être même quelque chose de mieux.
Un tempérament.
Une nature.
Ne lui demandez pas de jouer.
Ne lui demandez pas de truquer.
Ne lui demandez pas de parler à l'imparfait du subjonctif.
Ne lui demandez pas de s'embarrasser de littérature, ni de spéculations philosophiques.
C'est plus fort que lui.
Il ne peut faire qu'une chose : être sur l'écran comme dans la vie.

Et ce n'est déjà pas si mal.
Car il y a en lui de tout : de la force – regardez ses mains ; de la tendresse – regardez ses yeux ; de l'ironie – mais regardez sa bouche ; de la bonté.
Ne lui demandez surtout pas de vous parler de ses rôles. Il ne sait pas.
– J'sais rien !... J'sais pas jouer, j'sais pas causer !... J'sais pas comment i'font, les gars. On leur demande ce qu'ils pensent d'un rôle. Et v'là le robinet qui s'ouvre. Ils en ont pour une « plombe » !... Moi, c'est bien simple. Quand on m'propose un scénario, je regarde le truc. Ça m'plaît, ou ça m'plaît pas. Si ça m'plaît, je l'joue. Si ça m'plaît pas, j'laisse tomber !... Et, surtout, j'compose jamais. J'peux pas. J'ramène tout à ma nature...
Si vous insistez davantage, il secoue la tête, il écarte les bras, il hausse les épaules.
Et il y a, dans ses yeux tendres, une lueur d'ironie qui vous coupe le sifflet.
– Vous parlez de *La Grande Illusion*, de mon rôle ?... Tout ce que je peux vous dire, c'est ça : on m'a montré le scénario ; j'lai lu ; je me suis dit : c'est une histoire magnifique ; ça sort de toutes les... bêtises qu'on a l'habitude de faire ; faut que j'tourne ça !... Pour le reste, demandez donc à Renoir. Il en sait plus long que moi. Ou à Spaak, tenez !... On a fait quatre films ensemble. On en prépare un cinquième. C'est un pote. Il me connaît bien !...
Mais, comme j'allais le quitter, il m'a retenu, tout à coup plus grave, pour ajouter :
– Ah ! si, il y a une chose que vous pouvez dire. Renoir, c'est un type épatant !...
On s'accorde bien, nous deux. On a jamais un mot. On s'comprend. Ce que j'fais, il le ferait. Et ce qu'il fait, je l'ferais.

Voilà !...
Dans *La Grande Illusion*, il jouera un personnage comme il les aime : simple, nature, sans chiqué.
Pour une fois, il ne sera pas un « mauvais garçon ».
On le verra en lieutenant d'aviation.
Mais, attention, un lieutenant sorti du rang.
Un petit mécano que les hasards de la guerre ont transformé en lieutenant.
Et qui – ironie du sort – répond au nom de... Maréchal.
Ce n'est pas un militaire.
Et pourtant, il se bat...
Pour faire comme les autres.
Ce n'est pas un héros.
Et, pourtant il s'évade...
Pour faire comme les autres.
C'est un combattant entre 100 000.
Un Français comme il y en a des millions.
Un Français moyen, un Français normal, un Français sans peur et sans haine.
Un Français, quoi !...
Un rôle pour Gabin, qui lui colle à la peau, un rôle pour lequel il semble être fait, qui doit lui permettre de se tailler un succès à la mesure de sa silhouette populaire.
Il en sera heureux, parce qu'il aime le travail d'équipe.
Et qu'il choisit soigneusement chaque rôle – après *La Bandera*, il est resté un an sans tourner.
Et qu'il donne à chacun des personnages le meilleur de lui.
Il n'en sera pas fier, parce que c'est un modeste.
Et qu'il a horreur des chichis, des compliments.
Mais il pensera peut-être qu'il n'a pas été indigne des acteurs qu'il aime : Mac Laglen, Spencer Tracy.
Et que, s'ils avaient été à sa place, ils auraient fait ça « comme il l'a fait »...

Ce simple adore le travail bien fait.
Il ne tient pas à se pousser en avant, à se mettre au premier plan, comme tant d'autres. Il n'a pas peur du voisinage des copains.
Si on l'écoutait, on ne viendrait jamais à bout d'une distribution.
Ce n'est jamais assez brillant, ce n'est jamais assez solide, ce n'est jamais assez soigné.
Ce primaire – il faut le voir se marrer devant une bibliothèque – s'emballe pour toutes les œuvres fortes et vraies qu'on lui présente.
Pour être sûr de le tourner, il a acheté les droits de *La Bandera.*
Il a fait de même pour *Rumeurs*, de Gantillon.
Son rêve – il n'oublie pas qu'il a battu le fer, humé le feu de la forge – ce serait de tourner « un film sur les chemins de fer ».
Mais il se passionne pour tout ça en dehors de tout élément romanesque, pour ce que chacun de ces sujets apporte de juste, d'humain.
Et les mots qui reviennent le plus souvent à sa bouche, quand il bavarde avec Charles Spaak, sont les suivants:
– Tu vas me faire des scènes comme dans la vie, pas, mon pote ?... » (*Cinémonde* n° 449, 27- 05-1937).

Petite digression en compagnie de Charles Spaak justement:
« Le Gabin de l'écran, vous le connaissez. Parlons un peu de l'autre Gabin, celui de la vie de tous les jours. On a dit, écrit sur lui, beaucoup de sottises. Des gens qui le connaissaient mal, en peine de copie, ont dessiné un portrait calqué sur l'artiste. Eh bien ! ce n'est pas ça du tout !
Cet aimable garçon, qui tue à coups de pied, à coups de barre de fer, qui étrangle, qui joue du couteau et du revol-

ver comme les cuisiniers manient la poêle à frire, est un garçon timide. Parfaitement. À l'écran, toujours habillé en pauvre diable, mal rasé, mal peigné, il est à la ville coquet, avec gentillesse, et toujours rose et frais comme s'il sortait tout à la fois des mains du masseur, du manucure, du pédicure et du coiffeur. Je n'ai jamais vu d'assassin qui se présente aussi bien ! Il ne m'en voudra point de révéler à ses admiratrices un détail secret : il a des pieds charmants. Menus, gracieux. Il en est, d'ailleurs, extrêmement fier. Vous l'imaginez sans doute habitant les hauteurs de Montmartre, dans le voisinage de ses amis de l'écran, dans une chambre pleine de fumée, où traînent partout des mégots et des bouteilles vides, tandis que les visiteurs, en bras de chemise, jouent à la belote, près d'en venir aux mains ? Gueule d'amour habite une maison bourgeoise, à deux pas du Bois. Et la pièce où il médite son prochain coup n'est rien moins qu'un repaire de bandits. L'étoffe qui domine dans la décoration de sa demeure, c'est le taffetas. Si je le signale, c'est que j'y attache une importance : étoffe fragile, particulièrement délicate. Le terrible Pépé, le voyez-vous, rose et timide, tout entouré de taffetas ? » (*Cinémonde* n° 476, 01-12-1937).

Dans le numéro spécial de *Ciné-Miroir* de Noël 1937, Françoise Holbanne définit remarquablement l'originalité de Gabin :

> « Puissant, expressif et sobre par le jeu, viril et solide par le physique, Jean Gabin fut tout naturellement amené à jouer les hommes. Pas les hommes du monde. Pas davantage les hommes de loi, de tribune ou de laboratoire... Mais les hommes d'action, de plein air : ce qu'il fût devenu lui-même si sa destinée n'avait pas voulu faire de lui un acteur. [...] Il est l'interprète idéal des rôles de force que nuance une inconsciente tendresse. Il semble avoir apporté un accent nouveau aux « emplois » de l'écran : aussi éloigné du « jeune

premier » que de la « brute », il a des qualités de l'un et de l'autre. Après les brutes enfantines de Jannings, Bancroft ou Wallace Beery, les belles brutes de Victor Mac Laglen ou Clark Gable, première manière, la « petite brute adorable » lancée par James Cagney, la personnalité de Gabin apparaît infiniment moins grossière, plus assouplie, plus riche. C'est pourquoi, après avoir tant joué de rudes gars aux poings prompts et au cœur simple, il a pu aborder sans peine le rôle extrêmement subtil que Raymond Rouleau lui a confié dans *Le Messager.* Pour ce personnage, créé au théâtre par Victor Francen, Gabin est peut-être inattendu, mais il est surtout bouleversant. Il y affirme une maîtrise de comédien complet » (*Ciné-Miroir* n° 664, noël 1937).

Ainsi que Gabriel Reuillard dans *Gringoire*, le 26 juin 1939:

« Pendant longtemps Jean Gabin semble voué aux rôles particuliers de tendres gouapes, mauvaises têtes et bons cœurs, cabochards vite cabrés, aux brusques revirements, qui montrent, soudain, dans les pires aventures, un côté de noblesse inattendue, mais selon leur morale à eux, leur conception à eux, leur loi à eux. Ceux qu'on peut définir comme les bons mauvais garçons. Ou bien, les ouvriers de cette catégorie dont il rêva, dans sa jeunesse, d'être l'égal, le compagnon: les mécanos. Bien sûr, il y a, dans l'ancien petit galopin des bois de Mériel, devenu un adulte bien planté, un côté peuple (je ne dis pas populaire) qui fait « coller » admirablement Jean Gabin aux héros de cette sorte. Sa composition de *La Bête humaine* est, dans le genre, une réussite qui a fait écrire le mot chef-d'œuvre. Il serait injuste cependant de méconnaître d'autres qualités de Jean Gabin. Qu'il représente un ouvrier, cet ouvrier n'est jamais sale, ni débraillé, ni veule. Sous les apparences les plus humbles il a toujours de la tenue et de la classe. Certes, c'est un homme, un gars, mais dont la noblesse intérieure transperce la peau, affleure sur le visage, le baigne, le décrasse des scories du métier ou de la fonction, et jaillit comme une flamme, ou caressante ou fulgurante, dans l'œil profond. Voyez-le dans *Le Messager*, à côté de Gaby Morlay, en homme d'affaires, en bourgeois amoureux, sous le veston ou le smoking de bonne coupe. Il est parfait de naturel, d'aisance. Il exprime dans ce rôle, qui ne paraissait pas pour lui étant donné l'idée qu'on s'était faite de son tempérament, toutes sortes de sentiments moyens, en demi-teinte, d'une complexité infinie, avec une étonnante justesse de ton. Il a conquis une des toutes premières places sans jamais flatter le public. Ce n'est pas du métier raccrocheur plus ou moins habile. C'est du talent, de l'art, si simple, si naturel (en apparence) qu'il semble crever l'écran pour rejoindre la vie ».

Et Roger Régent dans *Ciné-Club* en avril 1954 :

« Jean Gabin ne prend aucune de ces précautions, habituelles aux acteurs, consistant à jouer avec la réalité, à jongler avec des accessoires ou avec des tics, donnant ainsi ce petit coup de pouce à la vérité que l'on appelle dans le langage du métier : l'art de la composition ! Gabin ne compose pas. Toutes ces précautions de style, il les ignore. Il arrive en quelque sorte tout nu devant chaque personnage nouveau, et il confie à son seul talent de comédien le soin de marquer les différences. C'est montrer là un courage et une témérité peu communs. [...] En offrant toujours à la caméra la même silhouette, le même profil, Jean Gabin a pu être dix personnages aux visages divers. Entreprise périlleuse ! Mais ce doux regard bleu de paysan canadien, dans *Maria Chapdelaine*, en quoi est-il semblable à l'œil terrible de cet homme traqué dans la dernière partie du *Jour se lève* ? Et ce garçon de la mer qui, dans *Remorques*, marche avec Michèle Morgan dans le sable de la plage encore luisante, ramasse une étoile de mer et l'enferme dans son mouchoir, ce carré du ciel de Prévert, en quoi cet amant qui préfigure « Les Feuilles mortes » ressemble-t-il au mécanicien aveugle de *La nuit est mon royaume* ? Et le rude et tendre déserteur de l'admirable *Quai des brumes*, s'il est le proche parent de cet homme d'*Au-delà des grilles*, quand a-t-il rencontré le riche industriel qui épouse Bébé Donge ? Le passage de l'un à l'autre, des uns aux autres, c'est par l'intérieur que Gabin le fait. Quelque chose dans l'œil, dans le ton, dans les silences surtout, creuse les différences. »

Lui consacrant, en 1950, plusieurs pages de son essai *Cinéma, mythologie du XXe siècle*, Pierre Duvillars écrira :

> « [...] il est l'homme de la rue, l'homme de tous les jours, le mécano, le cheminot, le manœuvre, l'ouvrier aussi bien que le marlou. Il est celui que l'on croise dans la rue, dans le métro, en vélo, au bistrot, aux courses, à l'usine, rue de Lappe, à Belleville, à Ménilmontant, à Pigalle, aussi bien que dans les rues de Londres, de Rome, de New York ou de Berlin, car il réussit ce tour de force d'être universel, tout en restant essentiellement Français, et qui plus est Parigot. Il est l'HOMME, le mâle, celui qu'il suffit de voir pour avoir envie de lui taper sur l'épaule et de lui serrer la main, si l'on est un homme, ou de le prendre dans ses bras, si l'on est une femme. Celui qui a toute la sympathie, quel que soit le milieu dans lequel il est plongé, quels que soient les gestes qui aient pu le marquer. Et sa grandeur, la grandeur de Jean Gabin, du mythe Gabin, c'est d'avoir fait accéder cet homme de tous les jours à la tragédie, de l'avoir intégré aux grandes légendes de la douleur des hommes poursuivis par le destin et la fatalité [...] l'exceptionnel chez Gabin, c'est son destin, son destin d'homme de tous les jours que rien apparemment ne distingue des milliers de ses semblables au milieu de qui nous

> vivons, et qui, par la fatalité qui pèse sur lui de toute éternité, lui permet d'accéder aux vertiges de la tragédie[9]. »

Un bémol apporté en 1943 par Robert Poulet dans *L'Amateur circonspect ou le cinéma dévoilé* (Bruxelles, Société Nouvelle d'Éditions, p. 205) :

> « Quant à Jean Gabin, il évolue avec simplicité, aisance et précision dans un rôle qu'on dirait taillé sur mesure. Considéré dans ce cadre [*Quai des brumes*], il vaut n'importe quel acteur américain ; compliment qu'on serait bien en peine d'adresser à tout autre acteur français. Mais Gary Cooper, mais Spencer Tracy, demeurent incomparables, qu'ils soient en bourgeron, en habit de soirée ou en costume historique. Voyez-vous le sympathique interprète de *Gueule d'amour* jouer *M. de Priola* ou *Hamlet* ? ».

Et une note discordante, une seule, dans ce concert d'éloges, celle de René Barjavel :

> « On le reconnaît, quand il apparaît sur l'écran. On l'a déjà vu. On l'accueille comme un copain de régiment qu'on avait presque oublié. On se rappelle, en le revoyant, que c'était pas un mauvais gars. Il était beau gosse. Il avait du succès auprès des poules. Qu'est-ce qu'il a bien pu devenir ?
> Il a pas très bien tourné. Il a rempilé. Dans les spahis. Puis il a déserté et il a tourné maquereau. Il s'est tué. Il a tué. Plusieurs fois. Sa vie, désormais, semble louvoyer, de déchéance en déchéance, entre les crimes et les suicides successifs. C'est pas un gars à fréquenter...
> S'il a tant de succès, c'est que chaque spectateur se sent, au fond de son cœur, un peu son cousin germain. La vie paresseuse de souteneur, la facilité de gestes meurtriers, la lâcheté du suicide, tentent sans cesse l'homme, animal sans volonté et sans courage.

> Le personnage de Gabin se laisse aller à la tentation. Ce qui le commande, c'est la pire sentimentalité, ce sont les instincts médiocres. Il ne résiste à rien. Il n'est pas roc dans le courant. Il est margarine. Il est emporté, brisé, détruit.
> Et il renaît dans un prochain film pour recommencer une existence encore plus lamentable.
> Ce qui est grave pour Gabin, c'est qu'il ne puisse s'évader de ce personnage. Même dans *La Grande Illusion*, il n'apparaissait pas viril.
> Sa dernière image, dans *Gueule d'amour*, aurait fait pleurer de pitié une petite fille. On voudrait le voir essayer autre chose. Il est intelligent. Il a l'air bien portant. On se demande pourquoi il ne s'essayerait pas à un rôle qui comporterait un peu de soleil. On se demande aussi pourquoi le cinéma français se plaît tant aux drames sordides, malodorants, quotidiens. Et pourquoi nos vedettes masculines semblent tant avoir besoin du docteur Voronoff » (*Le Merle Blanc*, n° 249, 07-01-1939).

Trente ans plus tard, c'est un tout autre regard que l'on jettera sur Gabin, un Gabin « romantique, anarchiste, prédestiné, portant sur son visage [...] un rebelle intégral qui ne croit qu'à l'amour et, parfois, aux « copains » ». Pour Goffredo Fofi, en effet,

> « Gabin n'est pas tant un personnage du Front populaire (*La Belle Équipe* exceptée) que quelqu'un qui incarne l'agonie et la fin du Front populaire, et l'approche de la guerre. Dans chaque film, même le moins connu d'entre eux (comme *Gueule d'amour* de Grémillon), il est porteur d'un désespoir métaphysique, de défaite. Le héros, assassin, mais brave homme, battu par les poltrons et les gens en place, ne trouve ni recours ni solution dans un monde entièrement corrompu et contrôlé par la bourgeoisie, l'église et l'armée. Même l'amour, seule voie apparente du salut, lui échappe dans chaque film, jusqu'à la tragédie finale qui ne manque

jamais de se produire... On ne peut pas dire que Gabin incarne directement l'esprit de la classe ouvrière de 1937 à 1938 ; mais on note dans les films de Prévert et Carné une fatigue et une démoralisation indéniables – signes de la crise qui a plané sur les travailleurs durant toutes ces années. Un beau jour, l'illusion d'une solution collective et l'espoir de mettre en place une société socialiste ont disparu... La CGT, qui avait connu en 1936 un afflux de nouveaux membres particulièrement considérable, en perdait autant en 1937. Le dégoût du personnage de Gabin est justifié. Ses réactions ne sont peut-être pas typiques, mais elles expriment le désarroi de toute une classe sociale » (*The Cinema of the Popular Front in France (1934-1938)*, Londres, *Screen* XIII/4, hiver 1972. Cité par Francis Courtade, *Les Malédictions du cinéma français*, Alain Moreau, 1978, pp. 167-168).

La traversée du désert (1946-1954)

> « *Gabin nous est revenu d'Amérique transfiguré, les cheveux prématurément blanchis, le visage grave et défait de quelqu'un qui s'est perdu. Que pouvait-il faire là-bas ? Les dieux hollywoodiens ne sont pas de sa famille. Il cherche, depuis, à retrouver le fil perdu de son personnage [...] Retrouvera-t-il [...] son destin d'acteur, le rôle à sa mesure de héros antique égaré dans la tragédie suburbaine de notre temps ?* »
>
> (Le Minotaure, *L'Écran français*, 27-11-1946)

Le 19 avril 1939, *Pour Vous* publie les résultats d'un référendum organisé par *La Cinématographie française* auprès des directeurs de salles françaises (Paris, Provence, Afrique du Nord) et francophones (Belgique, Suisse) : Jean Gabin (1 840 points) arrive en tête devant Fernandel (1 258), Louis Jouvet (1 156), Raimu (1 094), Pierre Fresnay (642), Charles Boyer (527), Sacha Guitry (448), Eric von Stroheim (413), Tino Rossi (359) et Michel Simon (308).

La guerre va casser sa carrière.

Le 2 septembre 1939, il est mobilisé dans la marine à Cherbourg. Permission exceptionnelle en avril 1940 pour terminer *Remorques.* Zone Sud. Il reste sourd aux avances de la Continental, et finit par gagner les États-Unis début 1941 via l'Espagne et le Portugal. Il s'engage en avril 1943 dans les Forces navales françaises libres. Embarque à Norfolk. Fait l'instruction, en Afrique du Nord, des recrues sur le *San Sirocco.* Débarque en France en 1944 pour se faire muter dans la division Leclerc. Il est démobilisé en juillet 1945, décoré de la médaille militaire et de la croix de guerre. Texte de la citation du second-maître fusilier Jean, Alexis Moncorgé :

> « Réserviste de la classe 1924, s'est engagé aux États-Unis, en avril 1943, pour prendre sa part de la libération de la France : Embarqué sur le pétrolier *Elorn*, comme capitaine d'armes, a contribué à repousser de violentes attaques d'avions ennemis, au large du cap Tenès. Volontaire au R.B.F.M., a pris sur sa demande des fonctions de chef du char *Souffleur II*, devenant le plus vieux chef char du régiment ; a participé à toute la fin de la campagne de la division Leclerc, de Royan à Berchtesgaden, faisant preuve des plus belles qualités d'allant, de courage et de valeur militaire. »

Avec une honnêteté qui l'honore, il déclarait en 1974 :

> « [...] *quand les bateaux coulaient autour de moi* [...] *ce n'était pas du cinéma* [...] *Quand je suis revenu de cette petite plaisanterie, moi j'avais la conscience tranquille. Sans blague, j'avais fait mon devoir, comme je l'entendais, et personne n'avait rien à me reprocher. J'aurais été marié, j'aurais eu des gosses, peut-être n'aurais-je pas agi ainsi. Mais là, libre comme je l'étais, je me serais senti dans la peau d'un sacré salopard en ne m'engageant pas*[10]. »

Ses deux films hollywoodiens, *La Péniche de l'amour* (*Moontide*) (1942), où il est excellent, et *L'Imposteur* (*The Impostor*) (1943), qu'il a refusé de doubler en français (il l'est par Robert Dalban), ne pouvant que décevoir son public, il tient à réussir sa rentrée cinématographique. Marcel Carné et Jacques Prévert repoussent *Martin Roumagnac*, dont il avait acquis les droits avant la guerre. Ils écrivent pour lui et Marlène Dietrich *Les Portes de la nuit*, d'après un ballet de Jacques Prévert, *Le Rendez-vous*, qui vient d'être créé par Marina de Berg et Roland Petit au Théâtre Sarah Bernhardt. Usant, sinon abusant, de leur droit de regard, les deux vedettes font remanier plusieurs fois scénario et dialogue, puis Marlène Dietrich renonce à son rôle, imitée par Jean Gabin, qui, entre-temps, a trouvé un producteur pour *Martin Roumagnac* (Ils seront remplacés dans *Les Portes de la nuit*, on le sait, par Nathalie Nattier et Yves Montand).

Vieux projet, *Martin Roumagnac* sort à Paris en décembre 1946, et *Miroir* (« *Un film dont je préfère ne pas me souvenir* », déclara Jean Gabin, à Robert Chazal, *Constellation* n° 79, novembre 1954), dont l'action est située en 1935, en mai 1947 : l'échec était inscrit dans leur anachronisme. Entre *Au-delà des grilles*, tourné en Italie en 1948, prix de la mise en scène à Cannes au printemps 1949 et sorti à l'automne suivant, et *La Marie du port*, qui sort en février 1950, Gabin, pour montrer qu'il faut toujours compter avec lui, est remonté sur les planches en 1949 pour créer *La Soif* d'Henry Bernstein : il y obtient un triomphe.

Le naturel et la puissance de son jeu rappellent à quelques-uns Lucien Guitry : « presque immobile, élevant à peine la voix, sans un jeu de scène superflu, s'imposant tant et si bien que l'on oublie presque de s'étonner devant ce phénomène rare dans l'histoire du cinéma ; acteur admiré depuis vingt ans auquel *La Soif* donne pour la première fois l'occasion de se révéler un inégalable comédien » (*Vogue*, avril 1949).

> « *La Soif*, écrit Francis Ambrière, nous apporte une révélation : celle de M. Jean Gabin, positivement admirable dans le rôle de Jean Galone. M. Gabin, dont ce sont les débuts

dans la comédie, ne m'avait jamais tant ému et séduit depuis *La Grande Illusion*. De mauvais films, où il s'était trouvé ensuite, l'avaient un peu diminué dans mon souvenir. Quelle revanche, et quelle découverte ! On ne peut pas être plus grand comédien que cet homme avec sa salopette et son vieux blouson, qui est là, devant vous avec une chaleur et une qualité de présence extraordinaires. La sobriété, la justesse, l'intensité, la vérité (et celle-là non point servile mais transcendée). M. Gabin a tout. On attendait un acteur et on trouve un homme, un artiste et l'on trouve un maître. Un quart de siècle de music-hall, d'opérette et de cinéma l'ont conduit jusqu'à ce point de prodigieuse maturité, où la nature et l'expérience se marient pour produire un interprète comme on en connaît pas quatre ou cinq aujourd'hui » (*Opéra*, 16-02-1949).

Retour triomphal, qui l'a éloigné pour toujours des planches. Il a souvent expliqué pourquoi :

« *Etre en scène de neuf heures à minuit, c'est un esclavage. Ce ne sont pas des heures qui me conviennent. Je n'aime pas travailler le soir. Au théâtre, si vous êtes mal fichu, si vous avez une grippe ou une rage de dents, il faut quand même donner le maximum. Moi, je suis fainéant de nature, ce n'est pas un truc pour moi* » (À Jacques Baroche, *Cinémonde* n° 1728, 16-01-1968).

« *Pour rien au monde, je ne referais du théâtre. D'abord, comme je vous l'ai dit, je déteste apprendre un texte. Au cinéma, je n'ai jamais rien appris d'avance. Ensuite, pendant tout le temps que dure la pièce, je ne vis plus. Impossible de bouffer avant d'être sorti de piste. C'est bien simple, quand j'ai joué* La Soif, *je suis tombé malade. Ah ! si vous m'aviez vu le soir de la générale ! J'étais paniqué. J'avais la langue épaisse comme ça et toute blanche. Une seule chose m'a sauvé ce soir-*

là : j'ai pensé à mon père, un gars de music-hall qui n'avait jamais pu réaliser son rêve, interpréter du Bernstein. Alors, je suis entré en piste pour lui. Je ne voyais rien. La salle n'était qu'un trou noir. Je ne jouais que pour un seul spectateur absent : mon père. J'étais sa revanche. Après la dernière représentation, Henry m'a dit : « J'ai eu de grands comédiens dans mon théâtre. Vous êtes le seul qui ait joué la dernière avec autant de conscience professionnelle que la première ». C'est le plus bel hommage que l'on m'ait rendu, car, dans ce métier, je crois avant tout au professionnalisme » (À Jean-Claude Mazeran, *Le Journal du dimanche* n° 1299, 17-10-1971).

À partir d'*Au-delà des grilles* (René Clément) et de *La Marie du port* (Marcel Carné), l'acteur et le personnage acceptent l'âge de l'homme : *La Vérité sur Bébé Donge* (Henri Decoin), *La Minute de vérité* (Jean Delannoy), *Fille dangereuse* (Guido Brignone), *Touchez pas au grisbi* (Jacques Becker), *Le Port du désir* (Edmond-T. Greville) sont autant de variations sur le thème de « *Don Juan cocu*[11] ». Le temps est venu des amours bourgeoises, de l'amour bourgeois.

En 1951, si *Pour l'amour du ciel*, tourné en Italie, et *Victor*, où il reprend le rôle créé par Bernard Blier à la scène ne lui apportent rien, *La nuit est mon royaume* lui apporte à Venise le prix du meilleur acteur. 1952 : *La Vérité sur Bébé Donge, Le Plaisir* et *La Minute de vérité* font respectivement 85 718, 162 135 et 286 234 entrées sur Paris. Rechute en 1953 : *Fille dangereuse*, tourné en Italie, *Leur dernière nuit* et *La Vierge du Rhin*. Mais, en 1954, *Touchez pas au grisbi*, 265 074 entrées en dix-huit semaines à Paris, va commencer à le remettre en selle, suivi par *L'Air de Paris*, nouvelle Coupe Volpi à Venise.

« Faire un film sur la boxe plaisait au producteur, Robert Dorfman, mais, rappelle Roland Lesaffre, il ne voulait pas de Jean Gabin. Pour lui, Gabin était fini. Il proposait François Périer. C'est le côté terrible de ce métier. Sa cruauté » (in *Mataf*, Pygmalion/Gérard Watelet, 1991, p. 195). *L'Air de Paris* retardé, le même Robert Dorfman met en chantier *Touchez pas au grisbi*. Daniel Gélin, pressenti par Becker, se désiste et suggère Gabin. Becker se tourne vers... Périer ! (André-Georges Brunelin, *op. cit.*, pp. 395-396). Conclusion : quand Jean Gabin « repartira en flèche il gérera sa carrière comme un agent de change gère un portefeuille » (Roland Lesaffre, *op. cit.*, pp. 217-218).

Ainsi dut-il repartir de zéro, quadragénaire, à la Libération, et ce n'est que douze ans plus tard qu'il renoua avec le succès. Nul doute que ces « années difficiles » ne l'aient à jamais marqué et que le souvenir amer de cette « injustice » n'ait pesé lourd dans la balance à l'heure de certaines décisions. Nostalgique, il faisait avec Robert Chazal, en 1954, le bilan de ses vingt-cinq ans de cinéma, *l'économie* du cinéma français ayant notablement évolué :

> « *Je n'ai pas à me plaindre de mon métier, aujourd'hui moins que jamais, et pourtant je ne l'ai jamais trouvé si dur. Si j'étais un débutant de 1954, je ne sais pas si j'aurais le courage de persévérer.* [...] *Quand on arrive à mon âge, on n'a plus le droit de se tromper une seule fois. Il faut être bien, d'emblée, et le rester tout le temps. Autrement on vous tire dessus à boulets rouges et on vous laisse moisir, pauvre croûte, derrière la malle des tournées de vingt-cinquième ordre.* [...] *On en est arrivé à tourner dans des conditions telles qu'il nous faut souvent accepter les rôles et non les choisir. Autrefois – avant la guerre – il n'en était pas ainsi. Moi, en tout cas, je choisissais. Et même s'il le fallait, j'attendais qu'un metteur en scène soit libre pour tourner avec lui.* [...] *avant la guerre on pouvait, dans une certaine mesure, travailler avec la certitude de faire du bon boulot. Bien souvent, aujourd'hui, on ne sait pas où l'on met les pieds, et, parfois, on s'aperçoit trop tard qu'on aurait dû les mettre ailleurs.* [...] » (*Constellation* n° 79, novembre 1954).

Soucieux de sa réputation, il oppose une fin de non-recevoir à Henri-Georges Clouzot lui proposant *Le Salaire de la peur.* Charles Vanel le confirme : « J'avais été en quelque sorte « raccroché ». Le rôle avait été proposé à Gabin, mais il le refusa… affirmant qu'il perdrait sa légende si son public le voyait dans un rôle de peureux. Moi, c'est ce qui m'intéressait, au contraire » (cf. Jacqueline Cartier, *Monsieur Vanel*, Robert Laffont, 1989, p. 152).

Six mois auparavant (« *Solstice de mars* »), Jacques Prévert lui avait dédié le poème suivant, paru dans *Ciné-Club* en avril :

« Le regard toujours bleu et encore enfantin
Sourit
les lèvres minces accusent
les blessures de la vie.
On ne meurt qu'une fois
dit un dit-on
On meurt souvent
On meurt tout le temps
Répond Jean Gabin sur l'écran.
Jean Gabin
acteur tragique de Paris
gentleman du cinéma elisabethain
dans la périphérie du film quotidien.
Le cinéma n'a jamais été muet
il avait tant de choses à dire
primitivement
qu'il le disait en se taisant
internationalement.
Plus tard on le paya pour parler
il ne put faire autrement.
Jean Gabin est l'un de ceux qui l'ont le mieux aidé
à dire ses pauvres rêves
fastueux et vivants.
La voix de Jean Gabin est vraie

c'est la voix de son regard
la voix des gestes de ses mains.
Tout marche ensemble.
Jean Gabin est synchrone de la tête aux pieds.
L'acteur le plus fragile et le plus solide
en même temps.
Sobre comme le vin rouge
simple comme une tache de sang
et parfois gai comme le petit vin blanc
il joue « comme dans la vie »
comme dans la vie secrète mystérieuse et rêvée.
Jean Gabin
c'est l'évidence même
l'évidence même d'un être humain
qui joue son rôle publiquement
devant tant d'autres qui jouent le
leur secrètement
et si mal la plupart du temps.
Acteur lyrique et peintre de talent
il réussit toujours le portrait
de ce qu'il a à faire
de ce qu'il a à dire
à montrer
et sans même y penser il ajoute
sa couleur à lui
et donne son avis sur l'amour
son avis sur la vie
ou sur la mort la faim l'ennui
simplement
en se jouant.
Une lueur de bonheur peut durer si longtemps
le malheur des uns ne fait pas le bonheur
des autres.

Il fait seulement semblant.
Jean Gabin
Toujours le même toujours pareil
Toujours Jean Gabin
Toujours quelqu'un. »

Le retour aux affaires (1955-1976)

> « [...] *notre plus grand acteur de cinéma, le seul sans doute qui ne compose jamais, le seul à donner l'impression qu'au lieu d'entrer dans la peau des autres ce sont les personnages qui entrent dans sa peau à lui.* »
> (Simone Dubreuilh, *Libération*, 28-10-1955)

Six films en 1955 (il s'agit, toujours ici, des années de sortie parisienne), cinq en 1956, deux en 1957, quatre en 1958. Six gros succès : *Les Misérables*, *Napoléon* (où il n'a qu'une scène et qu'une réplique), *French-Cancan*, *Maigret tend un piège*, *La Traversée de Paris* et *En cas de malheur*, « dernier adieu au mythe à l'aube d'une nouvelle carrière » suivant Jacques Siclier (in *Jean Gabin*, Henri Veyrier, 1977, pp. 183, 185 et 197). À cinquante-quatre ans, Gabin, toujours selon Jacques Siclier, « se reconvertit dans le vedettariat de prestige » (*ibid.*). Inaugurée par *Les Grandes Familles*, fixée par *Le Président*, cette nouvelle période, celle du « mythe du notable ou du patriarche » (Jacques Siclier, *ibid.*), connaîtra son apogée commerciale en 1965 avec *Le Tonnerre de Dieu*. Parallèlement, Gabin partage la vedette avec Jean-Paul Belmondo (*Un singe en hiver*, 1961) et Alain Delon (*Mélodie en sous-sol*, 1963 ; *Deux hommes dans la ville*, 1973), avec Fernandel (*L'Âge ingrat*, 1964) et Louis de Funès (*Le Tatoué*, 1968), avec enfin Alain Delon et Lino Ventura (*Le Clan des Siciliens*, 1969). Le 14 juillet 1972, *France-Soir* publie les résultats d'un sondage effectué par l'Institut français d'opinion publique : Jean Gabin (31 % des voix) arrive (toujours) en tête, précédant cette fois Jean-Paul Belmondo (21 %), Fernandel (12 %), Bourvil

(10 %), Alain Delon (9 %), Louis de Funès (7 %), Lino Ventura (6 %), Jean Marais (5 %), Jean Yanne (4 %), Yves Montand et Gérard Philipe (3 %).

Jean Delannoy ne tarit pas alors d'éloges :

> « J'ai appris à aimer les hommes pour ce qu'ils gardent de leur enfance, et Gabin est de ceux-là.
>
> Il y a dans l'œil de ce monstre sacré une fraîcheur qui ne trompe pas et, quand il le faut, une bonté – je pense à *Chiens perdus sans collier* – qui est peut-être le seul sentiment qu'un acteur ne puisse exprimer sans l'éprouver.
>
> On dit beaucoup de choses sur Gabin ; on se trompe presque toujours. Quand il joue une scène, le moindre incident, le plus petit bruit l'arrêtent, le cabrent, comme un poulain. Ses réactions semblent disproportionnées avec l'objet ; on invoque son mauvais caractère…
>
> C'est ignorer l'importance de la concentration chez ce timide.
>
> C'est oublier qu'un acteur qui « se donne », selon l'expression consacrée, abandonne une part de lui-même qui, pour enrichir les autres, le rendra plus pauvre et plus vulnérable.
>
> Ce « dur » est un sensible. Cet homme tranquille est un inquiet.
>
> La sûreté de son jeu, c'est un tremblement intérieur dominé avec peine. Et c'est la raison de son très grand talent.
>
> Voyez un film de Gabin vieux de vingt-cinq ans. Vous reconnaîtrez la même petite flamme de tendresse dans son œil bleu, et la même sobriété d'expression, à une époque où Raimu et Harry Baur, pour ne citer que ces deux autres monstres, se croyaient obligés de « charger » pour se faire comprendre.
>
> Gabin a toujours peur de forcer la dose.
>
> Personne, mieux que lui, ne sait dépister le mot excessif, le geste qui dépasse l'intention.

Quand une phrase de texte l'embarrasse, c'est presque toujours la phrase qui a tort. Car le trait dominant de ce bourru, souvent brutal, jamais grossier, de cet enfant du peuple aux expressions imagées, jamais vulgaires, c'est la pudeur » (*La Tribune de Genève*, 15-05-1959).

Mais Claude Autant-Lara est plus que réservé :

« […] Gabin, il défend trop son fond de commerce, il veut que ça dure, le business ; de là ses médiocres films ; il ne lui faut pas des metteurs en scène, il lui faut des domestiques, qui abondent dans le sens de la continuité à tout prix de son petit fricot personnel. Je n'étais pas de la race des réalisateurs qu'il lui fallait : je n'ai donc fait que deux films avec lui – et je crois, ses meilleurs : *La Traversée* et *En cas de malheur.* Il s'en fout : j'étais trop « dangereux » pour lui, moralement. Ça pouvait, à la longue, lui faire du tort : il m'a, prudemment, lâché.

[…] Un grand acteur-vedette a, dans la structure capitaliste actuelle (et peut-être dans d'autres structures aussi…) son intérêt, SES intérêts à ménager. Il veut que « cela dure » le plus longtemps possible… Le film ? oui, ça l'intéresse – mais ce qui l'intéresse plus encore, c'est LUI… dans le film. Là-dessus, un Gabin est particulièrement odieux ».

« Il y a, d'un côté, les comédiens, les vrais – et puis les acteurs. Ça fait deux. Gabin, par exemple, lui n'est qu'un acteur. Gabin n'est même pas un acteur : c'est une personnalité. C'est très différent, mais c'est, aussi, considérable. Dans *La Traversée de Paris*, où il incarne une personnalité de la peinture, il est parfaitement à son aise. C'est, je crois bien, un de ses rôles marquants. Mais si vous ne lui faites pas un costume sur mesure, il n'y a plus personne. Il ne sait pas « se déplacer », comme on dit dans notre métier. Carette, comédien, savait « se déplacer », lui, c'est-à-dire que d'un rôle à l'autre, vous ne le reconnaissiez pas, il devenait un autre personnage. Pas Gabin : il est toujours le même » (*Les Cahiers de la Cinémathèque*, nos 9 et 10-11, Perpignan, été-automne 1973).

Jean-Paul Le Chanois est plus nuancé :

« [...] Ma rencontre avec Jean Gabin m'a fait comprendre, mieux que toutes les autres, ce qu'est l'étrange personnalité de l'acteur et son fatigant dédoublement. Ce que certains ont appelé avant moi « le cas Gabin », c'était peut-être ce sentiment qu'ils éprouvaient devant cet homme d'apparence populaire et – il ne m'en voudra pas de le dire, je crois même qu'il y tient – de culture moyenne et de bagage intellectuel modeste, capable de se transformer soudainement en autant de personnages de fiction, avec une étonnante faculté d'assimilation, sans qu'on y sente jamais l'effort, la composition, la technique de tant d'autres grands acteurs, passés ou présents, français ou étrangers. Cela a souvent fait dire de Jean qu'il n'était pas un acteur, ce qui me paraît une erreur car il connaît admirablement son métier (un métier qu'il a appris et vu pratiquer depuis son enfance) ainsi que les ressources et les limites de sa personne. Je dirai donc – et cela pourra paraître à certains un paradoxe – que ce sont les autres qui ont tort et qu'il faudrait que les autres acteurs soient comme lui. [...]

Je crois qu'il faut avoir pour Jean plus d'ambition qu'il n'en a lui-même. Je veux dire qu'il n'utilise pas au maximum ses possibilités. Il pourrait jouer souvent des rôles plus intéressants, plus grands que ceux qu'il joue. Il y a peut-être chez lui une certaine « paresse », une certaine pudeur, une certaine crainte de « ne pas être à la hauteur », ce qui est bien sympathique. Il faut donc le convaincre – et cela appartient à ceux qui ont sa confiance – de « risquer » davantage et d'interpréter de grands rôles, moins stéréotypés » (*L'Humanité*, 6-10-1964).

Michel Pezin, assistant réalisateur sur *Les Misérables*, où « Jean Gabin [...] pensait lui-même qu'Harry Baur était meilleur que lui » dans le rôle de Jean Valjean, précise :

> « Il [Le Chanois] dirigeait pour la deuxième fois Gabin, difficile à manier. En fait, Gabin ne se plaisait pas trop à Berlin-Est, commençait à vieillir, à vivre sur son capital et prendre ses aises. Je n'ai jamais lu un contrat si long, rédigé d'une manière si tatillonne que celui qu'il obtint pour ce film. On ne devait pas le surmener ni dépasser les horaires ; surtout l'exposer au moindre danger. On savait même que son siège ne devait jamais être placé sous les passerelles, car on ne sait jamais ce qui peut vous tomber dessus. Cela ne l'empêchait pas d'être un grand comédien, doublé d'un professionnel conscient de sa responsabilité, plein de bon sens et sachant ses limites. Par exemple, il n'aimait pas dire des phrases trop longues, trop travaillées, avec le risque d'achopper sur les mots difficiles, car son style, c'était comme « causer brut ». » (A. Philippe Esnault, in *Le Temps des cerises* de Jean-Paul Le Chanois, Institut Lumière/Actes Sud, 1996, pp. 223-224).

Jean Pieuchot rapporte par ailleurs qu'ayant expliqué à Jean Gabin combien il était difficile de collaborer avec Jean-Pierre Melville, l'acteur lui rétorqua : « Comment peux-tu travailler avec ce metteur ? Moi je refuse toujours ses propositions... », cependant que « quelques minutes plus tard, Melville, apercevant Gabin, me dit : « Je ne pourrais jamais travailler avec cet acteur, il est impossible à diriger ! » (*Régisseur de cinéma*, Dualpha éditions, 2003, p. 247).

Dans un débat qui l'opposa alors à Michel Audiard, François Truffaut ne croyait plus que « le nom de Gabin à l'affiche soit déjà le gage d'une qualité certaine : je sais, soutenait-il, qu'actuellement son confort et ses caprices exigent de la part de ceux qui travaillent avec lui de trop lourdes concessions pour que le résultat artistique ne s'en trouve pas d'avance compromis » (*Cinémonde* n° 1450,

22-05-1962). Et l'auteur de *Jules et Jim* de vanter a contrario l'attitude de Jeanne Moreau acceptant de tourner un film non pour le rôle ou le sujet mais pour le metteur en scène ; n'assistant pas aux rushes ; appréciant l'improvisation ; ne remettant jamais rien en question et accordant totalement sa confiance. L'auteur des *Quatre Cents Coups* n'avait rien dit d'autre, peu auparavant, à André Parinaud :

> « Personnellement, je refuserai systématiquement de faire des films avec cinq vedettes : Fernandel, Michèle Morgan, Jean Gabin, Gérard Philipe et Pierre Fresnay. Ce sont des artistes trop dangereux qui décident du scénario ou le rectifient s'il ne leur plaît pas. Ils n'hésitent pas à imposer la distribution ou à refuser certains partenaires. Ils influent la mise en scène, exigent des gros plans. Ils n'hésitent pas à sacrifier l'intérêt du film à ce qu'ils appellent leur standing et portent, selon moi, la responsabilité de nombreux échecs » (*Arts* n° 720, 29-04-1959).

Cinéma « immoral » à ses yeux :

> « Au scénario, l'attitude qui me déplaît le plus est celle qui consiste à ménager les gens importants pour se moquer des gens inférieurs. Dans la vie ça porte un nom : la servilité. Eh bien, cette servilité, cette bassesse est devenue la règle d'or du théâtre de boulevard. On retrouve cette convention, au cinéma, dans tous les films dialogués par Michel Audiard [...] On y voit une vedette écraser tous les autres personnages. Par exemple Gabin, qui semble infaillible comme un pape et qui donne des leçons de morale aux plus jeunes. On lui ménage sa scène de colère pour impressionner le spectateur. Il a le beau rôle. Les autres sont là pour le servir. Ils jouent les idiots pour le mettre en valeur » (in *Le Cinéma selon François Truffaut*, textes réunis par Anne Gillain, Flammarion, 1988, p. 136).

Quelques années auparavant, François Truffaut avait éreinté *Chiens perdus sans collier* :

> « Jean Gabin interprète un juge, bon Français moyen, incarnation du bon sens, un personnage entre Ded Rysel et Papa Gâteau ; il offre des chocolats, fait le bourru, bref, c'est un père plutôt qu'un juge. Il se produit pour Gabin ce qui se passe pour Pierre Fresnay depuis dix ans ; il se met à jouer faux, et l'on découvre justement maintenant qu'il a du génie ; il cligne des yeux, hoche la tête et parle entre les dents, tout cela avec une certaine roublardise accentuée par celle native de Delannoy » (*Arts*, 09-11-1955).

Ironie de l'histoire (du cinéma) : trente ans plus tard, Jean Delannoy confiera qu'il ne souhaitait plus tourner avec Gabin après *Le Soleil des voyous* (1967) :

> « Il devenait difficile à déplacer : j'y arrivais tout juste. Les textes de ses films se répétaient : il les disait de la même façon. Il devenait sa propre caricature. J'ai remarqué ce phénomène chez beaucoup de grands acteurs quand ils se prolongent. Cela coïncide en général avec la chute de leur vedettariat » (À Claude Guiguet, Emmanuel Papillon et Jacques Pinturault, Aulnay-sous-Bois, Institut Jacques Prévert, *Les Amis de Ciné-sous-Bois*, 1985, p. 71).

On comprend le sentiment de Jean-Louis Trintignant :

> [Michel Simon ?] « Le plus prodigieux acteur que j'aie connu. Il avait tout : la folie, l'absence de mémoire, la naïveté, la pureté, l'émerveillement, l'imagination délirante. Son physique était devenu son instrument. Il était beau comme un violoncelle » (Jean-Louis Trintignant, *Un homme à sa fenêtre*, Jean-Claude Lattès, 1977, p. 183). [Jean Gabin ?] « Je ne veux pas dire du mal de lui car c'était un acteur assez étonnant, mais je n'ai jamais eu envie de tourner avec Jean Gabin. Il

tournait avec son « staff », avec des gens qui étaient à sa botte. Et puis, il faisait un cinéma qui était toujours taillé à sa mesure. Entrer dans ce fonctionnarisme ne me disait rien. On m'a proposé de tourner dans ses films : je n'ai jamais accepté. Je ne méprise pas du tout l'acteur qu'il était – au contraire, j'ai de l'admiration pour lui –, mais je n'aimais pas beaucoup le type de films qu'il tournait » (À Bernard Alès, *Ciné-Revue* n° 32, 11-08-1983).

Dès 1962, Freddy Buache avait enfoncé le clou :

« Il suffit de comparer la part d'impondérable poésie libertaire qui hante Cloclo, Boudu, Legrand, Père Jules, L'Escargot, Belle étoile, etc. à la vulgarité des fantoches de Gabin lorsqu'il a voulu, après la guerre, singer Michel Simon dans *Archimède, Les Vieux de la vieille, Le Baron de l'écluse*, compositions d'une indigence écœurante, pour saisir tout ce qui fait le prix et le charme des créations de Michel Simon en dehors même de la qualité spécifiquement cinématographique des œuvres : jamais il ne justifice le régime du profit, de l'injustice, de la police, fondé sur la théorie des vertus évangéliques sans cesse transgressées par les nécessités de la morale politique ; toujours il en insinue la critique » (Freddy Buache, *Michel Simon*, Bienne, Éditions du Panorama, pp. 171-172).

Mélodie en sous-sol inspire deux ordres de réflexion à Alexandre Vialatte (in *La Montagne* du 17 avril 1963, repris dans *Chroniques de La Montagne 1962-1971*, Bouquins/Robert Laffont, 2000, p. 145)

« Avec ce minimum de dépense qui est la loi de tous les arts et de tous les grands effets, Gabin joue à peu près immobile. Si je cherche à me rappeler un geste de Gabin je ne le vois que levant un peu plus un sourcil. Ou plissant le front. On ne peut pas dire que ce soit grand-chose. Le reste du temps, il a l'air pas content. Et dit peu de chose. Mais d'un

> ton parfait. On ne cesse jamais de savoir ce qu'il pense. Il pense avec son poids, il pense avec son dos, sa coupe de cheveux, un détail de costume. Son dos surtout, est prodigieux ; il raconte un passé, il campe un personnage. Sa lenteur, également son immobilité. »

D'où ce qui le distingue de ses pairs :

> « Gabin [...] ne campe que lui-même ; il ne dépasse pas son propre volume, comme Stroheim ou comme Michel Simon dont le seul physique a toujours l'air de raconter des choses *en plus*. Il est de la race des professionnels, des conscients, des savants, à la façon de Jouvet, de ceux qui font vrai parce qu'ils sont vrai, et non de ceux qui font vrais parce qu'ils sont incroyables, et qui donnent le double plaisir de l'authentique dans l'inimaginable [...]. »

Gare toutefois au manichéisme, qui conduirait tout droit à l'iniquité : difficile en effet d'opposer les dernières années de l'un (*Du Vent dans les branches de sassafras* et *Le Vieil Homme et l'Enfant* mis à part) à celles de l'autre ! Accordons-le à Gabin, toutes passions retombées.

À ce stade, les avis commencent à diverger sérieusement (cf. *Opinions*, pp. 99-121). Depuis 1959, c'est, aux yeux de certains (dont je fus et demeure), à la mort d'un acteur et d'un mythe, à la naissance d'un autre acteur et d'un autre mythe que nous avons assisté. « Gabin est l'acteur le plus puissant que je connaisse. Là où les autres sont obligés de donner dix pour que le public attrape dix, lui donnera un et le public attrapera vingt. Il est le contraire de la grimace » expliquait Jean Renoir, qui n'avait pas dû le voir depuis quelques années (À Francis Leroi, *Combat*, 31-05-1965).

Michel Bouquet, quant à lui, reconnaît que Gabin :

> « [...] a fait un travail absolument phénoménal, il a été en quelque sorte le premier acteur moderne, à la manière de

Brando, par la suite. Gabin est moderne dans tout ce qu'il a fait avant la guerre avec Renoir et Grémillon. Pensez à *La Grande Illusion*, à *Remorques*. Après la guerre, quand il est avec Becker, dans *Le Grisbi*, c'est prodigieux. Plus bizarrement, il fait beaucoup de films avec d'autres metteurs en scène que je ne citerai pas, et ce n'est plus rien, presque plus rien » (in *La Leçon de comédie*, Librairie Seguier, 1988, p. 98).

Cela fait mal à dire quand on se rappelle, et avec quelle émotion, que cet homme fut, jadis, la sobriété même, et que sa miraculeuse justesse de ton et son extraordinaire présence illuminèrent une foule de rôles, de *La Bandera* à *En cas de malheur*, et lui assurent une place de choix au panthéon des grands acteurs de cinéma. Côté mythologie, excepté le surprenant sursaut du *Chat*, Gabin s'est mis à bafouer tout ce qu'il avait représenté, ce qui était, faut-il le préciser, son droit.

Siclier, qui ne partage pas cette façon de voir, admet néanmoins que quelques-uns de ces numéros, à son sens plus réactionnaires qu'anarchistes, si parfaitement au point qu'ils fussent, n'étaient guère passionnants. Et Brunelin, qui la partage encore moins, n'en émet pas moins le regret que Gabin, dans ces années-là, se soit cantonné « trop souvent dans un cinéma conventionnel », ne se soit pas montré « plus exigeant dans ses choix ». L'un et l'autre placent très haut *La Horse* (1970), *Le Chat* (1971) et *L'Affaire Dominici* (1973), trois « coups de cœur » pour l'acteur (et sans doute l'homme), mais pas pour le public (cf. *Box-office* 1946-1976, pp. 271-296).

Saisissant l'occasion que lui offrait une reprise de *Variétés* (« J'ai cherché Gabin [...] j'ai trouvé Fernand Gravey »), Jean Piverd, posait « le cas Gabin », articulant son argumentation en trois points :

a) J'ai souvent pensé – et je suis toujours convaincu – que Gabin a toujours eu de la chance. Le talent des scénaristes, celui des metteurs en scène, la présence surtout à ses côtés d'artistes considérables et souventes fois géniaux ont fait de

ces films des chefs-d'œuvre dont bénéficiait la vedette. Je pose aujourd'hui la question : sans ses partenaires, qu'aurait fait Gabin ?
b) On a parlé cent fois du caractère dépouillé de son jeu. Pourrait-il faire autrement ? Poussé à ce point, le dépouillement n'est-il pas de l'impuissance à faire autre chose ?
On a parlé de son masque... En pourrait-il avoir un autre ? Le voyez-vous maquillé, portant moustaches ou favoris ? Le voyez-vous composant un personnage ?
On a parlé de sa démarche... En pourrait-il adopter une autre ? Le voyez-vous traversant des salons en enfilade, avec la prestance d'un plénipotentiaire ?
On a parlé de sa voix... En pourrait-il avoir une autre ? L'imaginez-vous débitant le madrigal et troussant un envoi à l'attention d'une marquise poudrée à frimas ?
c) [...] Il s'apporte, comme diraient les habitués de ce milieu qu'il évoque et dont il est physiquement prisonnier. [...]
Gabin, c'est toute notre époque. Notre triste et lamentable époque ! Pas plus qu'on ne peut l'imaginer avec un autre masque, une autre démarche, une autre voix que la sienne, on ne peut l'imaginer transplanté dans un autre siècle que le nôtre.
L'imaginez-vous prenant la parole à la Cour du Grand Roi ou dans le château des *Visiteurs du soir* ?
En vérité, je vous le dis : j'ai vu Gabin dans *Golgotha*, et cela m'a suffi. »

Cet article fut écrit après la guerre (*Les Heures nouvelles*, 15-01-1946), et Gabin devait démontrer par la suite, et superbement, qu'il était « employable en dehors des rôles de brute », s'il n'était pas fait pour le « costume ».

Il était tendancieux de soutenir, comme Jean Piverd, que *La Grande Illusion*, c'était Fresnay, Stroheim et Dalio ; *Pépé le Moko*,

Dalio et Line Noro ; *Quai des brumes*, Michel Simon ; *Les Bas-fonds*, Jouvet – avant Gabin.

Tout à l'inverse, la grande force de Gabin fut de savoir choisir (rétrospectivement avec une singulière infaillibilité) les meilleurs de tous les films qu'on lui proposa, de s'en remettre aux meilleurs dialoguistes et metteurs en scène français, de s'entourer des meilleurs partenaires, *avec* lesquels il fit, pour le moins, *jeu égal*.

Reste, effectivement, que Gabin est un acteur que sa formation et son jeu condamnaient aux personnages *modernes*. (Après *Golgotha*, qu'il n'accepta que pour faire plaisir à Duvivier, il eut l'intelligence de ne pas insister). Mais la botte imparable que crut lui porter Jean Piverd ne fut d'un coup d'épée dans l'eau, et la critique, se retournant comme un gant, devient le plus bel éloge que l'on puisse faire de l'acteur :

> « [...] Jean Gabin, un tempérament ? Non, un « état ». [...] Jean Gabin n'est pas un acteur : c'est une force. C'est un poids. Sa seule présence crée une ambiance et son masque, à lui seul, fait souvent ce que ne peuvent faire les décors. Il suffit que cette silhouette de brute follement vraie, cent fois aperçue dans la rue, traverse l'écran pour que soit créé un climat. Jean Gabin ne joue pas. Il existe. [...] Rappelez-vous encore cette scène magistrale des *Bas-fonds* qui se passe dans la vieille calèche. Jouvet est là, le grand Jouvet. Et si, dans cette cour sordide, dans ce désor d'opéra de quatre sous », Gabin trouve sa place, c'est parce que sa présence fait elle-même partie intégrante du décor. Il n'a pas besoin de parler, ni de bouger, ni de vivre. Il n'est pour lui besoin que d'être là. » (*Ibid.*)

Un grand acteur justement, c'est *aussi cela*.

Car il est temps, pour moi, de dire l'admiration profonde que j'ai toujours éprouvée pour le Gabin de *Remorques*, de *Pépé le Moko* et de *La Belle Équipe*, de *Quai des brumes* et du *Jour se lève*, des *Bas-*

fonds, de *La Grande Illusion* et de *La Bête humaine*. Pour le Gabin de *La nuit est mon royaume, La Vérité sur Bébé Donge, La Minute de vérité, French-Cancan, Des gens sans importance, Chiens perdus sans collier, Le Cas du docteur Laurent, Maigret tend un piège, Le Désordre et la Nuit* ou *En cas de malheur*. Et pour le Gabin du *Plaisir*, de *Touchez pas au grisbi* et de *La Traversée de Paris*. (A-t-on assez souligné d'ailleurs qu'il a réussi *toutes* ces compositions *visage nu* ?).

Propriétaire-éleveur (de bovins, puis de trotteurs, enfin de galopeurs), Jean Gabin accomplit son rêve d'enfant : avoir une ferme, cultiver la terre, élever des bêtes. Ce fut, dit-on, sa danseuse, sa « folie », un gouffre financier. Il se crut adopté par ses voisins normands. Il n'était, à leurs yeux, que le plus célèbre (mais pas le plus important) des cumulards (voir le *Gabin* de Brunelin, *op. cit.* pp. 425-433 et 495-516). Suivant Louis Déniel, « le traumatisme de la manifestation paysanne (en 1962), le choc du rejet furent, moralement, inguérissables. Aux yeux de la plupart des familiers, ils expliquent la fin du misanthrope, les cendres jetées à la mer : puisque la terre normande ne s'était pas ouverte, le néant… » (*Le Monde*, 24-12-1983). Rejeté par le monde paysan, il retrouva celui de la mer (André Brunelin, *op. cit.*, pp. 557-559). Après l'avoir été deux fois dans la vie et quatorze fois à l'écran, Jean Gabin devait choisir d'être marin une ultime fois dans la mort : après des obsèques quasi nationales, ses cendres furent immergées, au large de Brest, par la marine nationale rendant hommage à l'un des siens. Sortie aussi spectaculaire que celles de Charles de Gaulle et d'Henry de Montherlant, et frappant tout autant l'opinion.

CHAPITRE 2

MYTHOLOGIE

« [...] *Moi, mon pognon, c'est moi qui l'ai gagné, on ne me l'a pas donné. Quand je pense que j'arrive à 65 berges, après avoir gratté toute ma vie, tout cela pour que mes mômes paient des droits de succession, ça me fait râler. Qu'est-ce que vous voulez, je suis bien obligé de subir. Ce n'est pas moi qui vais réformer le monde. Puisque les gens sont cons. Et méchants.* [...] *plus ça va, plus on me prend de pognon. Et c'est pourquoi je dois continuer à gratter, d'autant plus que je vais avoir une retraite minable.* [...] *Savez-vous combien moi, qui suis un des plus favorisés, qui fais ce métier depuis 46 ans, savez-vous combien je vais toucher comme retraite à 65 ans ?* [...] *ça va chercher dans les 650 000 francs par an. Anciens, bien sûr. Et en cotisant depuis le début. Je ne suis pas fonctionnaire, ni général.* »

(À Jacques Baroche, *Ciné-Revue*, 16-01-1969)

« [...] *Je suis anar. Je me révolte contre toutes les injustices, à commencer par celles causées par les pouvoirs publics. Remarquez, je respecte toutes les opinions politiques. Chacun peut penser ce qu'il veut. Mais je ne crois pas aux artistes engagés. À mon avis, tous les artistes sont des anars, car ils ont tous connu des débuts difficiles et ont eu tous du mal à gagner leur pognon. Quoi qu'on dise et quoi qu'on fasse, même si nous vivons en apparence bourgeoisement, nous appartenons toujours à la roulotte. Nous sommes tous des saltimbanques. Et, personnellement, je suis fier d'être un saltimbanque.* »

(À Jean-Claude Mazeran,
Le Journal du Dimanche, 17-10-1971)

« L'argent ! Gabin n'en fait pas une histoire. Il en veut seulement aux journalistes de révéler à quelle somme s'élèvent ses contrats. C'est ce qu'il dit. Mais, deux minutes plus tard, fier comme Artaban, il avoue : « *Je fais partie des cent quarante-sept Français qui paient dix millions de francs anciens d'impôts...* » Pourtant, Gabin le bienheureux demeure un homme blessé. Il n'a pas encore « digéré » le temps où certains l'ont taxé de « cumulard », à cause des hectares qu'il possède dans l'Orne. C'est même pour cette raison [il aime le paradoxe] qu'il ne veut pas défendre Langlois. – *Moi, hurle-t-il, quand les paysans sont venus me chercher querelle, j'étais seul devant eux... Pas un acteur n'est venu à mon secours, moralement au moins. Pas un, excepté Paul Meurisse et Fernand Raynaud... Que Langlois se défende à l'aide de trois mille manifestants* ! »

(Michel Delain, *Paris-Jour*, 23-02-1968)

« *[...] C'est un beau jeu, le football. Ah ! oui ! Tu ne joues pas qu'avec les pieds, mais avec ça..., ça, tu m'entends, avec ton caisson, oui, mon vieux. Et puis, avoue, c'est mieux que d'avoir une écurie de courses, pas ? [...]* » Et puisque nous sommes sur la voie des confidences, pourquoi ne pas signaler un autre violon d'Ingres de Gabin ? Je sais bien qu'il n'aime pas qu'on en parle, encore qu'il aime beaucoup en parler lui-même. Je sais bien que ce sujet présente plus de difficultés que le football-association, mais Gabin en discourt avec tellement de foi et d'enthousiasme touchant, qu'il est difficile de n'y point faire allusion.
Lâchons le mot : la politique.
Gabin a ses opinions, ses théories, ses espoirs, je n'ose pas dire ses projets. Il est, cette fois encore, un grand élan vigoureux, chaleureux, ardent. Parfois sa générosité fait figure d'innocence ; la candeur est toujours le privilège des convaincus. Son souci de jeunesse, d'effort et de propreté sociale est au service d'une bonne volonté évidente, d'une sincérité combative :
– *Il y a le cœur, ça compte le cœur...*
Voudra-t-il un jour interpréter sa « grande scène » ?
Qui sait ? »

(Maurice Bessy, *Cinémonde*, 03-05-1939)

« Charmant dîner chez Claude Marcy avec Duvivier et Jean Gabin que je n'avais pas vus depuis six ans. [...] Après nous avoir raconté son entrée à Berchtesgaden dans son tank, Gabin nous entretient, avec une fatuité joviale, de ses amies Simone Simon, Michèle Morgan et Marlène Dietrich, la « Marlène ». Chiromancienne à ses heures, Claude se fait un plaisir de lui lire l'avenir dans les lignes de la main et opine qu'il serait temps pour lui de se lancer dans la politique où il a un grand rôle à jouer. « *On me l'a déjà dit*, avoue le créateur de *Pépé le Moko, avec ma popularité, ce serait du tout cuit.* »

(Jean Galtier-Boissière, *Mon journal dans la drôle de paix*, La Jeune Parque, 1947, pp. 29-30)

« Celui-là n'est pas fait pour être en cage. Regardez-le, robuste et simple, mais avec de la noblesse et même de la grâce. Une noblesse naturelle. Je suis tenté d'écrire une noblesse de bel animal (la noblesse du pur-sang, la noblesse du chien de race). Une noblesse intérieure, jaillie des profondeurs de la nature. Ce n'est pas par moquerie, par ironie que je compare sa noblesse à celle d'un bel animal. Lui, comprendra. Je sais qu'il aime les animaux, qu'une de ses joies est de pouvoir les regarder vivre longuement. Dès qu'il a pu réaliser son premier rêve, il fait l'acquisition d'une ferme, et là, loin des studios, il vient se retremper dans la nature, reprendre contact avec ses amis de toujours. La célébrité ne l'a pas entamé. On a même l'impression qu'elle ne parviendra jamais à mordre sérieusement sur sa nature profonde. Né terrien, il le reste de la tête aux pieds. Il sera, toute sa vie, le prolongement, l'aboutissement du petit gamin de Mériel – le dernier rejeton d'une famille de sept – à l'enfance saine et libre, qui « canait » trop souvent l'école pour aller dénicher des nids. »

(Gabriel Reuillard, *Gringoire*, 26-06-1930)

« [...] ce « dur de dur » est un sentimental, cet Othello de banlieue cultive la petite fleur bleue et trouve, à l'occasion, dans son vocabulaire particulier, les mots qui font chavirer les âmes sensibles. Il ne faut pas chercher longtemps pour découvrir dans ce hors-la-loi, ce déserteur, cet assassin, un père tranquille, un Français moyen du genre dimanche en famille et jardin potager le samedi après-midi. Au fond de son cœur, c'est un terrien. Il aime à s'imaginer retiré dans une ferme, au milieu de ses vaches et de ses volailles, en battant la plaine, avec ses chiens, un matin d'hiver, un fusil sous le bras. Du paysan, il a le goût de la terre ferme et la méfiance panique pour tout ce qui bouge sous les pieds : l'avion, la mer, le dos d'un cheval. Et son service dans la marine n'empêcha pas le capitaine de *Remorques* de blêmir à la barre quand le bateau tanguait. »

(Le Minotaure, *L'Écran français* n° 74, 27-11-1946)

« Le Gabin d'avant-guerre est un individu [...] révolté, anticonformiste, loyal, bourru, sincère envers les autres et lui-même. [...] gavroche grandi, c'est le prolétaire activement anti-bourgeois [...] asocial par rapport à la société qu'il nie, et non par rapport à sa classe. »

(Pierre A. Marchal, *L'Écran lorrain* n° 226, avril 1966)

« Je l'ai vu tourner avec des gens dont il ne raffolait pas, mais il les avait déjà pratiqués, ce qui le rassurait : « *Tu comprends,* disait-il, *c'est un con, mais je connais ses conneries* ». Son esprit était complètement original parce qu'il ne lisait pratiquement pas. Son sens de la géopolitique était ineffable : il rêvait d'un gouvernement constitué par le duo Pinay-Séguy, ce qui était très révélateur. Gabin était constitué par plusieurs couches stratifiées : la première, très 36, Front Popu, et, par-dessus, une couche de bourgeois XIXe siècle. Il disait, médusé : « *Vous vous rendez compte, j'ai mis mes filles chez les frangines, moi...* » [...] Il avait du style, comme on le dit pour l'écriture musicale ou littéraire. Chopin, on le reconnaît au bout de cinq notes, Gabin au bout de deux mots. »

(Denys de La Patellière, à Odile Grand, *Télé-Star*, 11-04-1981)

« [...] si l'on revoit aujourd'hui l'œuvre complète d'Audiard, de Denys de La Patellière, de Grangier ou tous les Gabin, on y retrouve [...] une peinture très intéressante de la société française. [...] Ce sont des films qu'on a sans doute exagérément décriés : *Razzia sur la chnouf* n'est pas si mauvais, *Maigret voit rouge* est un bon film, *Voici le temps des assassins* un pur chef-d'œuvre. Ces films reflétaient [...] une vision pessimiste et méchante du monde et de la société [...] le tout teinté d'un anarchisme plus souvent de droite que de gauche. Gabin fut le porte-parole idéal de cette veine « anar ». »

(Yves Boisset, à Chantal de Béchade et Jacques Zimmer, *La Revue du Cinéma* n° 390, janvier 1984)

Les convictions des personnages incarnés par une star ne sont pas nécessairement celles de l'homme (ou de la femme). Mais, la fiction l'emportant toujours sur la réalité, comment imaginer que masques et visage ne coïncident pas ? Jean Gabin ne s'est pas engagé en faveur du Front populaire, mais Jean (*La Belle Équipe*) et François (*Le jour se lève*) en furent l'expression, voire l'emblème. Gabin, pour paraphraser Françoise Giroud, c'était Thorez sans la dialectique (« Renoir m'a emmenée un soir entendre Maurice Thorez en

1936. Il était ensorcelant. C'était Jean Gabin plus la dialectique » (Françoise Giroud, *Si je mens...*, Stock, 1972, p. 50). De même, Jean Gabin n'a-t-il pas davantage pris position pour la Ve République ; il « détestait les hommes politiques de tous bords », à l'exception d'Antoine Pinay, et il voua aux ministres de Georges Pompidou, sinon au Premier ministre, « un mépris total », rapporte Brunelin (*Gabin, op. cit.*, pp. 515 et 559-564), mais Noël Schoudler (*Les Grandes Familles*) et Émile Beaufort (*Le Président*) l'ont fait à sa place. Toute mythologie de star repose sur de tels jeux de miroirs, déformants parfois.

Quatre metteurs en scène et deux dialoguistes ont forgé le mythe Gabin :

– Julien Duvivier : *La Bandera, La Belle Équipe* et *Pépé le Moko* (sinon *Maria Chapdelaine, Golgotha* et *L'Imposteur*) ;

– Jean Renoir : *Les Bas-fonds, La Grande Illusion* et *La Bête humaine* ;

– Jean Grémillon : *Gueule d'amour* et *Remorques* ;

– Marcel Carné : *Quai des brumes* et *Le jour se lève* ;

– Jacques Prévert : *Quai des brumes, Le jour se lève* et *Remorques* ;

– Charles Spaak : *La Bandera, La Belle Équipe, Les Bas-fonds, La Grande Illusion, Gueule d'amour* et *Le Récif de corail.*

Henri Jeanson, qui fit s'exprimer Pépé le Moko, ne fournira, après la guerre, que deux autres textes à Gabin : *Pour l'amour du ciel* et *La Minute de vérité.* Charles Spaak en fournira également deux : *La nuit est mon royaume* et *Crime et Châtiment.* Jacques Prévert aucun (si ce n'est *La Marie du port,* auquel il collabora quelque peu, sans signer).

Six réalisateurs et trois dialoguistes ont contribué à construire un autre mythe Gabin :

– Gilles Grangier : *Archimède le clochard, Les Vieux de la vieille, Le cave se rebiffe, Le Gentleman d'Epsom, Maigret voit rouge, L'Âge ingrat* et *Sous le signe du taureau* (précédés par *La Vierge du Rhin, Gas-oil, Le Sang à la tête, Le rouge est mis* et *Le Désordre et la Nuit*) ;

– Denys de la Patellière : *Les Grandes Familles, Rue des prairies, Le Tonnerre de Dieu, Du rififi à Paname, Le Tatoué* et *Le Tueur* ;

– Henri Verneuil : *Le Président, Un singe en hiver, Mélodie en sous-sol* et *Le Clan des Siciliens* ;

– Jean Delannoy : *Maigret et l'Affaire Saint-Fiacre, Le Baron de l'écluse* et *Le Soleil des voyous* (précédés par *Maigret tend un piège*) ;

– Jean-Paul Le Chanois : *Monsieur* et *Le Jardinier d'Argenteuil* ;

– Pierre Granier-Deferre : *La Horse* et (aux antipodes) *Le Chat* ;

– Alphonse Boudard : *Du rififi à Paname, Le Jardinier d'Argenteuil* et *Le Soleil des voyous* ;

– Pascal Jardin : *Monsieur, L'Âge ingrat, Le Tonnerre de Dieu, Le Tatoué, La Horse, Le Chat* et *Le Tueur* ;

– Michel Audiard : *Gas-oil, Le Sang à la tête, Maigret tend un piège, Le Désordre et la Nuit, Archimède le clochard, Les Grandes Familles, Maigret et l'Affaire Saint-Fiacre, Rue des prairies, Le Baron de l'écluse, Les Vieux de la vieille, Le Président, Le cave se rebiffe, Un singe en hiver, Le Gentleman d'Epsom, Mélodie en sous-sol, Le Pacha* (réalisé par Georges Lautner), *Sous le signe du taureau* et *Le drapeau noir flotte sur la marmite* (réalisé par lui-même).

Autres dialoguistes pour cette période : Auguste Le Breton (*Le rouge est mis*), Jacques Robert (*Maigret voit rouge*), José Giovanni (*Le Clan des Siciliens*) et Jacques Vilfrid pour *L'Année sainte* de Jean Girault. Ainsi que Pierre Dumayet (*Verdict* d'André Cayatte) et, curieuse volte-face, Daniel Boulanger (*L'Affaire Dominici*, mise en images par Claude Bernard-Aubert) et José Giovanni, cette fois-ci également réalisateur (*Deux hommes dans la ville*).

Fort d'une impressionnante série de succès, Jean Gabin était, à la veille de la guerre, la vedette française numéro un. Mieux : le seul mythe du cinéma français. Il ne retrouva sa place au box-office qu'en 1958. Jusqu'en 1970, malgré quelques échecs et grâce à des concessions de plus en plus nombreuses, il s'y maintint. Les films commerciaux qu'il a tournés entre 1958 et 1976 ne ressemblent guère aux classiques tournés entre 1935 et 1939, ou aux films ambitieux tournés entre 1949 et 1957. Et son personnage, issu du Front populaire, incarna, trente-six ans plus tard, le poujadisme français. Établir la liste des *emplois* qu'il a tenus, c'est, du même coup, établir celle des *mythes contradictoires* qu'il a assumés.

Jeune premier

> « *Vous dirais-je que j'ai un faible pour le gars de* La Belle Marinière ? »
>
> (Jean Gabin, *Voilà* n° 327, 25-06-1937)
>
> « *Jean Gabin, qui toujours personnifia les gouapes – avec talent, je l'avoue – joue ici son premier rôle sentimental, il y excelle. [...] combien je préfère pour lui l'ancre de marine à la cravate roulée du souteneur...* »
>
> (Jean Laury, *Le Figaro*, 11-12-1932)

Vendeur dans *Chacun sa chance* et *Tout ça ne vaut pas l'amour*, il est quartier-maître dans *Pour un soir...!*. Toujours en 1931, dans *Cœurs joyeux* cette fois, il est opérateur dans un cinéma de quartier, dont il devient l'heureux propriétaire une fois lavé des soupçons pesant injustement sur lui quant à sa participation à un vol de bijoux. Fricot dans *Les Gaîtés de l'escadron*, il est, passant du comique au dramatique, puis du dramatique au tragique, patron de péniche dans *La Belle Marinière*, coureur automobile dans *La foule hurle* (ces trois films en 1932), officier mécanicien de la police maritime dans *L'Étoile de Valencia*, ingénieur dans *Adieu les beaux jours* et *Le Tunnel*, ouvrier électricien joueur de football dans *Du haut en bas* (ces quatre films en 1933), matelot dans *Zouzou*, trappeur dans *Maria Chapdelaine* (tous deux en 1934) trapéziste dans *Variétés* (1935).

Déserteur avant le Jean de *Quai des brumes*, Jean, le quartier-maître de *Pour un soir* abandonne son poste et se tue pour la femme dont il a été le jouet, et parce qu'il a tué (du moins le croit-il) un souteneur dont la protégée l'avait provoqué. C'est le premier en date (1931) des assassins sympathiques, des homicides malchanceux, aux circonstances atténuantes certaines (*La Bandera, Pépé le Moko, Quai des brumes, Le jour se lève*), qui va devenir une des spécialités de Gabin avant la guerre.

Mauvais garçon et truand

Cambrioleur dans *Paris-Béguin* (1931), mauvais garçon dans *Cœur de lilas* (1931), il fixe ce personnage dans *La Bandera* (1935), où, criminel accidentel, il s'engage dans la Légion ; dans *Les Bas-fonds* (1936), où il est Pépel le voleur ; dans *Le Récif de corail* (1939), où il n'a pas commis le crime pour lequel il se croit recherché. Il l'incarne, une dernière fois, dans *Au-delà des grilles*, en 1948. *Pépé le Moko* est son premier et seul rôle de truand avant la guerre (1936). Nous retrouverons *L'Imposteur* (1943) dans un instant. *Miroir*, en 1947, échoue[12]. Mais Gabin revient régulièrement à cet emploi : en témoignent *Leur dernière nuit, Touchez pas au grisbi* (1953), *Le rouge est mis* (1957) [13], *Le cave se rebiffe* (1961), *Mélodie en sous-sol* (1963), *Du rififi à Paname* (1965), *Le Soleil des voyous* (1967), *Le Clan des Siciliens* (1969), *L'Année sainte* (1976).

Flic

> *« – Vous ! en policier !*
> *– Mais quand ça ne se voit pas, je ne déteste pas du tout la police. Tout de même, pour les gars de la P.J., il y a de sérieux risques, dites ? Ils font un métier pour lequel on doit avoir quelque chose dans le ventre ! Un beau film d'aventures policières, ça ne me déplairait fichtre pas. »*
> (À Doringe, *Pour Vous* n° 254, 28-09-1933)

Au cinéma comme dans la vie, gangster et flic sont liés, sinon interchangeables. Pépé le Moko, cependant, a mis du temps à devenir Maigret, *Méphisto* (1931) étant son seul rôle de flic avant 1954. Et encore, dans *Razzia sur la chnouf* usait-il d'un subterfuge classique ! En 1956, il est Porphyre, pardon le commissaire Gallet, dans *Crime et Châtiment.* Déjà juge pour enfants dans *Chiens perdus sans collier* (1955), l'ancien hors-la-loi devient le gardien de la loi : *Maigret tend un piège* (1957), *Maigret et l'Affaire Saint-Fiacre* (1959), *Maigret voit rouge* (1963) ; *Le Désordre et la Nuit* (1957), *Le Pacha* (1967) et *Le Tueur* (1972). Rééducateur dans *Deux hommes dans la ville* (1973), il est président de cour d'assises dans *Verdict* (1974).

Ouvrier

Mécanicien aviateur dans *Gloria* (1932) et ouvrier électricien dans *Du haut en bas* (1933), Gabin a bâti tout son mythe prolétarien sur une tétralogie célèbre : *La Belle Équipe* (1936), *La Grande Illusion* (1937), *La Bête humaine* (1938) et *Le jour se lève* (1939). Mais, avec l'âge, le révolté s'est résigné : cheminot aveugle dans *La nuit est mon royaume* (1951), routier dans *Gas-oil* et *Des gens sans importance* (1955), contremaître dans *Rue des prairies* (1959), petit-bourgeois dans *Victor* (1951) et *l'Âge ingrat* (1964). Ex-typographe dans *Gueule d'amour* (1937), il est typographe retraité dans *Le Chat* (1971), marié à une ancienne acrobate (l'Annabella de *Variétés* ?). *Le Chat,* le pathétique *Chat,* sur lequel nous allons revenir.

Soldat

De la cavalerie : *Les Gaîtés de l'escadron* (1932) à la Légion : *La Bandera* (1935) et aux Spahis : *Gueule d'amour* (1937), il n'y eut qu'un pas, vite franchi. Mais l'aviateur prisonnier évadé de *La Grande Illusion* (1937) et le déserteur pacifiste de *Quai des brumes* (1938) firent, tout aussi vite, contrepoids. Mauvais garçon, sauvé de la guillotine en juin 1940 par une providentielle bombe italienne, *L'Imposteur* usurpe l'identité d'un sergent mort et s'engage dans les F.F.L. : il se couvre de gloire à Hollywood, autant dire en Afrique, mais, démasqué, il donne sa vie pour la France Libre. Ultime contribution militaire de Gabin, le pénible *Tatoué* (1968), où il hissait, ému, les trois couleurs... (Rappelons que Ponce Pilate dans *Golgotha* (1935) et le maréchal Lannes dans le *Napoléon* de Sacha Guitry, en 1955, sont les deux seuls personnages historiques réels interprétés par l'acteur.)

Les professions libérales

Avant de devenir banquier : *Les Grandes Familles* (1958) [14] et *Monsieur* (1964), l'ancien prolétaire a été, successivement, entrepreneur : *Martin Roumagnac* (1946), *Pour l'amour du ciel* (1950) ; industriel : *La Vérité sur Bébé Donge* (1951) ; armateur : *La Marie du port* (1949) ; mareyeur : *Le Sang à la tête* (1956) ; chirurgien : *Fille dangereuse* (1952) ; médecin : *Le Cas du docteur Laurent* (1956) ; vétérinaire : *Le Tonnerre de Dieu* (1965) ; inventeur : *Sous le signe du taureau* (1969). Davantage : grand médecin dans *La Minute de vérité* (1952), grand restaurateur dans *Voici le temps des assassins* (1955) et grand avocat dans *En cas de malheur* (1958). Avant la guerre, seul le colon en smoking du *Messager* (1937) entrait dans cette catégorie : « [...] Gabin est toujours de tout premier ordre, vrai, brutal, vivant. Gabin est peut-être aujourd'hui un des meilleurs acteurs français, le meilleur peut-être, et c'est pour le voir qu'on peut aller voir *Le Messager*. [...] Dans *Le Messager*, l'habile Raymond Rouleau n'arrive pas à escamoter toute la prétentieuse sottise du mélo de M. Bernstein. [...] Mais l'autorité de Gabin sauva beaucoup de choses ; il sut créer un personnage inhabituel pour lui, celui d'un industriel, et s'essayer dans une certaine mesure aux rôles de composition » (Georges Sadoul, *Regards* n° 195 et 224, 07-10-1937 et 28-04-1938).

Le seigneur

Il n'a pas suffi à notre « personnage » de gravir ainsi les échelons de la réussite. Il lui a fallu aller plus loin, et s'affirmer en marge ou au-dessus des lois. Il sera donc escroc mondain : *Le Baron de l'écluse* (1960) et *Le Gentleman d'Epsom* (1962, devenu *Les Grands Seigneurs* en 1969) ou faux-monnayeur : *Le cave se rebiffe* (1961) et *Le Jardinier d'Argenteuil* (1966). Clochard : *Archimède le clochard* (1958), retraité d'hospice : *Les Vieux de la vieille* (1960) ou aristocrate : *Le Tatoué* (1968). Il est a-social. Ou « anarchiste », tels le peintre de *La Traversée de Paris* (1956), le bistrot d'*Un singe en hiver* (1962) et le vétérinaire du *Tonnerre de Dieu* (1965). En un mot, « patriarche » : *Le Président* (1961), *La Horse* (1970) et *Le drapeau noir flotte sur la marmite* (1971). *Last but not the least* : Gaston Dominici dans *L'Affaire Dominici* (1973), où, soit dit sans malice, il prouvait qu'il aurait certainement fait un très crédible Philippe Pétain. Faire interpréter Gaston Dominici, qui était peut-être innocent, par Jean Gabin, qui ne pouvait pas ne pas l'être, faussait le débat. « Je ne dis pas que Gaston Dominici n'est pas coupable, je dis qu'on ne m'a pas prouvé qu'il l'était » concluait, autrement plus subtil et convaincant, Jean Giono (*Notes sur l'Affaire Dominici* suivies d'un *Essai sur le caractère des personnages*, Gallimard, 1955). France Roche annonçait dans *France-Soir* du 22 janvier 1967 *La Tête à l'envers*, scénario original de Jean Cosmos que devaient produire Raymond Danon et Maurice Jacquin, et réaliser Gilles Grangier : « grand bourgeois, directeur d'une société de transports internationaux et despote familial », Gabin y aurait recueilli et élevé un « neveu bâtard et mentalement un peu déséquilibré » et tué lui-même ce « pauvre demi-fou », criminel accidentel, « afin qu'il ne soit pas lynché par la foule ». Pacha et tueur, une fois encore.

Restent à consigner :

1. le thème de *l'eau*, qui se retrouve dans plusieurs films. Soit comme élément professionnel, dans *Pour un soir...!*, *La Belle*

Marinière, L'Étoile de Valencia, Zouzou, La Marie du port, Le Sang à la tête et *Le Baron de l'écluse*, et aussi dans *Remorques* (1940), *La Péniche de l'amour* (1942), *La Vierge du Rhin* (1953) et *Le Port du désir* (1954), où Gabin est, respectivement, capitaine d'un bateau de sauvetage, marinier, propriétaire de chalands et releveur d'épaves. Soit comme élément passionnel, dans *Pour un soir...!, La Belle Marinière* et *Remorques* bien sûr, mais encore dans *Pépé le Moko, Quai des brumes* et *Le Récif de corail*, où la mer est évasion et liberté. Et qui aboutit à la mythomanie : *Le drapeau noir flotte sur la marmite.* « *J'aime ce qui se passe sur l'eau : je n'oublie pas que j'ai été marin et même l'eau douce me plaît. La vie des mariniers a une sorte de poésie que celle des travailleurs des villes ignore* » (À Doringe, *Pour Vous* n° 254, 28-09-1933)[15].

2. Quatre rôles de prestige, inclassables : le paysan normand du *Plaisir* de Max Ophuls (1951) ; l'entraîneur de boxe de *L'Air de Paris* et l'entrepreneur de spectacles de *French-Cancan*, derniers films avec Marcel Carné et Jean Renoir en 1954 ; Jean Valjean enfin dans *Les Misérables* de Jean-Paul Le Chanois en 1957.
3. L'obsession de la descendance, qui coïncide naturellement avec le vieillissement du personnage et de l'acteur. Père incompris dans *Rue des prairies* et *Sous le signe du taureau*, il est grand-père dans *Les Grandes Familles, Le Clan des Siciliens, La Horse, Le drapeau noir flotte sur la marmite* et *L'Affaire Dominici*, et rêve de l'être dans *Monsieur, L'Âge ingrat* et *Le Tonnerre de Dieu*, sinon dans *Deux hommes dans la ville* et *Verdict*. Juste retour des choses, en octobre 1992 (sondage Lire-Ifop-La Marche du Siècle), quarante-deux pour cent des 15-25 ans auraient aimé compter Jean Gabin parmi leurs ancêtres, vingt-neuf Albert Camus, dix-huit Charles de Gaulle.

Brunelin laisse entendre que Gabin ne fut pour rien dans la mythologie de l'échec, le romantisme de la marginalité, qui caractérisa quelques-uns des rôles qui le portèrent au sommet. Ce seraient là, on l'a deviné, fantasmes de journalistes ! Selon lui, « Lucien Bourrache, sous-officier de spahis redevenant dans le civil typographe de *Gueule d'amour*, Jean, soldat de l'infanterie coloniale de *Quai des brumes*, Jacques Lantier, mécanicien de locomotive de *La Bête humaine*, François, l'ouvrier sableur du *Jour se lève* » n'auraient qu'un « lointain rapport avec le truand de *Pépé le Moko* », unique rôle de gangster, « et par conséquent [...] seul personnage réellement a-social » joué alors par l'acteur. Lointain rapport, à ceci près que, poursuit froidement l'auteur, « ce sont des personnages qui [...] acceptent de jouer leur rôle dans la société mais qui [...] en sont rejetés. Ils finissent donc par tuer, être tués, ou se suicident ». Bref « peut-être est-ce le dénominateur commun avec le personnage de Pépé, qui se suicide lui aussi, et par amour autant que pour échapper à la police ». Et d'évoquer, quelques pages plus loin, ce personnage, alors souvent confié au comédien, « à la fois accablé par un destin contraire et révolté » (André Brunelin, *op. cit.*, pp. 207 et 261). De Pierre Duvillars à Jacques Siclier, d'André Bazin à Claude Mauriac, les meilleurs exégètes du premier mythe, incarné fût-ce à son insu (?) par Jean Gabin, ont-ils écrit autre chose ? Et André Brunelin, se prenant ici quelque peu les pieds dans le tapis, n'est-il pas en train de conforter la thèse même qu'il assure être dénuée de tout fondement ?

Notant que « la signification humaine » de *La Grande Illusion* était « due surtout à Gabin », Jean-Pierre Chartier souhaitait qu'il devînt « le Gary Cooper français », modèle exaltant de l'Américain moyen » :

> « Si le film n'est pas désespérant, s'il ouvre la porte à l'espoir, c'est que Gabin y incarne avec une aisance et une vérité surprenantes le personnage de l'ouvrier français, de l'homme du peuple français plus direct mais plus sensible que l'aristocrate, violent mais généreux, un peu goguenard devant le panache mais plein de courage et de volonté. Image conven-

tionnelle ? Peut-être ; mais l'art est convention et Gabin a le mérite d'avoir créé un type. L'important c'est que ce type soit sympathique et qu'il puisse représenter un certain idéal de l'homme. On s'est beaucoup lamenté sur le culte de la vedette au cinéma mais ce culte est à double face : la vedette peut être un héros dans lequel tout un peuple se reconnaît. [...] s'il est nécessaire de montrer la face sombre de la vie, il est souhaitable que le cinéma use de sa puissance sur les foules pour offrir aussi le spectacle exaltant de la grandeur de l'homme. Gabin, vedette sympathique, est de taille à tenter cette entreprise désespérée. Il n'est jamais trop tard pour espérer » (*Témoignage Chrétien*, 13-09-1946).

Le Minotaure, en 1946, célébrait en Jean Gabin « le seul personnage tragique du cinéma français » :

> « À Boulogne-Billancourt, le destin n'est pas réservé aux rois. Il n'y a plus de rois. Aujourd'hui Œdipe est un prolétaire, mais sur les quais de la Seine et les pavés de banlieue, le destin des flics et des bourgeois, tout l'Olympe de l'ordre établi, de l'argent et de l'hypocrisie, délègue encore assez de pièges à meurtre où trébucher par surprise.
>
> Il ne tue pas pour son plaisir. Regardez tous ses crimes. En est-il un qu'il ait désiré ? Sa faiblesse est de se mettre en colère, comme l'autre sur la route de Thèbes, quand ce diable de char encombrait son chemin. Nous les témoins, nous ne nous y trompons pas. De milliers de salles obscures monte silencieusement la protestation des copains du *Jour se lève* quand Gabin hurle de la fenêtre de sa mansarde qu'il est un assassin. Douze millions de jurés l'ont acquitté dans leur cœur. En termes existentialistes, l'assassinat est le projet originel de Gabin. Je me plais à imaginer après je ne sais quelle psychanalyse que tuer, c'est sa façon d'être libre et d'aller au bout de lui-même.

> Appuyer sur une gachette, serrer trop fort un cou fragile n'est pour Gabin qu'un acte manqué, une brèche par où s'engouffre sa liberté.
> Sa liberté d'acteur, du moins » (*L'Écran français*, n° 74, 27-11-1946).

Saluant son retour dans *Martin Roumagnac*, André Bazin écrivait :

> « Le Jean Gabin de *Quai des brumes*, du *Jour se lève, de La Bête humaine*, le Gabin populaire, le prolo des banlieues lépreuses, le héros des amours suburbaines, le hors-la-loi, le déserteur, l'assassin au cœur tendre, sorte d'Œdipe en casquette qui cultive à sa manière la petite fleur bleue, ce Gabin-là reste dans notre mémoire le grand, peut-être le seul véritable personnage tragique du cinéma français. Je dis bien « personnage » et non « acteur », car Gabin ne peut interpréter que des rôles qui lui collent à la peau comme le destin : son destin » (*Le Parisien Libéré*, 27-12-1946).

Assistant, trois ans plus tard, au tournage de *La Marie du port*, Bazin notait :

> « [...] Gabin lui aussi a changé. Certes toujours extraordinairement « Gabin » ! Mais il nous est revenu d'Amérique avec des cheveux d'argent fin et un visage plus lourd, plus mou et – pourquoi ne pas le dire ! – vieilli. Si j'ose l'écrire, c'est que je suis persuadé que ces marques de l'âge n'ont diminué en rien ses ressources d'acteur, qu'elles les ont même peut-être enrichies. Du reste – et ceci est à l'honneur d'un grand acteur – Gabin le sait lui-même si bien qu'il a persuadé Carné de lui laisser, dans *La Marie du port*, la teinte naturelle de ses cheveux !
> Quand je parle à Gabin de son personnage d'avant-guerre, de ce héros tragique d'un Olympe prolétarien qui l'a popu-

> larisé dans le monde entier, il me laisse clairement entendre qu'il ne s'agit pas de renouer artificiellement avec lui, et il me dit avec une grande simplicité :
> – *Il me faut maintenant jouer les personnages de mon âge : des rôles plus nuancés, plus humains.*
> C'est aussi ce qu'en pense Carné lorsqu'il m'affirme que Gabin a devant lui une nouvelle carrière. Je regarde Gabin qui, devant moi, cause avec sa femme. Il me semble que son personnage s'est épuré, stylisé. Lui seul au monde est sans doute capable de parler argot en ouvrant la portière de sa Dodge, sans que ce vocabulaire semble déplacé ou affecté. Il y a chez lui une extraordinaire rencontre de l'aristocratie naturelle et de la veine populaire la plus authentique. Son argot même vous a un côté XVIIIe siècle, raffiné sans préciosité, une sorte de dépouillement classique.
> Pour la première fois depuis longtemps, Gabin ne tuera personne dans *La Marie du port*, et le film ne finira pas sur sa mort » (*Le Parisien Libéré*, 17-08-1949).

Et Gabin de confirmer à Didier Daix :

> « [...] *Avant la guerre, je tournais tous les ans le meilleur film de l'année* [...] *il me faut un autre rôle que ceux que j'ai tournés jusqu'à présent. Je me dirige vers un autre personnage, un personnage plus mûr, plus conforme à mon aspect nouveau. Je ne veux surtout plus jouer les tueurs* [...] *les personnages que j'ai tournés n'étaient pas tous mauvais mais c'étaient des gars marqués par le sort, des hommes au destin tragique* » (*Ce Matin-Le Pays*, 30-11-1949).

Exceptions faites des *Bas-fonds* et de *La Grande Illusion* (et de *La Belle Équipe*, mais par un artifice, la première fin tournée étant noire), son destin, effectivement, était tragique : au bord du meurtre dans *Variétés* et *Le Messager*, Gabin tuait dans *La Bandera, Gueule d'amour, Quai des brumes, Le Récif de corail* (qui se terminait par un *happy end* malgré le meurtre commis par Michèle Morgan : Gabin tuait un homme dont il ignorait que la tête avait été mise à prix, ce qui le disculpait), *La Bête humaine* et *Le jour se lève*, dans *Martin Roumagnac* (projet datant de l'avant-guerre) et *Au-delà des grilles*, pour ne pas parler de *Pépé le Moko* et de *Miroir* (dont l'action était située en 1935). Il était tué dans *Gueule d'amour, Quai des brumes, Martin Roumagnac, Miroir* et *Leur dernière nuit* (ultime, et quasi-anachronique en 1953, résurgence du *fatum*), sa mort héroïque dans *La Bandera* et *L'Imposteur* étant à la fois un rachat et un suicide. Car Gabin se tuait dans *Pour un soir... !, Pépé le Moko, La Bête humaine* et *Le jour se lève* : « sa mort n'était qu'un ultime défi à la société qu'il rejetait, ou bien encore la vengeance de cette société hypocrite envers un homme libre » (Pierre A. Marchal, *L'Écran lorrain* n° 226, avril 1966).

D'où l'importance du *Chat*. Pépé, Lantier et François se suicidaient à trente ans, Julien Bouin à soixante-sept ans, ce qui est encore plus terrible : l'échec, à cet âge, est insurmontable, la détresse irrémédiable. *Le Chat*, à l'image de son décor, la banlieue parisienne « sarcellisée », l'ère concentrationnaire ayant succédé à l'ère pavillonnaire, donnait le vertige. Faillite conjugale et faillite existentielle. Nouvelle société et nouveau syndicalisme. Sens d'une histoire et sens de l'Histoire. Sans « la présence d'un Gabin déjà posthume mais habité comme jamais par le spectre de ses grands rôles » (l'expression est de Jean-Paul Török, *Positif* n° 131, octobre 1971, p. 68), *Le Chat* n'aurait pas eu de raison d'être.

Né en 1904, Jean Gabin (l'homme, bien sûr, mais aussi l'acteur et, surtout, ses personnages) a connu, à l'instar de tous ses compatriotes de son âge, le Front populaire, la guerre d'Espagne, Londres, la Résistance, la Libération, la guerre d'Indochine, la guerre d'Algérie, la décolonisation, la crise de la gauche. Ou, si l'on préfère, le 6 février 1934, la montée et le triomphe des fascismes, Vichy, la collaboration, l'épuration, l'antiparlementarisme, le 13 mai 1958, l'Algérie française, l'O.A.S., la Ve République. Autrement dit encore, comme tout Français, il a assisté ou participé à la guerre civile froide franco-française.

Avant la guerre, il incarna plusieurs idées de gauche; il fut un peu le symbole des conquêtes du Front populaire, le déserteur pacifiste de *Quai des brumes* effaçant le soldat de *La Bandera* et de *Gueule d'amour.* Sa conduite enfin, la réalité dépassant la fiction et la vie imitant l'art, fut exemplaire durant la guerre. Curieusement, symptomatiquement, il faut y insister, les films qu'il tourna après son retour dans les studios français furent quasiment muets sur les années 1940-44, tout comme le seront sur l'Indochine, l'Afrique noire et le Maghreb ceux qu'il tournera plus tard. Une seule exception, de taille il est vrai, l'admirable *Traversée de Paris,* en 1956, où son Grandgil dut autant à l'anarchisme de droite de Marcel Aymé qu'à l'anarchisme de gauche (d'alors) de Claude Autant-Lara. Et un paradoxe rétrospectif: *Les Portes de la nuit...*[16].

Bourvil (*Les Culottes rouges,* Alex Joffé, 1962), Fernandel (*La Vache et le Prisonnier,* Henri Verneuil, 1959), Pierre Fresnay (*Le Défroqué,* Léo Joannon, 1953 et *Les Évadés,* Jean-Paul Le Chanois, 1956), et même Charles Aznavour (*Le Passage du Rhin,* André Cayatte, 1960), ont évoqué, chacun à leur manière, la « captivité ». On peut compter sur les doigts d'une seule main les films de Gabin faisant allusion à la Seconde Guerre mondiale: outre *La Traversée de Paris, La Vierge du Rhin* (porté disparu en 1940) et *Rue des prairies* (prisonnier), *L'Imposteur* (F.F.L.) et *Sous le signe du taureau,* un des rares « bides » de sa dernière période d'ailleurs, qui fait de lui incidemment un lieutenant gagnant Londres en 1942 et participant au débarquement.

« Les raisons de l'idolâtrie que le public porte à Gabin, écrit Pierre A. Marchal, doivent être recherchées à la fois dans la psychologie des masses, et dans les deux grands courants politiques français qui marquèrent profondément ces trente dernières années: le Front populaire d'une part, et le gaullisme de l'autre. Cet argument est confirmé par le fait que ses succès populaires trouvent leur apogée dans la période 1936-39, et repartent en 1958 [...] Ces films correspondent à des climats politiques et sociaux : « engagés » dans la première période, ils refusent dans leur dernier état l'engagement, la direction étant remise à un guide chargé des responsabilités. Le courant de la Résistance aurait pu avoir une influence sur Gabin s'il n'avait pas rejeté *Les Portes de la nuit* [...] avec Marlène Dietrich [...] pour des raisons politiques, indice déjà d'un tournant [...] Pépé le Moko et Lola-Lola ne veulent pas déconsidérer la France et les collaborateurs. L'homme de gauche vire au rose-bonbon. Le smoking et les gants crème vont remplacer la casquette démocratique. »

Film-boomerang, *La Traversée de Paris*, où « Grandgil, artiste peintre coté qui, sans mépriser l'amitié des Allemands qu'il ne s'abaisse pas pour autant à flatter, dit son fait à certaines lâchetés devant l'occupant, sera la dernière véritable création de Gabin, son chant du cygne » (*L'Écran lorrain* n° 226, avril 1966). A contrario, Raymond Borde et Étienne Chaumeton peuvent soutenir, que « les enrichis du marché noir, épaissis par les bons repas, peuvent se rassurer : [...] c'est bien à eux que Jean Gabin destine son personnage. Il incarne le petit capitaliste français qui doit sa fortune aux années de guerre. On pourrait faire une comparaison avec le self made man d'avant 14 : Gabin est une version moderne du *Samson* de Bernstein » (*Panorama du film noir américain*, Paris, Éditions de Minuit, 1955, pp. 168-169).

Si la projection de *La Belle Équipe, La Grande Illusion, Quai des brumes*, etc., de *tous* ses films fut interdite durant l'Occupation, celle de *Rue des prairies, Le Président, Le Tonnerre de Dieu* et de presque tous ses derniers films ne l'aurait pas été : il est de la plus grande logique que ceux-ci aient fait les beaux (samedis) soirs de la Ve République naissante. À un hebdomadaire, lui demandant sous les traits de quel acteur il se verrait à l'écran, M. Jean-Louis Tixier-Vignancour, alors candidat « national » et « libéral » à la présidence du second septennat de la Ve République française, répondait d'ailleurs : « Jean Gabin » (*Le Nouveau Candide* n° 247, 17-06-1966). Un mythe chasse l'autre : passé de l'autre côté de la barricade, l'ancien hors-la-loi est devenu un agent de l'ordre, l'ancien ouvrier un banquier, et l'ex-déserteur un ancien combattant. Parallèlement à l'image, sentimentale, de l'homme du peuple frondeur, cabochard, révolté, bon et malheureux[17] s'est substituée très normalement, trente-six ans plus tard, celle, glaciale, d'un propriétaire terrien, exploitant agricole, éleveur, turfiste distingué et producteur de cinéma. Gabin photographié, en 36, auprès de Maurice Thorez n'aurait pas choqué[18] ; en 72, photographié auprès de Georges Pompidou, il n'aurait pas choqué non plus. La boucle étant bouclée, ne vit-on pas Gabin le Vieux porter plainte, dans une certaine mesure, contre Gabin le Jeune ? Abandon des idéaux de jeunesse, embourgeoisement, vieillissement, l'itinéraire est classique, de génération en génération. « Enrichissez-vous », tels sont la morale de la fable, le mot de la fin et le fin mot de l'Histoire, en un mot, le dernier mot, repris par d'autres depuis, notamment par quelques hérauts (héros ?) de mai 1968, ô dérision !

Mais sans doute serait-il faux de limiter Gabin à ce public, son succès venant, profondément, de ce qu'il a su, escamotant, en bon prestidigitateur, toute notion de classe et toute idée de lutte, réaliser, à son profit, avec une habileté consommée, l'association « capital-travail », tant prônée par Thea von Harbou et par les gaullistes dits de gauche. En d'autres termes, bonhomme ou bourru, faussement simple ou non moins faussement grand seigneur, Gabin a su mettre en effet, par ses bons mots et son « bon sens » – le bon sens et les bons mots portent toujours sur le peuple le plus cartésien et le plus spirituel de la Terre –, tout le monde, vainqueurs et vaincus, possédants et (dé) possédés, nantis et aigris, de son côté. Dans sa poche. Infaillible martingale : gagnant sur les deux tableaux, il cligne de l'œil aux malins et aux puissants dans le temps même où, superbe amalgame, il tend la main aux naïfs et aux faibles. Frappant du poing sur la table, ne mâchant pas ses mots – efficacité de ses célèbres colères, dents serrées à casser ! –, feignant d'avoir le courage de dire bien haut ce que beaucoup ont peur de penser tout bas, il flatte le parvenu comme il venge le raté. Râlant pour mieux se soumettre ou se débrouillant pour mieux soumettre, apaisant les frustrés tout en enchantant les comblés, il fait le jeu de ceux-ci en se jouant de ceux-là, qu'il berne ainsi doublement. Tous, prospères ou amers, se débondant et se défoulant, se reconnaissent, ravis et fiers d'eux-mêmes, en ce complice, ce porte-parole qui connaît si bien leurs complexes, berce si bien leurs rancœurs, résume si bien leurs revendications et exprime si bien – merci quand même Audiard ! – leur philosophie. « Ce qui m'a le plus frappé, chez Gabin, confiait Jean-Paul Belmondo à Jean-François Doisne, c'est qu'il avait le même naturel à la ville qu'à l'écran. [...] À tel point qu'on se demandait s'il disait son texte ou celui d'Audiard. D'ailleurs, je pense que la personne qu'Audiard aimait le plus profondément, c'était Gabin. C'était son double, finalement ; » (in *Michel Audiard, les grandes étapes du p'tit cycliste*, Canal +/Michel Lafon, 1996, p. 25).

Ainsi, le routier résigné et le contremaître satisfait de l'après-guerre, qui n'avait plus aucun rapport avec l'ouvrier révolté de l'avant-guerre, est passé définitivement de l'autre côté de la barrière : banquier, après avoir réussi dans l'industrie, la médecine, la chirurgie, la magistrature et le barreau. Maigret a succédé à Pépé le Moko et Max le Menteur. L'ancien déserteur de *Quai des brumes* (1938) est devenu *Le Président* (1961), un président du Conseil, qui aurait mérité l'être de la République[19]. Mais, comme le notait Serge Mallet commentant la manifestation « anti-cumularde » dirigée en juillet 1962 par les Jeunes Agriculteurs de l'Orne contre Jean, Alexis Moncorgé, propriétaire foncier, « les mythes ont la peau dure : pour des centaines de milliers d'ouvriers, Jean Gabin est le *Prolétaire*, la seule drôlerie de cette affaire » ayant été que, « de *L'Humanité* au *Canard Enchaîné*, on se soit placé du côté de l'Ordre

Bourgeois et du Droit de Propriété », la presse de gauche ayant choisi le « châtelain à gueule d'anarchiste contre les paysans » (*France-Observateur* n° 728, 16-04-1964).

Ce que Goffredo Fofi dit d'un certain cinéma « dénonciateur », américain ou italien, pouvait s'appliquer mot pour mot à ce cinéma selon Gabin : « [...] on glisse de la dénonciation à l'invitation à « se faire justice soi-même », au-delà de la lettre de la loi, et cette invitation s'adresse à « l'honnête homme », et certes pas à la classe ouvrière, et finit ainsi par dévoiler le fond rétrograde de ce cinéma, l'attente des « hommes forts » que le système a toujours en réserve. [...] L'on dénonce à tour de bras et les salles se remplissent. Mais les spectateurs d'exclusivité (plusieurs mois !) qui voient ces films sont très souvent les mêmes qui, dehors, réclament un « gouvernement d'ordre », c'est la « majorité silencieuse ». Quel effet lui font ces dénonciations ? Un effet épidermique sans doute, mais conditionné par l'invocation d'un ordre attendu du mauvais côté, par la bien réelle défiance envers les institutions et les partis [...] » (*Positif* n° 137, avril 1972, pp. 2 et 3).

Si, dans *Le Tatoué*, noble ex-légionnaire et ex-légionnaire noble, Gabin se bornait à exécuter des solos de trompette militaire, hisser les trois couleurs sur son château et convertir son compagnon de nouba au chou farci, dans *La Horse*, le ton n'est plus à la « comédie ». « Patriarche de droit divin », « propriétaire de profession », tyran domestique, il séquestre son petit-fils (qui, repenti, reprendra le flambeau) et abat ou fait abattre cinq trafiquants de drogue. De sang-froid. En toute impunité. Les autorités, il les ignore ; le droit, c'est le sien : la justice, la sienne. Il mate ou liquide ; il nettoie, au besoin par le vide. Devise de ce Dominici normand : Travail, Famille, Honneur. Et la drogue n'étant, ici, comme ailleurs, qu'un prétexte, la morale était claire de ces scènes de chasse en Normandie : si tous les Auguste Maroilleur se prêtaient la main, l'ordre régnerait. Déjà, le Pacha, divisionnaire de choc, s'affranchissait quelque peu du Code, mais avouons que c'est sans chagrin qu'on le *revoit* liquider sans pitié un tueur professionnel sans circonstance atténuante.

Lecture différente de Jacques Siclier : « Avec Gabin, le riche paysan ancré dans la glèbe, le chef de famille qui domine son clan selon les vieilles mœurs traditionnelles, est un type humain balzacien » (*Jean Gabin*, Henri Veyrier, 1977, p. 228). Et de Jean-Paul Török : « *La Horse* est une « magistrale claque » morale lancée par un Gabin olympien à la face d'une société permissive infestée par les gouapes et les voyous » (*Le Scénario*, Artefact, 1986, p. 186).

En 1968, afin de départager les concurrents d'un concours de *France-Soir*, Jean Gabin classait comme suit ses douze films préférés : 1. *Un singe en hiver*, 2. *Les Grandes Familles*, 3. *Le Président*, 4. *La Grande Illusion*, 5. *Le jour se lève*, 6. *La Bête humaine*, 7. *Maigret tend un piège*, 8. *La Belle Équipe*, 9. *Quai des brumes*, 10. *Touchez pas au grisbi*, 11. *Pépé le Moko*, 12. *La Bandera* (*France-Soir*, 6-09-1968). Et, à la fin de la même année, il déclarait à Monique Sobieski : « *Quand je me revois dans* Pépé le Moko *ou dans* La Bandera, *je me trouve con comme la lune. C'était pas possible, du faux romantisme.* Quai des brumes *même a beaucoup vieilli.* La Bête humaine *est un de ceux qui ont le mieux tenu le coup* » (*Le Journal du Show-Business*, n° 13, 27-12-1968). Sélection qu'il confirmait implicitement à Jacques Baroche : le film intellectuel ? « *Zéro !* », la nouvelle vague ? « *Godard, Resnais, connais pas* » (*Cinémonde* n° 1728, 16-01-1968), les jolies femmes qu'il a tenues dans ses bras ? « *Dans les films, on est obligé. Je trouve ça con d'ailleurs, mais faut le faire* » (*Ciné-Revue* n° 3, 16-01-1969). Bref, « *La campagne, l'élevage, les bêtes, c'est toute ma vie. C'est d'ailleurs un métier beaucoup plus difficile que le cinéma. Les gens de la ville ne se rendent pas compte de ce que c'est* » (*Ciné-Revue* n° 3, 16-01-1969).

En 1981, sa fille Florence confirmait que les trois films préférés de son père après la guerre étaient *Un singe en hiver*, *Le Chat* et *La Horse*, et qu'à la maison il parlait davantage d'élevage que de tournage[20]. C'est une fortune, renchérissait Henri Verneuil, qu'il avait engloutie dans la terre. Pour Michel Audiard, tout à l'inverse, ce « numéro de détestation du cinéma et d'amour des vaches » était « bidon » : râleur-né, d'une mauvaise foi à toute épreuve, volontiers provocateur (ainsi, son autre numéro : inculte ne lisant pas et s'en vantant), Gabin adorait son métier, rêvant d'être le Spencer Tracy français (cf. *Les Dossiers de l'écran : Jean Gabin*, Antenne 2, 14-04-1981).

Depuis *La Horse* (où « sa » petite-fille est violée et « son » petit-fils perverti par ses lectures philosophiques) il était passé aux professions de foi.

La peine de mort ?

> « *Catégoriquement pour. Les gens qui vous disent : « La personne humaine est sacrée, on n'a pas le droit de disposer de la vie des autres, etc.* » *Non, pas d'accord ! Il y a des crimes trop affreux. On les met dans des asiles. Ce sont des bêtes nuisibles, autant les supprimer. Ce sont les grands penseurs, les grands avocats qui sont contre. Je voudrais bien voir la tête qu'ils feraient s'ils avaient une fille qui était violée et étranglée, les adversaires de la peine de mort* ! » (*Ciné-Revue* n° 3, 16-01-1969. Voir également déclaration à Jacques Chancel, *Paris-Jour*, 22-10-1969) [21].

Les intellectuels ?

> « [...] *les soi-disant élites, comme les polytechniciens* [...] *ont fichu la pagaille en France. Je me souviens d'un mot de Clemenceau : « La plus grande vacherie qu'on pourrait faire aux Allemands, c'est de leur foutre une école polytechnique* » » (*Ciné-Revue* n° 3, 16-01-1969. Voir également déclaration à Jacques Chancel, *Paris-Jour*, 22-10-1969).

La politique le révoltait :

> « *Je n'ai aucune opinion politique. Les partis sont tous aussi cons les uns que les autres. C'est pourri d'avance, parce que le mec qui veut faire de la politique est toujours obligé de mentir* » (*Le Journal du Show-Business* n° 13, 27-12-1968).

D'ailleurs, « *il faut être vicieux pour vouloir diriger les hommes* » (*Ciné-Revue* n° 3, 16-01-1969. Voir également déclaration à Jacques Chancel, *Paris-Jour*, 22-10-1969) et « *le suffrage universel, c'est une connerie (mais je ne sais pas si un autre système serait mieux). Les gonzesses ne devraient pas voter. S'il n'y avait pas les gonzesses, le grand machin ne serait pas là* » (*Le Journal du Show-Business* n° 13, 27-12-1968).

Michel Audiard nous a expliqué pourquoi :

« Je crois n'avoir jamais connu personne manifestant à l'égard des hommes politiques un tel mépris. Les princes qui nous gouvernent ne le mettent même pas en pétard, c'est pire. Le silence. Un silence gabinesque, granitique. Cent tonnes. J'ai souvenir d'une sortie de film. Le leader d'un parti fend la foule et s'amène, le sourire électoral en sautoir, la main tendue. Gabin lui a tourné le dos. Vachement Quai d'Orsay. Je me suis souvent demandé ce que ces incroyables gugusses avaient pu lui faire pour qu'il les déteste autant ? Je crois avoir finalement trouvé. Ils ont amené dans son âme et dans sa tête la perturbation. Gabin est un homme de gauche à qui les gens de gauche ont fini par donner des idées de droite. « *Ce sont tous des macs* ! » décrète-t-il. Il aime bien résumer[22]. »

Après quelques autres, j'ai taxé, on l'a vu, quelques-uns des héros auxquels Jean Gabin prêta son charisme dans les années soixante, de poujadisme. Depuis, le premier (chronologiquement) des poujadistes, adversaire déterminé de Pierre Mendès France puis ministre pressenti de Charles de Gaulle, s'est rallié à François Mitterrand[23] ! On imagine les sarcasmes du saltimbanque…

Lequel en effet n'en a « *rien à faire de la politique* » (À Alain Rémond, *Télérama* n° 1242, 03-11-1973) et ne se sent pas du tout à l'aise sous la Ve République, « *mais alors pas du tout* » (À Alain Rémond, *Télérama* n° 1289, 25-09-1974), qui est « *pire que les précédentes* » (À Nicolas de Rabaudy, *Paris Match* n° 1298, 23-03-1974). « *Je ne me suis jamais engagé politiquement* » (À Alain Rémond, *Télérama*, n° 1289), « *je suis complètement apolitique et j'ai le plus grand mépris pour les gens qui font de la politique* » (À Nicolas de Rabaudy, *op.cit.*), « *les politiciens sont des menteurs* » (*Ciné-Revue* n° 3, 16-01-1969. Voir également déclaration à Jacques Chancel, *Paris-Jour*, 22-10-1969), « *les politiciens me dégoûtent* » (À Alain Rémond, *Télérama* n° 1289), répète à qui veut l'entendre le « vieux libertaire », le « vieil anar », qui divise « *l'humanité entre les cons et les pas cons* » (À Alain Rémond, *Télérama* n° 1242). Il ne vote pas ni n'a jamais voté, il paye et il subit, il est « *contre la c…* » (À Nicolas de Rabaudy, *op. cit.*). De toute façon, « *il n'y a pas de régime valable, même pas la démocratie, ni la royauté ! Ce sont des paniers de crabes !* » (À Nicolas de Rabaudy, *op. cit.*), « *qu'on soit blanc, noir, rouge, j'en ai rien à gratter. D'ailleurs, je ne pense rien des autres* » (À Monique Pantel, *France-Soir*, 23-11-1968), « *je suis pour la tolérance : athée, j'admets fort bien qu'on croie en Dieu. Vive la liberté, surtout la mienne* » (À Pierre Montaigne, *Le Figaro*, 15-04-1972), « *À d'autres, les messages ! Nous laissons cela à un certain cinéma qu'il ne nous appartient pas de juger. Restons ce que nous sommes* […] *des amuseurs publics ! Des gens qui ne se présentent pas aux élections !* » (À Maurice Tillier, *Le Figaro Littéraire*, 11-06-1964). Autrement dit, « *le cinéma engagé, cela ne m'intéresse pas* […] *J'attendrai donc de prendre ma retraite pour m'exprimer dans le domaine politique* » (À Pierre Montaigne, *Le Figaro*). C'est qu'un saltimbanque « *ne doit pas se situer politiquement* » (À Nicolas de Rabaudy, *op. cit.*). Pourquoi ? Parce qu'il « *vit de toutes les bourses, de la droite, de la gauche et du centre* » (À Nicolas de Rabaudy, *op. cit.*) À une exception près : « *antimilitariste* » et « *anticlérical* », car « *tant qu'il y aura des religions au monde, les hommes seront cons. Que ce soient les religions bouddhiste, islamique, chrétienne ou tout ce que vous voudrez* » (*Le Journal du*

Show-business n° 13, 27-12-1968), Gabin estime avoir campé tous les personnages imaginables, « *sauf les ecclésiastiques et les militaires de carrière* » : « *je laisse ça aux gens bien-pensants et à ceux qui aiment les militaires. Si l'on me proposait un rôle de curé, il faudrait que ce soit le pape, et encore…* » (*Cinémonde* n° 1728, 16- 01-1968).

Quelques jours après avoir été nommé officier de l'ordre du mérite national sur le plateau de *L'Année sainte*, Jean Gabin, par ailleurs chevalier de la Légion d'honneur, déclarait à Pierre Montaigne : « *J'avais toujours refusé d'interpréter un rôle de curé, mais il s'agit là d'un faux curé… Je n'oublierai jamais que j'ai été prolo. Je reste un solitaire, sans parti ni syndicat, un libertaire à la mode d'autrefois. En somme, je suis un « anar ». Et aussi un bourgeois* » (*Le Figaro*, 13-02-1976, Jean Gabin a été promu officier de la Légion d'honneur le 14 juillet 1976) [24].

Pascal Jardin rapporte qu'à l'issue d'un repas où il les avait conviés, Antoine Pinay lui dit de Jean Gabin : « *Je pensais dîner avec un comédien, pas avec un grand bourgeois* ». Et l'auteur de *La Guerre à neuf ans* – témoignage à verser au dossier *Le Chagrin et la Pitié* et récit admirablement enlevé – de préciser : « Je n'ai pas bien su lui expliquer à quel point Jean Gabin était plusieurs ». Parmi eux, « le misogyne », « qui trouve la quasi-totalité des femmes nazes, chenilles et ramulottes » ; « l'épicurien qui pense que la vie étant un grand voyage, il faut le faire en première » ; « l'anar, le misanthrope, le pessimiste, qui assimile les deux tiers de l'humanité à des enfoirés et l'autre tiers à des cons, qui pense que l'Europe s'en va en brioche et que les « jaunets » vont nous damer le pion ». Et aussi, entre quelques autres, un « homme qui n'a jamais changé de chemise devant un collaborateur, dont l'enfance a été en partie broyée et qui porte à l'intérieur de lui des blessures qui ne sont jamais cicatrisées. Il dit toujours qu'il n'aime personne. Moi, conclut Jardin, je crois que c'est faux » (*La Guerre à neuf ans*, Paris, Grasset, 1971, pp. 57-59).

Une fois encore, je n'aurai pas la sottise de prétendre que les personnages incarnés par l'acteur étaient autant de doubles de l'homme, mais Gabin n'était pas non plus de ces vedettes aimant à provoquer le public, jouer dangereusement avec leur image, composer des personnages défendant des valeurs contraires aux leurs.

> « Pour se conforter, explique Henri Verneuil, Jean ne voulait jouer en définitive qu'un personnage qu'il connaissait bien : Jean Gabin. Il gommait du personnage qu'il avait à interpréter tout ce qui n'était pas « lui », autrement dit ce qu'il ne ressentait pas personnellement : ses sentiments, sa vision de la vie, sa moralité très stricte, son intransigeante intégrité, etc. [...] D'une manière ou d'une autre, il réussissait à « transporter » sa propre personnalité dans le personnage qu'il avait à jouer. Le résultat donnait une sorte de fusion étonnante, et c'est peut-être à cause de cela qu'il paraissait toujours à l'écran d'une grande vérité[25]. »
> Claude Sautet renchérit : « Il contrôlait alors [dans les années 1960] ses films de bout en bout. Il fallait arranger les scénarios de façon qu'ils rentrent complètement dans sa « ligne » (à Michel Boujut, *Conversations avec Claude Sautet,* Institut Lumière/Actes Sud, 1994, p. 61). Ainsi que Gilles Grangier (à Jean-François Doisne, *op. cit.* p. 44) : « Jean avait un droit de regard sur le metteur en scène, sur la distribution et sur l'histoire. C'était normal d'ailleurs, puisqu'on faisait un film sur son nom. »

Ce qui revient à dire que, parvenu à ce stade de sa carrière, Jean Gabin peut être considéré comme le véritable auteur de ses films[26], à tout le moins comme leur co-signataire, responsable en tant que tel de ce qu'il y dit et y fait, de ce qu'il s'y dit et s'y fait[27].

Où s'arrête le territoire du citoyen, où commence celui de l'acteur ? Débat vieux comme le cinéma. « Toute position prise publiquement » par un comédien « a une portée relative [...] parce que dans n'importe quelle société un saltimbanque reste un saltimbanque, et pas autre chose », soutenait justement Yves Montand, qui ajoutait non moins justement : « tout le monde est plus ou moins engagé politiquement », saltimbanques inclus (cf. *État de siège*, par Costa-Gavras et Franco Solinas, Stock, 1973, p. 175). Si Montand a accepté de faire *État de siège*, c'est, précisément, parce que le film, tout comme Z ou *L'Aveu*, « dénonce et condamne l'intolérance, d'où qu'elle vienne » et qu'il sera « toujours solidaire de ce genre de démarche » (cf. *État de siège, ibid.*). « Je serais incapable, développait de son côté Simone Signoret, de prêter ma tête, mes yeux, enfin moi, à une entreprise qui va à l'encontre de mes convictions les plus profondes. Je peux parfaitement jouer une indicatrice de la Gestapo dans un film antifasciste. Je ne peux pas jouer une mère admirable ou une amoureuse superbe dans un film fasciste. Je ne peux pas le faire et je ne l'ai jamais fait » (*La nostalgie n'est plus ce qu'elle était, op. cit.*, p. 329).

> « Un acteur est responsable de ce qu'il suggère, précise Michel Blanc (né en 1952), et son talent, à supposer qu'il en ait, aide à faire passer un message. Je ne suis pas un doctrinaire aux idées totalement arrêtées. Il faut nuancer, selon que les propos du film ou de la pièce posent une question ou donnent une réponse. Il y a des limites que je ne franchirai pas. Je pourrais jouer un officier SS dans un film politiquement juste mais rien dans *Le Juif Süss.* » (À Jean-Louis Mingalon, *Le Monde*, 10/11-04-1988).

L'intime conviction, à cet égard, de Pierre Fresnay (1897-1975), indéfectible maurassien et fervent pétainiste, admirateur de Robert Brasillach et Georges Albertini, ami de Jean Anouilh, ne manque ni d'intérêt ni de nuances :

> « Je crois qu'il faut que tout homme prenne des positions politiques très précises et non dissimulées. Mais je pense que la qualité d'acteur lui interdit d'exprimer ses positions autrement que dans son métier même. Si j'ai un texte qui n'est pas d'accord avec la politique que je soutiens, j'ai parfaite-

> ment le droit de le dire [...] Mais je ne pense pas qu'un homme qui a cette possibilité de s'exprimer ait le droit de s'exprimer par d'autres voies publiques sur des problèmes politiques. Je n'admets pas les acteurs qui, sur le plan politique, font servir leur notoriété pour défendre une idée politique » (Opinion exprimée fin 1968, citée par Karine Ciupa, in *Yvonne Printemps – L'heure bleue*, Robert Laffont, 1989, p. 214).

Non plus que celle de Guy Tréjan (1921-2001) dans *Ma vie est mon plus beau rôle* (Robert Laffont, 1993, p. 176) :

> « Soit dit une fois pour toutes, je pourrais jouer n'importe quel personnage, si horrible soit-il, si loin de mes idées, si le rôle est beau, la pièce belle, et j'apporterais, l'espace de trois heures, autant de conviction à défendre une cause nazie ou stalinienne. Au public, aux critiques, de faire leur choix. Je ne participe pas aux défilés quels qu'ils soient. Est-ce de la lâcheté ? D'autres s'en chargent et y soulagent leur (bonne) conscience ou s'investissent très profondément. Je les respecte. Mon rôle à jouer est sur scène et mon bulletin de vote est mon seul confident, politiquement parlant. »

Et celle de Jacques Dufilho (1914-2005), « légitimiste » que le politique laisse indifférent, dans *Les Sirènes du bateau-loup* (Fayard, 2003, pp. 142,230 et 236) :

> « La couleur du parti auquel peut adhérer tel ou tel acteur ne devrait pas être connue du public. Moins le spectateur en sait sur le comédien, plus ce dernier sera crédible dans les différents rôles qu'il pourra être amené à jouer. Certains acteurs deviennent des instruments politiques, et cela leur cause un tort considérable. [...] Mes convictions monarchistes n'ont pas joué dans mon métier. J'ai interprété Marat sans la moindre gêne. »

Reste que le talent ne va pas toujours sinon souvent de pair avec la morale, ou avec l'idéologie. Simone Signoret encore : « J'ai connu des acteurs de gauche qui étaient d'irréprochables militants mais qui n'étaient pas toujours de bons acteurs. Et il y a de vilains réacs qui sont de prodigieux comédiens » (*La nostalgie n'est plus ce qu'elle était, op. cit.*, p. 131).

Dernière pirouette de l'Histoire enfin. Jadis, c'était Gabin qui en faisait beaucoup sur les écrans (mais c'était son *job*), et en irritait plus d'un. Naguère, c'est Montand, qui en a fait beaucoup hors écran (fut-ce toujours son meilleur emploi ?), et en a irrité plus d'un à son tour. Les lauriers de Ronald Reagan, acteur de second plan élu puis réélu président, ont, dit-on (les seules mauvaises langues ?), fait rêver le second. Gageons qu'ils auraient laissé Gabin, conscience de la nation le temps d'un film, de marbre.

Heureux les simples, pour qui tout est simple !

CHAPITRE 3

OPINIONS

> *« Le comédien de cinéma doit sans cesse faire des efforts pour se renouveler. Au studio, il faut savoir se transformer et devenir non plus un acteur qui joue, ça ne veut rien dire, mais un personnage, le personnage. »*
>
> (Jean Gabin, à Robert Chazal, *Constellation n°* 79, novembre 1954)

> *« Un film de Jean Gabin. La caméra le prend dès la première image du film et ne le perd pas de l'objectif. [...] Jean Gabin est une vedette dans le genre de Viviane Romance. Il travaille au scénario, il récrit son dialogue et dirige la mise en scène. Inutile d'ajouter, n'est-ce pas, qu'on ne voit que lui sur l'écran, en long, en haut, en large et en travers, de face, de dos et de profil, de loin et de près. »*
>
> (Michel Duran, *Le Grelot*, 13-08-1947)

Longtemps unanimement laudatrice, ou presque, la critique va se diviser à l'endroit de Jean Gabin à partir de 1954. Des anciens aux modernes, de la droite à la gauche, elle va prendre son parti – ou elle va le prendre à partie. Qu'on en juge par cette sélection :

Roger Régent

« [...] Socialement, il représente le peuple, et dans certains films – au début du *Jour se lève*, notamment – il incarne le

type même de l'ouvrier français, de l'ouvrier parisien. Il est exactement une végétation de l'usine comme d'autres peuvent être des produits de la terre. Il n'est pas fait pour incarner des paysans. Il est ajusteur, non laboureur.
Beaucoup d'acteurs tenant des rôles d'ouvriers ont éprouvé le besoin de pimenter leur composition d'une pointe de vulgarité. Gabin, lui, n'a jamais eu recours à de telles facilités ni à de telles conventions, d'ailleurs fausses. Il a toujours compris qu'entre ce qui est populaire et ce qui est vulgaire, il y a une différence ; et que la vulgarité n'est pas une question de rang social, mais de médiocrité de l'être humain. Le peuple est fier, souvent, et Jean Gabin a su toujours traduire cette fierté ; fierté du métier, du travail bien fait et, quand il est le patron – dans *La Vérité sur Bébé Donge* – il reste au fond de lui ces traces des vertus prolétariennes et artisanales.
[...]
Dans le cinéma français d'aujourd'hui, je veux dire depuis *Chacun sa chance* qui est je crois bien son premier film, jusqu'à *Touchez pas au grisbi* qui est son dernier, il est probablement irremplaçable. C'est qu'il n'est pas seulement un acteur : il est *un personnage.* Il est l'homme à la casquette et au chandail roulé qui va prendre l'apéro avec les copains, et discute en sortant de l'atelier de tout et de rien, et reçoit le sourire des filles qui admirent ses solides épaules. Il sait jouer de sa carrure. Il est même le seul acteur avec Michel Simon et naguère Raimu, qui sache « jouer » avec son dos. Jadis on s'émerveilla de ce plan de Jannings, dans le *Variétés* de Dupont, où l'interprète, pris de dos, « jouait » littéralement avec ses lourdes épaules... Gabin aussi, notamment dans *La Bête humaine* et dans *La Vérité sur Bébé Donge*, fait peser sur certaines scènes le poids et la puissance de ses épaules expressives prises en contrechamp » (*Ciné-Club*, avril 1954).

Georges Beaume

« [...] M. Jean Gabin refuse de se hausser le col et se veut, d'abord, un artisan : peut-être sa vraie noblesse est-elle là. Avec soin, avant d'accepter de collaborer (au sens le plus fort du terme) à un film, il s'entoure de garanties ouvrières. Qu'on ne fasse pas seul un bon film, il est payé pour le savoir ; et en a fait depuis longtemps son profit au point de préférer (ce n'est pas le goût de tous ses confrères !) participer plus modestement à une œuvre de qualité, que briller seul dans une fadaise. Le film en train, il en suivra la préparation, puis la réalisation, jusque dans le moindre détail. Cette minutie porte ses fruits : « Il y a toujours un moment, dira Jean Delannoy, où le réalisateur d'un film ne sait plus très bien où il en est. S'il a la chance de tourner avec Jean Gabin, il n'a plus qu'à lui faire confiance : Gabin, lui, sait toujours parfaitement où il en est ! » [...]

M. Jean Gabin est notre classique : nous l'avons bien vu Salle Pleyel, à travers une douzaine de scènes qui nous montrèrent, sans ostentation, ce qu'est un acteur exemplaire.

Par l'autorité sans jactance ; par la souplesse avec laquelle il sait n'être jamais tout à fait le même sans jamais être tout à fait un autre (et je ne sais rien de plus émouvant que cette fidélité de soi-même et que la lutte contre les ombres qu'elle suppose) ; par le lyrisme sans grandiloquence ; le réalisme sans caricature ; et l'appoint d'une présence dont on ne voit pas qu'elle ait d'équivalent : mufle tendu vers l'œil impitoyable de la caméra, sa crinière de vieux lion rajeunissant le visage peu mobile, l'œil couleur ciel, l'épaule alourdie par la vie, la bouche fermée sur sa blessure secrète ; et tout entier contenu, exprimé, dans un froncement de sourcil, une bouderie de la lèvre inférieure, un bref regard par où, soudain, s'engouffre l'univers.

Il faut en venir, bien entendu, à ce que, d'un mot qui a traîné un peu partout, on appelle l'authenticité de M. Gabin. Il croit à ses personnages ; et d'entrée, nous y fait croire. La tentation était grande, pour lui, de jouer les Gabin. À revoir ses films anciens, nous nous apercevons qu'il n'est pas tombé dans le piège. [...] L'arme secrète de M. Jean Gabin, c'est la pudeur. Elle est, à ce grand comédien, ce qu'est, à nos grands écrivains, la litote : dire moins pour suggérer plus. Peut-être, comme elle est le trait le plus attachant du comédien, cette fierté, cette sauvagerie timide est-elle également le fond du critère de l'homme.
De tous nos acteurs, il est le seul dont la carrière soit inséparable d'une période glorieuse de notre cinéma. Supprimez la carrière de Gabin, et c'est tout un chapitre de l'histoire du cinéma de France qui disparaît.
Il est, d'ores et déjà, l'irremplaçable.
Hé oui, Jean Gabin, c'est cela : l'homme sans qui le cinéma français ne serait pas tout à fait ce qu'il est » (*Cinémonde* n° 1031, 07-05-1954).

Jean Dutourd

« C'est un extraordinaire acteur. Mais est-ce encore un acteur ? Il *est* son personnage comme Raimu savait être Marius ou le Puisatier. Il emporte la conviction du spectateur. Il a cet instinct infaillible des grands animaux de théâtre qui lui fait trouver en toute circonstance le ton juste, le geste exact, l'expression frappante, mais qui l'empêche aussi de dépasser le but, qui lui donne ce rien d'inachevé, de gauche, qui est le comble de l'art. C'est par-là que des acteurs comme Raimu ou Gabin dépassent des comédiens tels qu'Harry Baur ou Michel Simon, qui sont la perfection même, mais une perfection froide de virtuose, une perfection académique. J'aimais beaucoup Gabin jusqu'à *L'Air de Paris.* Maintenant, je l'admire tout à fait : il me semble que c'est ici qu'il a donné la preuve définitive de son génie d'acteur. Il est capable de jouer n'importe quoi, y compris le cardinal de Richelieu si c'est nécessaire. Gabin, c'est Raimu. Avis aux producteurs » (Critique de *L'Air de Paris, Carrefour,* 29-09-1954).

André Bazin

« Si *Razzia sur la chnouf* veut être un documentaire sur la drogue, il se peut qu'il soit relativement fidèle, encore que la base même du scénario me semble d'une invraisemblance énorme. Mais il faut davantage que la matière d'un documentaire discutable pour justifier le déplacement des spectateurs. Aussi bien, Henri Decoin a-t-il mobilisé Gabin, le Gabin du *Grisbi*, transporté tel quel, avec précaution, éclairages et cadrages compris, dans la mise en scène de *Razzia sur la chnouf.*
L'intention est en claire, il s'agit de nous prendre au piège. L'admirable film de Becker ayant su créer un nouveau mythe de Gabin, le truand taciturne, élégant et nonobstant « humain ». Ainsi sommes-nous plus sûrement persuadés que le Nantais n'est pas un « flic » puisqu'il a toutes les apparences du héros du *Grisbi.* Ce plagiat du personnage, souligné vingt fois par la mise en scène, a donc pour objet final de retourner totalement sa signification et de glorifier des procédés policiers, certainement nécessaires, mais dont l'élégance morale reste discutable. Il ne s'agit pas de critiquer ici ces procédés ni le courage de ceux qui les appliquent, mais de contester l'usage qui est ainsi fait du personnage de Gabin et de son prestige passé.

Si vous appreniez que Villon était un indicateur, vous seriez déçus, non ! Henri Decoin a fait pire, il est parvenu à convaincre Gabin de « donner » ses copains. Ce faisant, ce ne sont pas les trafiquants de la drogue qu'il a trompés, mais d'abord le public, dont je suis, et qui n'en est pas fier pour le cinéma français » (Critique de *Razzia sur la chnouf*, *Le Parisien Libéré*, 13-04-1955).

Hubert Engelhard

« [...] Jean Gabin est un phénomène unique dans notre cinéma : il représente, avec un rare talent, un personnage issu d'un milieu populaire, plus français que nature, qui n'a pas d'équivalent dans le cinéma français. Ce qui fait son talent, c'est d'abord un très grand charme, qui ne doit rien à l'esthétique, un charme qui reste 100 % masculin, une prodigieuse aisance dans le familier bon enfant, une certaine solidité morale (même lorsqu'il joue le rôle d'un gangster comme dans *Touchez pas au grisbi* il reste un gangster honnête). On peut ajouter à cela qu'il exprime la noblesse humaine en toutes circonstances et une santé de bon aloi. La plupart du temps il paraît avoir trouvé des rôles qui lui conviennent bien, ou faut-il croire que son talent lui permet de s'imposer dans n'importe quel rôle. Il est très heureux que nous ayons Jean Gabin. Le cinéma français est la plupart du temps ou bien intellectuel, ou bien vulgaire. [...] Entre ces deux écueils, les films de Jean Gabin sont irremplaçables. [...] On pousse des cris d'admiration sur le réalisme du cinéma italien qui compte en effet de grandes réussites dans la peinture des milieux populaires. Je n'hésite pas à dire que le réalisme franc de ce *Sang à la tête* est de valeur égale. [...] il s'agit d'un homme ayant commencé comme débar-

deur une carrière qui l'a amené à la richesse et à la réussite sociale. Nul mieux que Gabin n'aurait pu être ce personnage à la fois grossier et civilisé, brutal et raffiné.
Que le talent unique de Jean Gabin soit de plus en plus utilisé me paraît être bon signe pour le cinéma français » (Critique du *Sang à la tête, Réforme*, 01-09-1956).

Jean Carta

« Gabin est l'acteur avec qui les spectateurs s'identifient le plus volontiers depuis vingt ans. Fût-ce dans un rôle odieux, on ne peut le haïr vraiment. Il humanise tout ce qu'il touche » (Critique d'*En cas de malheur, Témoignage chrétien*, 28-11-1958).

Pierre Marcabru

« Ce mélodrame vaguement populiste n'est qu'un prétexte pour permettre à Jean Gabin de faire son habituel numéro de virtuosité. Qu'il se méfie : ce ne sont plus que tics, effets énormes, clins d'yeux racoleurs. C'est sans vergogne, et c'est mauvais : la caricature de Gabin, la caricature d'un comédien qui fut, à l'époque du *Jour se lève*, un personnage et qui n'est plus aujourd'hui qu'un mannequin. Je sais, et les producteurs le savent encore mieux, qu'il est le plus populaire des acteurs français, mais je crains que cette popularité ne finisse, par la facilité qu'elle lui apporte, par faire aussi de lui le plus mauvais acteur du cinéma français » (Critique de *Rue des prairies, Combat*, 26-10-1959).

Bruno Gay-Lussac

« [...] Il est là, survivance d'un monde ancien, avec son énorme talent qu'il porte comme des favoris, historique, stylisé dans le marbre de la gloire. Figure inépuisable dans tous les genres et pour mille sujets, indifférent, lointain, il pose comme un seigneur dans l'habit qui lui plaît.
[...] Dès le début, il commande et, d'avance, il a gagné. Mais lui connaît-on un rôle où jamais il fut battu et dont il sortit diminué. L'écran lui appartient. Il est ici chez lui ; le public n'a qu'à s'incliner, et d'autres aussi que l'on ne voit pas, ceux qui le suivent avec la caméra.
[...] Étrange destin de cet homme qui n'ose plus incarner aujourd'hui ce dont il est sorti et se plaît comme un roi dans le confort Louis-Philippe, tout en gardant, il est vrai, cet air guindé et un peu gêné des gens déguisés. Car le Gabin que nous avons aimé, celui de *Remorques*, ou de *Quai des brumes*, l'homme du « peuple » aux doigts maladroits, qui cherche des rêves, le paria, il reste là devant nous, vieilli, gonflé d'aisance et aussi de regrets sous le costume trop bien coupé.
[...] Aussi sommes-nous bien gênés pour raconter l'histoire de ce baron ruiné qui est aussi celle d'un acteur arrivé et qui s'ennuie de n'avoir plus rien à gagner. [...] Absent, le regard vague et pourtant à lui seul occupant tout l'écran, il dégorge sans y prendre attention, avec un naturel ébouriffant, un flot de mots préfabriqués pour gens de salons attendant, dirait-on, sans trop se biler, la fin d'un numéro qu'il semble parfois regretter de nous jouer si distraitement, en jetant vers les coulisses ce regard triste des animaux savants.
Delannoy, comme un bon tailleur, a pris les mesures de son modèle qui, parfois, d'un mouvement brusque, fait craquer les contours de son veston. Mais qu'importe l'habit ! [...]

cette méthode, avouons-le, qui consiste à fabriquer des films pour embaumer un acteur ou l'éclairer comme un objet de musée, ne comble plus aujourd'hui notre curiosité [...] » (Critique du *Baron de l'écluse*, *L'Express*, 14-04-1960).

Georges Charensol

« [...] cet extraordinaire comédien n'a jamais été maître de ses moyens autant qu'il l'est actuellement [...] Jean Gabin est décidément l'acteur le plus complet que nous ayons eu depuis Lucien Guitry. Il est capable de camper le bourgeois cynique des *Grandes Familles* comme le brave contremaître de *Rue des Prairies*, de faire le pitre dans *Archimède le clochard* et d'être le faire-valoir de Brigitte Bardot dans *En cas de malheur*. Lui, si peuple d'ordinaire, il parvient à nous faire croire à ce personnage d'aristocrate décadent mais dont la « branche » en impose à tous. Il est spirituel et séduisant malgré l'âge qu'il accuse ; d'un comique toujours discret, il sait manifester à la fin une tendre mélancolie » (Critique du *Baron de l'écluse*, *Les Nouvelles Littéraires*, 21-10-1960).

Claude Sire

« [...] Ses rôles actuels illustrent bien cette satisfaction de l'artiste arrivé, du propriétaire terrien cossu, du citoyen décoré. Loin de lui l'idée d'interpréter maintenant le rôle d'un mécanicien de locomotive au visage barbouillé de suie, d'un voyou à la fausse élégance négligée et criarde, d'un petit gangster de quartier. Non, « Môssieu » Gabin n'accepte plus ces rôles-là. S'il choisit de jouer un scénario, il faut que ce soit un scénario noble. *Le Président*, qu'il tourne actuellement aux studios de Saint-Maurice, voilà un film digne de lui. Ravi, Gabin s'est composé une silhouette qui évoque à la fois Briand (par la crinière blanche), Clemenceau (par la moustache en poils de yak), Herriot (par la stature). Dans *Les Grandes Familles*, il arbore avec joie la cravate de commandeur de la Légion d'honneur. Et même s'il joue encore les clochards, dans *Archimède le clochard*, il faut naturellement que ce soit un roi de la cloche. Dans *Le Baron de l'écluse*, il est ruiné, c'est un fait, mais il est baron tout de même… » (*Télé 7 jours*, janvier 1961).

François Chevassu

« […] N'en doutons pas, ce film aura du succès au même titre que *France-Dimanche* ou *Ici-Paris* (ce n'est donc pas un critère de qualité), et les habitués de ce genre de sous-production ne manqueront pas de prétendre qu'ils y vont pour voir Gabin, Fresnay et Noël-Noël, parce qu'ils « jouent bien », empressés qu'ils sont de trouver un prétexte à leur chauvinisme arriéré. Car là est bien le mythe Gabin : poujadiste au petit pied dont l'argumentation se réduit – par l'entremise du vaillant Audiard – à la « M… », la « M… en tube » dans les meilleurs jours. Et pour conserver un vocabulaire qui leur est cher, disons que l'histoire de ces trois vieux c… ne nous intéresserait guère si l'assiduité des spectateurs ne nous enseignait qu'ils sont d'une certaine manière un reflet de la France, celle de la « grandeur ». Leur mythologie se résume en trois mots : guerre de 14, alcool, gauloiserie. La guerre de 14 c'est la « France vaillante », la « France glorieuse » et l'on en parle beaucoup ici. Regrettons que, en ne poussant pas plus avant leur évocation, les auteurs aient omis 1940, l'Indochine, l'Algérie et quelques autres bagatelles.

Quant à l'alcool et la gauloiserie ce sont, on le sait, les deux mamelles de la France réactionnaire. Ne nous étonnons donc pas de retrouver sans cesse les héros devant un canon. Mais comme il ne faut quand même pas causer une impression doublement défavorable (doublement car elle risquerait en retour de faire réfléchir les spectateurs), l'ivresse ne dure que quelques secondes [...]. La révolte du Café du Commerce est entretenue par quelques répliques dénuées de conséquences réelles, et qui confirment simplement le chauvinisme (« les Italiens y connaissent rien à la guerre mais y savent faire des vélos, les Polonais y connaissent la guerre mais y savent pas faire les vélos », sous-entendu « Les Français y savent tout faire »), ou le culte de l'alcool (« les jeunes y jouent au football mais rien qu'en un an on a compté dix accidents, c'est tout de même pas devant un Amer Picon qu'on se serait fait ça »). Ainsi, le spectateur retrouve ici ce qu'il goûte chez les chansonniers : l'éternel retour de deux ou trois plaisanteries qui suffisent à le persuader qu'il est révolté et libre. Mais dans les deux cas on se garde bien de l'inquiéter : pas un mot de la guerre d'Algérie, des problèmes économiques ni de celui de l'alcoolisme. Pour les auteurs ceci est lettre morte au même titre d'ailleurs que le véritable sort des vieux (cf. ceux de l'hospice qui n'interviennent que comme toile de fond, et encore ridiculisés).
[...] Gabin « joue » son rôle comme il « joue » les milliardaires, les inspecteurs ou les clochards, sans composer, mais il est vrai que, même s'il « jouait » Madame Sans-Gêne, ses admirateurs seraient satisfaits » (Critique des *Vieux de la vieille*, *La Saison Cinématographique 1961*, pp. 283-284).

Pierre Marcabru

« *Le Gentleman d'Epsom*, c'est la vieille cavalerie du cinéma français : Grangier, Audiard, Gabin. Un acteur, et ses deux esclaves. Un dialogue sur mesure, une mise en scène officieuse. Le cabotin maître de ses cartes.
Le film vaut ce que vaut Gabin, et Gabin ne vaut rien. Boursouflé, rongé de tics, maussade et paradant, le personnage fait un « cacheton ». Une manière de dire : c'est toujours assez bon pour vous. Et si vous n'êtes pas contents…
Le clin d'œil à la commande. Mais sans la moindre bonne humeur. Un dur métier. Il faut bien vivre. Ces gens-là font du cinéma comme ils feraient des briques, comme ils casseraient des cailloux. Des forçats. Pas le moindre soupçon de plaisir. L'effort morose.
Prisonnier de son personnage, Gabin l'use comme un vieil habit. Il fera bien encore une année ! Peu importe qu'il soit en loques. On s'y est habitué. L'acteur s'y est habitué, le public aussi. Cela suffit. On est économe dans le métier.
Reste à reprendre sans vergogne les mêmes numéros ! Antiques grimaces, coups de gueules illusoires, esbroufe et vulgarité : les trucs rentables. Bref, une façon de viser au plus bas.
[…] ni Gilles Grangier, ni Audiard, ni Gabin ne croient à ce qu'ils font. Ils croient à l'argent. C'est tout. À la longue, c'est déprimant. Et c'est d'autant plus déprimant que ce sont des prudents, des modestes, des rentiers de la pellicule. On s'en tient à ce qui, une fois pour toutes, a été éprouvé. On ne spécule pas. On joue toujours le même jeu.
Ce qui a plu plaira. On connaît son public. Nul besoin de l'étonner, de le dérouter, de le piquer un peu. Il viendra toujours boire au même abreuvoir. Une fois conditionné, il rira jusqu'à sa mort aux mêmes pitreries, ou jusqu'à la mort des

pitres. Les ficelles une fois répertoriées, il suffit de les tirer dans un ordre qui a été fixé par le scénariste. C'est tout. Est-ce vraiment suffisant ?

Le Gentleman d'Epsom est donc de ces films sans surprises, de ces mornes et pesants pensums que des metteurs en scène paresseux tournent pour payer leurs impôts ou nourrir leur petite famille. Pourquoi s'en scandaliser ? C'est au public de choisir. C'est son droit, c'est même son devoir. [...] S'il choisit mal, le cinéma français n'y perdra rien. Le cinéma français, comme le dit René Clair, ce sont des fauteuils à remplir. S'ils sont pleins tout va bien ; s'ils sont vides tout va mal. Là s'arrête la philosophie des producteurs, des distributeurs, des exploitants et des académiciens lorsqu'ils s'appellent René Clair ou Marcel Achard.

[...] Parlez de l'art cinématographique à Gilles Grangier, à Michel Audiard et à Jean Gabin, ils vous diront qu'ils sont venus au monde pour divertir les populations, et qu'il n'y a rien de plus exaltant, de plus noble, de plus généreux, et que l'art cinématographique n'a rien à voir avec cette mission.

N'insistez pas, ils vous citeront Molière. Et, en France, quand on cite Molière, il n'y a plus qu'à se taire. Naturellement, vous pourriez toujours ajouter qu'ils ne sont pas Molière ; ils le savent d'ailleurs, mais prendront mal la chose. Alors pourquoi blesser d'aussi braves gens ? [...] » (Critique du *Gentleman d'Epsom, Arts* n° 885, 10-10-1962).

Cinéma 63

« Il porte bien la casquette, sa voix charrie des accents faubouriens, il a des mains de cimentier mais des yeux tournés vers un rêve intérieur, il danse bien la java, cloue le bec aux bourgeois et corrige les marlous. Ce n'est pas par hasard si 1936 représente la grande année Gabin (*La Belle Équipe, Les Bas-fonds, Pépé le Moko*) : son visage eut constitué une très belle affiche du Front populaire. Duvivier, Renoir, Carné, Grémillon utilisent et affinent son talent. Lorsque la guerre éclate, Gabin est plus qu'une grande vedette, un grand acteur, le seul peut-être qu'ait jamais possédé notre cinéma, qui puisse rivaliser avec les plus grands Américains. Après la guerre, Gabin, oublié, vieilli, inquiet, a du mal à retrouver la faveur du public et des rôles adaptés à sa nouvelle personnalité. Une cassure se produit en lui. Il donnera cent preuves encore de la variété de son talent, de son extraordinaire conscience professionnelle (en 33 ans de cinéma, il n'est jamais arrivé en retard au studio), de son sens du cinéma. Mais sa carrière désormais est dominée par la peur. Il a pris pour son métier une assurance tous risques : des rôles qui rassurent, sympathiques, bien carrés, tous publics ; des scénaristes, des dialoguistes, des réalisateurs qui rassurent. Il fuit la nouvelle vague, comme les superproductions et tout ce qui est en marge de l'usinage routinier. Vous ne le verrez ni dans *À bout de souffle* ni dans *Lawrence d'Arabie*. Il a choisi Verneuil, Audiard, Grangier, Le Chanois, Jacques Robert pour veiller sur son salut. Il a peur. On brocarde sa timidité, ses procédés, le ronron d'une carrière désormais sans surprise. Mais le vieux fauve feint de ne pas entendre. Tout indique qu'il pourrait encore nous étonner, nous émouvoir, nous bouleverser, nous séduire, s'il acceptait d'en prendre les risques. Mais Gabin préfère demeurer un bon fonctionnaire de notre cinéma plutôt que de tenter d'en redevenir le monstre sacré. Il a peur » (*Cinéma 63* n° 78, juillet-août 1963).

Michel Duran

« Un rôle fait sur mesure pour Jean Gabin et dans lequel il est toujours parfait : le personnage misanthrope, antisocial, râleur, poivrot et le cœur tendre. Colères, coups de gueule, attendrissements rentrés, propos anarchistes de tout repos et d'un effet sûr, tout y est pour remplir de satisfaction son public qui sera à la fête. « Je me sens assez près de ce personnage », a dit Gabin dans une interview à la télé. Je suis un anar, un vieux libertaire.
Un libertaire milliardaire, comme son héros, bien sûr…
Moi, un peu bête, je croyais jusqu'à présent qu'un anar, un libertaire, c'était plutôt un type dans le genre de notre cher Lecoin.
Il y a des mots qui devraient être prononcés avec précaution […].
Le cachet du libertaire va monter, et le hara de l'anar va s'agrandir » (Critique du *Tonnerre de Dieu, Le Canard Enchaîné* n° 2343, 15-09-1965).

« Jean Gabin, valeur sûre, recettes garanties. Une vedette qui fait le poids. Un peu trop même. Il devient bouffi et ventripotent, le père Gabin… Soixante et quelques berges et déjà poussif ! Attention ! Culture physique, footing et régime me paraissent nécessaires.
Il se fatigue de moins en moins, c'est sûr. Même pas une colère. Des petites promenades, une gifle, un coup de poing, voilà pour l'exercice.
Mais surtout, il s'assied, car il a le souffle court.
Ce n'est pas un travailleur de force. Mais la séduction, l'autorité sur son public sont toujours là » (Critique du *Rififi à Paname, Le Canard Enchaîné* n° 2368, 09-03-1966).
« Quel beau rôle pour Gabin, s'est dit Audiard, en lisant le

roman de Fallet, et à eux deux ils lui ont torché un rôle aux petits oignons, pas fatigant pour un sou, où il peut s'asseoir quand il veut. C'est qu'il n'aime pas trop se fatiguer, le père Gabin. Aboulez le flouze, passez la monnaie, mais ne lui demandez plus d'efforts physiques, sauf de se lever de sa chaise de temps à autre. Sa présence suffit, direz-vous : soit, admettons que c'est un bloc à manier avec précaution. Aussi, Audiard, metteur en scène, s'est mis en quatre pour lui éviter tout effort.

Vous l'avouerai-je ? Il commence à m'emmerder, Gabin, avec ses airs de père Ronchonnot, de râleur perpétuel, cette façon qu'il a de toujours engueuler le monde, de ne jamais sourire. Son tonton de Saint-Malo manque de tendresse, de poésie. Il est à peine gentil avec son petit-neveu, qui est pourtant son seul interlocuteur valable. De son mythomane, il ne fait pas un vieil enfant, mais seulement un vieux con. Nuance » (Critique du *Drapeau noir flotte sur la marmite, Le Canard Enchaîné* n° 2660, 20-10-1971).

« Il n'y a que dans le cinéma français qu'on voit des flics ayant largement atteint l'âge de la retraite continuer à sévir. Ainsi, Gabin continue, à l'économie, sa longue carrière. Il est presque toujours assis, à son bureau ou en voiture, avec quelques pas prudents et bien vite re-assis. Pour son prochain film, il restera, je pense, sur un tabouret tournant et roulant… Ainsi, il n'aura plus à se lever.

Le commissaire qu'il incarne est un tueur aussi dangereux que celui qu'il pourchasse, car sous prétexte de faire abattre son gibier par le « milieu », il permet à celui-ci de descendre encore à tout-va beaucoup de monde, y compris son fidèle lieutenant. Un danger public, ce flic. Un tueur, lui aussi. Quand au film, il ne sort pas de la routine » (Critique du *Tueur, Le Canard Enchaîné* n° 2681, 15-03-1972).

Pierre A. Marchal

« [...] l'acteur tend de plus en plus à étouffer le personnage ; ils ne peuvent plus coexister et seul Gabin va bientôt dominer. La dernière phrase de sa carrière est caractérisée par un engouement du public qui croît en sens inverse de sa démission artistique [...] il est désormais, et ne *varietur*, semblable à lui-même [...] on lui taille sur mesure un rôle stéréotypé, où il n'aura le mal que d'être lui-même. On lui cisèle un dialogue facile collant à sa personne [...] Je n'ai nul mépris pour Audiard qui, lorsqu'il s'en donne la peine, écrit des textes percutants, non plus que pour Verneuil ou Grangier qui font, en toute franchise et avec honnêteté, un cinéma qui annonce la couleur. L'un et l'autre sont estimables. Mais nous étions en droit d'exiger beaucoup de Gabin qui nous avait tant donné » (*L'Écran lorrain* n° 226, avril 1966).

L'Encyclopédie du cinéma

« [...] on ne peut pas comprendre ce comédien si l'on ne voit pas bien sa propre traversée sociale. [...] Si l'on emprunte la ligne de plus grande simplification, on dira qu'il a commencé assez « bas » pour vouloir se propulser ainsi vers le « haut » ; pour croire au bas et au haut ; pour se faire cette image de la société et la matérialiser à son profit, franchement. [...] On comprend qu'il tienne à ses vaches. Comme on dit en Normandie, où il s'est fixé, il n'y pas de honte. [...] Un homme dans la vie n'est pas un mythe. [...] Laissant [...] derrière lui ce que les inventions des poètes et les instruments des opérateurs avaient fait de son physique, comme si ce physique était pure transparence, il s'est établi dans l'emploi de comédien de composition au cinématographe. Il y a réussi avec l'étonnante intelligence de rôles variés, et on dirait cette intelligence infaillible, si « Gabin » n'y demeurait en même temps trop inaltérablement lui-même. [...] Quand il s'est adonné aux seuls alcools commerciaux des dialoguistes, il n'a plus fait que tenir une cote commerciale [...] » (Bordas, 1967).

Sébastien Roulet

« Il n'est pas facile d'en vouloir vraiment à Jean Gabin. À cause, entre autres, de *La Bête humaine, La Grande Illusion, Les Bas-fonds, Le Plaisir, French-Cancan, Touchez pas au grisbi.* Parce que c'est avec Michel Simon le *comédien* vivant le plus fort du cinéma français. On aimerait seulement faire comprendre à Gabin qu'il se trompe, que ça va faire quinze ans qu'il se suicide bêtement à force de jouer dans des films médiocres, qu'il devrait, avant d'y passer vraiment, en tourner encore un avec un grand homme, en faire un dernier, peut-être avec Jean Renoir, sur les femmes ou les abeilles, ce serait sûrement très émouvant. Les films de la dernière période de Gabin se ressemblent tous, qu'ils soient de Grangier, Verneuil, La Patellière, Delannoy. Ils sont la preuve que le narcissisme non contrôlé tue le talent d'un acteur. Dans chacun d'eux, la même opposition : Gabin seul, fort, brave, menaçant, défiant, moral (sens poujadiste du terme) ; les autres, au mieux passifs et béats, en général corrompus, mesquins, guindés. La Beauté contre la Laideur. Le Bon contre le Mal : l'Archange. *Sous le signe du taureau* comme les précédents consiste donc en une série de numéros d'acteurs, que Gabin prend un à un et face à face, comme l'adjudant-chef pour l'inspection à la caserne. Ses acteurs habituels : Flon, pour la dixième fois la femme-délaissée-pendant-20 ans, Monod pour la millième fois requin de haute finance, Dalban pour la millième fois barman, etc. Seule Colette Déréal, nouvelle recrue, n'attend pas calmement que ça se passe, et s'occupe encore de jouer la comédie » (Critique de *Sous le signe du taureau*, *Cahiers du Cinéma* n° 211, avril 1969).

François Vinneuil

« L'un des acteurs de cinéma exemplaires, non par l'étendue de ses dons, mais par son adaptation spontanée à la technique nouvelle, ce fut Jean Gabin dans ses films d'avant-guerre. Il était, sans l'intermédiaire d'aucun artifice perceptible, le conducteur de locomotive de *La Bête humaine*, le métallo du *Jour se lève* (où pourtant Jacques Prévert lui imposait un texte poétique fort peu « en situation »), le soldat déserteur du *Quai des brumes* de Marcel Carné, le prolétaire devenu officier de *La Grande Illusion*. Sans doute, il ne fallait pas le sortir de son siècle ni de son milieu, et l'on se rappelle le Pilate faubourien que Julien Duvivier avait eu l'idée aberrante de lui confier dans son *Golgotha*. Mais, à cinquante ans, il était encore excellent d'aisance, de naturel, dans *Touchez pas au grisbi* de Jacques Becker. Depuis, sa sobriété a tourné à la routine, au procédé applicable à n'importe quel rôle de vieux bourru » (*Le Spectacle du monde* n° 93, décembre 1969). « Denys de la Patellière, résigné à tout, a encore accepté de diriger, dans son vingtième ou vingt-cinquième film de gangsters : *Le Tueur*, un Jean Gabin pétrifié. Autant vouloir faire jouer un dolmen. Mais cette fois, la cote commerciale de Gabin s'effrite. Ce n'est pas trop tôt, et c'est tant mieux pour l'acteur, qui, à force de reculer le moment de sa retraite, détruisait tous les beaux souvenirs de sa carrière » (*Le Spectacle du monde* n° 123, juin 1972).

Robert Chazal

« Pour fêter ses 70 ans, Jean Gabin a poussé la chansonnette. Pas en famille, mais dans un studio d'enregistrement. À vrai dire ce 45 tours est celui d'un diseur plus que d'un chanteur mais la réussite est totale et Jean-Loup Dabadie, qui n'avait jamais encore écrit de dialogue pour Gabin, a joliment pris sa revanche en écrivant de délicieuses paroles pour *Maintenant, je sais* et un texte fort amusant pour *Maître Corbeau et Juliette Renard.* Les spécialistes diront que Jean Gabin revient à ses premières amours puisque c'est en chantant qu'il a commencé. Disons surtout qu'il montre une fois de plus l'exemple en prouvant qu'un comédien doit être un homme de spectacle complet.
Pourquoi faire ici un sort à cette chanson ? Parce qu'il me semble que la place réservée à l'acteur, à l'ensemble des comédiens, n'est plus assez grande dans les réserves, les journaux et les livres de cinéma. Parce qu'il semble aussi que, parmi ces acteurs trop souvent négligés, il en est que l'on attaque à tout propos, en raison même de leur pouvoir sur le public. Jean Gabin appartient à cette catégorie. Chacune de ses apparitions à l'écran est l'occasion, pour le clan remuant des défenseurs de l'on ne sait trop quelle vague qui n'en finit pas de se dire nouvelle, de critiquer une vedette qui a du succès depuis trop longtemps. On connaît le raisonnement ; « Le Gabin de *La Grande Illusion*, de *Quai des brumes*, du *Jour se lève*, oui… mais après… » Eh bien après c'est *La Vérité sur Bébé Donge, Touchez pas au grisbi, La Traversée de Paris, Maigret tend un piège, Les Grandes Familles, Un singe en hiver, La Horse, Le Chat, L'Affaire Dominici.* Il ne s'agit pas de plaider pour Gabin, il n'en a pas besoin. Il s'agit plutôt de redonner à Gabin et à ses pairs la place qui leur revient » (*Le Film français* n° 1539, 28-06-1974).

La presse d'extrême gauche ne pleure pas Gabin. *Le Quotidien du peuple* (16-11-1976) insiste sur son passage des « rôles de chômeur aux rôles de notable », ainsi que Serge July dans *Libération* (16-11) : « Jean Gabin, du prolo marginal au notable ». Pour G. Lenoir dans *Rouge* (16-11), il s'agit de « la fin d'un parvenu. Après avoir joué les prolos, il était devenu une des principales valeurs marchandes du cinéma français ». *Libération* (16-11) titre : « Gabin est mort. Giscard est dans la merde. Le baujolais est bon. La France continue ». Cabu note dans *Charlie Hebdo* (18-11) : « Gabin n'est plus. Allons-nous manquer de sales gueules ? Vous faites pas de mouron, y'a encore Delon… »

D'autres, parmi lesquels Jean-François Josselin et Maurice Dubourg, tiendront le même discours que Pierre Marcabru, François Chevassu ou Michel Duran. Jean-François Josselin : « Gabin, en quatre-vingt quatorze films, c'est l'histoire d'un des plus grands acteurs français. Solange Peter et Robert Benayoun l'évoquent avec ceux qui lui ont fait le plus de mal (la plupart de ses metteurs en scène et dialoguistes) et ceux qui lui ont fait le plus de bien (ses partenaires : Simone Signoret, Madeleine Renaud, Lino Ventura, Bernard Blier) » (*Le Nouvel Observateur* n° 692, 13-02-1978). Maurice Dubourg : « Quand on voit Jean Gabin, l'ancien légionnaire de *La Bandera*, le déserteur de *Quai des brumes*, le sous-off de *Gueule d'amour*, l'ouvrier du *Jour se lève* ou de *La Belle Équipe*, finir dans la peau d'un président du Conseil, on se dit que véritablement vieillir est bien une défaite » (in *Simenon*, Cistre Essau 10, *L'Âge d'homme*, Lausanne, 1980, p. 192).

Pour Alain Riou, scénaristes et réalisateurs se sont alors « abrités derrière son talent pour lui donner à défendre des rôles indéfendables. Ainsi Gabin s'est-il trouvé en première ligne. Mais c'est son obstination à préférer un cinéma sans risques qui l'a exposé, paradoxalement, aux pires dangers, ce qui fait de l'histoire une petite fable assez morale » (in *Télé Obs* n° 162 du 05-10-1996).

Dix ans après sa mort, Gabin continuait de *diviser*. Qu'on le veuille ou non, les deux France, les deux cinémas qu'il a incarnés, avec quelle force !, sont bien irréconciliables.

D'un côté :

Pierre Ajame

« *Un singe en hiver*, c'est de Verneuil ; *Le Gentleman d'Epsom*, c'est de Grangier ; *Mélodie en sous-sol*, c'est de Verneuil ; *Les Vieux de la vieille*, c'est de Grangier.
De fait, Gabin figure dans les quatre machins, mais quel Gabin et dans quel état ? Ventripotent, bougonnant, il « gabinise » en circuit fermé, soucieux d'un public pas difficile qui trépigne de joie à chaque coup de gueule contractuel, mais indifférent à ses partenaires et à ses metteurs en scène. Dans la deuxième moitié de sa carrière, peu pourront se vanter de l'avoir dirigé ; au mieux ils l'ont suivi.
Bien sûr, il y a des nuances entre ces navets : il y en a aussi entre le gris souris et le gris anthracite. *Un singe en hiver* se laisse voir pour ce qu'il y reste du roman d'Antoine Blondin et *Mélodie en sous-sol* parce que le scénario est d'un solide polar. En revanche, *Les Vieux de la vieille* (Gabin, Fresnay, Noël-Noël) n'amuseront que ceux qui s'esclaffent quand leur grand-père égare son dentier. Mais le très médiocre *Gentleman d'Epsom* propose une situation intéressante puisque Louis de Funès (comme dans *Le Tatoué* de funeste mémoire) en partage la vedette. Or, rarissimes furent les acteurs auxquels Gabin laissa leur chance. Belmondo dans *Un Singe en hiver* et Delon dans *Mélodie* n'en reviennent pas de jouer avec papa et ont l'air de prendre des notes. Funès était d'un autre calibre : puisque Gabin lui refuse l'entrée dans sa bulle, il s'en construit une autre, tout aussi étanche, et l'on assiste à une fable bizarre qui pourrait s'intituler « Le Menhir et le Vibrion » [...] » (*Le Nouvel Observateur*, n° 1135, 08-08-1986).

De l'autre :

Jean-Paul Török

« À partir de 1956 et de *Gas-oil*, il [Michel Audiard] prend le relais de ses illustres prédécesseurs en confectionnant pour Jean Gabin des rôles sur mesure. Il sera pendant près de quinze ans son scénariste attitré, veillant avant tout à ce que le vieux lion « se sente chez lui » dans des personnages à sa taille et lui mettant en bouche les mots et les silences de son « merveilleux dialogue dans la vie ». Tout entier au service du magnifique comédien « dont la seule présence à l'écran était une leçon de morale » (Michel Marmin), il crée à travers lui cet étonnant archétype de héros salubrement réactionnaire, solidement ancré dans ses valeurs et dans ses certitudes au milieu d'une société à la dérive : c'est toujours un de ces *Vieux de la vieille, Baron de l'écluse* ou *Gentleman d'Epsom, Président* ou *Pacha, Cave qui se rebiffe* à qui monte *Le Sang à la tête* devant *Le Désordre et la Nuit* [...] » (*Le Scénario*, Artefact, 1986, p. 171).

À moins, toute « œuvre » étant polysémique, que le génie de Gabin, du « système G » n'ait consisté *in fine*, comme le soutient subtilement Ginette Vincendeau dans la seconde partie de ce livre, à transcender tous ces clivages, réconcilier les antagonismes et faire admettre l'inadmissible.

DEUXIÈME PARTIE

GABIN UNIQUE : LE POUVOIR RÉCONCILIATEUR DU MYTHE

par Ginette Vincendeau

AVANT-PROPOS

Lorsque j'ai commencé à m'intéresser au cinéma dans les années 1970, Jean Gabin représentait tout ce que je détestais. Je ne comprenais pas le succès populaire de cet acteur vieillissant dans des films qui me semblaient alors méprisables. Quand j'ai découvert le cinéma francais des années 1930 puis des années 1940 et 1950, j'ai enfin compris. Je suis devenue une fan. Si, comme beaucoup, je préfère *Le Jour se lève*, *Gueule d'amour* et *Touchez pas au grisbi* à *Verdict* ou au *Pacha*, j'en suis venue à apprécier toutes ses prestations, sinon tous ses films. Gabin a tourné dans de mauvais films, mais il n'y a pas de mauvais Gabin (si, il y en a deux ou trois, mais sur 95 c'est pardonnable).

Jean Gabin est un monument du cinéma français, l'une de ses plus grandes stars. La seule, peut-être. Brigitte Bardot dans les années 1950, Gérard Depardieu de nos jours, ont accédé au même statut « mythique » et au même niveau de notoriété. Mais le phénomène Bardot, spectaculaire, fut de courte durée (en ce qui concerne les films) et Gérard Depardieu n'est pas encore au bout de sa trajectoire. Le cinéma français compte naturellement d'autres grandes vedettes : Catherine Deneuve, Alain Delon, Jean-Paul Belmondo, Isabelle Adjani, etc. ; leur talent et leur statut n'est pas en question. Simplement, la carrière et le « mythe » Gabin forment, dans leur longévité – quarante-six ans et 95 films – un ensemble unique qui le désigne comme *star*[28] et qui, par ailleurs, recoupe exactement la grande période du cinéma français classique, c'est-à-dire du cinéma parlant populaire. Jean Gabin est aussi un phénomène populaire important, dans les deux sens principaux du terme, dans un sens « anthropologique », c'est-à-dire en rapport profond avec les goûts populaires (même s'il n'est pas « produit » par le peuple puisque le cinéma ne l'est jamais) et populaire dans le sens du box-office.

On connait bien maintenant la vie et la carrière de Jean Gabin, grâce aux travaux de Claude Gauteur, Jacques Siclier et Jean-Claude Missiaen, et André Brunelin[29]. De nombreux autres ouvrages lui ont été consacrés, ainsi que des émissions de télévision et on ne compte plus les hommages, interviews et témoignages qui accompagnent les fréquents passages de ses films à la télévision. On connait bien aussi les réactions de ses contemporains à sa vie, sa personnalité, ses films, et quelles furent ses propres opinions. Inutile donc de répéter tout cela. Que reste-t-il ? Il reste le fameux « mythe » qui, s'il a fait l'objet de commentaires, reste à explorer sur le plan de son fonctionnement dans les films et de sa représentation du Français *au masculin*. Le « mythe » Gabin (c'est la dernière fois que j'y mets des guillemets, mais je reviendrai sur le terme) est basé sur une image – visuelle et sonore – formée cumulativement, dont l'origine et une grande partie de l'identité remontent à une douzaine de films des années 1930. Cette image cinématographique est celle d'un type humain et social : un homme que ses gestes, son langage, son occupation et/ou son milieu, de même que le genre auquel appartiennent ses films, désignent comme étant « du peuple », qui se trouve impliqué dans des drames sociopsychologiques dont l'issue est souvent « tragique » du moins jusqu'à la fin des années 1950. Le mythe Gabin c'est, selon la formule heureuse d'André Bazin, « L'Oedipe en casquette ». Cette figure de rhétorique qui rapproche deux termes normalement opposés – la tragédie grecque et le prolétaire français – annonce ce qui sera un élément majeur de mon analyse : le mythe Gabin repose sur une réconciliation d'éléments antagonistes. Rien de surprenant donc dans le fait que Gabin soit devenu un emblème du Front populaire (tentative de rapprochement politique et social, « main tendue » de la gauche vers le centre et les Catholiques) et qu'on le trouve sur la couverture du livre de Geneviève Guillaume-Grimaud, *Le Cinéma du Front populaire* (Lherminier, 1985). L'image Gabin-Front populaire a aussi été recyclée dans le film d'Ettore Scola, *Le Bal*. Hors de France, Gabin a acquis la valeur de symbole du cinéma français – il figure aussi sur l'un des premiers ouvrages sur le cinéma français en langue anglaise, *French Cinema* de Roy Armes (Londres, Secker & Warburg, 1985). Le mythe Gabin est donc une image cinématographique porteuse de valeurs sociales. Après la guerre, les critiques estiment que le mythe Gabin s'est, comme son public, « embourgeoisé ». Gabin, évidemment plus âgé, s'est mis à jouer les truands, les flics, les chefs de grandes familles bourgeoises ou paysannes, un virage perçu comme une trahison. Le rebelle « de gauche » des années 1930 est devenu le patriarche ou parrain « de droite » des années 1950, 1960 et 1970. En cherchant à cerner la spécificité du mythe Gabin, il m'est apparu cependant qu'il existait une grande continuité entre les deux étapes de son parcours. Si Gabin a retrouvé, à partir de 1954, son immense popularité d'avant-guerre, ce n'est pas (ou pas seulement) parce que son public avait vieilli avec lui, mais en raison de la structure même de son mythe, qui permettait une identification par des sections très diverses de son public.

Gabin a projeté tout au long de ses films une image d'une cohérence exceptionnelle et qui pourtant a considérablement évolué. Une précision importante : c'est cette image qui m'intéresse, non l'homme qui l'incarnait. Cette image était *aussi* incarnée par un homme réel et perçue par le public comme ayant un rapport étroit avec cet homme, c'est bien là le propre de la star ; mais mon analyse porte, je le répète, sur des personnages de films, non sur un individu. J'aborderai le mythe Gabin à travers trois grandes questions. La première est, très directement, qu'est-ce que le mythe de la star ? Pourquoi Gabin est-il devenu une star ? Pourquoi lui et pas un autre ? Lorsque nous regardons ses films, que signifie le fait qu'il soit, justement, une star ? Dans l'évolution de sa longue carrière, comment se négocie la tension entre la cohérence de son image et ses modifications ? Quelle est sa place dans le récit, sa place dans le cadre ? On connait ses explosions de colère, mais il existe aussi tout un répertoire iconographique et gestuel, une façon d'occuper l'espace, qui ont contribué à la construction et à l'évolution du mythe au fil des films et des années. Enfin, parce que Jean Gabin projette une image « au quotidien », il pose de manière aiguë le paradoxe entre la star, créature « extraordinaire » et factice de l'univers cinématographique et le type de personnage exprimé par son mythe, basé sur l'authenticité et l'ordinaire.

L'image de Gabin étant éminemment « franco-française » à la fois en France et hors de France, ma deuxième question sera : qu'est-ce que le Français tel qu'il a été incarné par cet acteur ? En 1989, lors du bi-centenaire de la Révolution, c'est à lui qu'on a fait appel, en tant que Jacques Lantier de *La Bête humaine* pour défiler sur les Champs-Elysées. Il s'agissait évidemment d'un sosie, conduisant une locomotive en bois, mais cette reconstruction témoignait de la force du mythe, étant donné que ce choix ne manquait pas d'ambiguïté. Loin d'être un prolétaire triomphant, le héros du film de Renoir (et du roman de Zola) est une victime de l'alcoolisme, un suicidaire, à la fois « brave gars » et anti-social, définition qui résume bien les personnages de Gabin, au moins jusqu'à *Au-delà des grilles*. Plus tard, en gangster, flic ou patriarche, il a donné une image différente (et pour beaucoup moins séduisante) du Français, mais qui incorporait cependant toujours l'image précédente. Comparé au général de Gaulle pour son impact sur l'imaginaire national, il fut modèle ou idole pour des personnalités aussi différentes que Maurice Thorez, Jean-Louis Tixier-Vignancour et l'écrivain américain Jack Kérouac. Il est donc permis de s'interroger sur Gabin en tant que représentation puissante et contradictoire de l'identité nationale.

Ce mythe, comme tous les mythes, a prétention non seulement nationale mais universelle. Il s'agit cependant d'un mythe bien masculin – que ce soit le prolétaire des années 1930, le grand bourgeois, flic ou truand des années 1950 et après. Ma troisième question sera donc : quelle conception de l'homme incarne-t-il ? Au fil de ses oeuvres, on lui répète sur tous les tons, comme Hobby dans *Le Tunnel*, « T'es un homme, tu l'as prouvé ». Sans aucun doute, mais son jeu et le rôle narratif de ses personnages revèlent aussi des caractéristiques traditionnellement considérées comme féminines : passivité, douceur, tendresse, vulnérabilité. Gabin représente à la fois l'évidence de la virilité et une masculinité en crise. Etre capable d'incarner les deux à la fois et de manière convaincante est l'une des clés de son mythe.

CHAPITRE 4

UNE STAR

Depuis Florence Lawrence, lancée en 1910 aux USA par le studio Biograph, la diva Francesca Bertini dans l'Italie des années 1910, Max Linder et Musidora en France, les stars de cinéma fascinent. Il suffit de voir l'énorme production – à laquelle Gabin n'échappe pas – de livres, albums de photos, cassettes audio et vidéo, DVDs, émissions de radio ou télévision, publicités et objets en tous genres (T-shirts, affiches, timbres, stylos, cendriers, parfums, boîtes à sucre...) qui, chaque année, les célèbre et les utilise. Pourtant la notion de star semble défier toute definition rigoureuse au-delà de banalités (ce sont des acteurs très célèbres), ou d'affirmations qui, pour être exactes, n'en restent pas moins difficiles à vérifier ou à quantifier (beauté, talent, charisme, magie). Intuitivement, on sait cependant que certains acteurs – Greta Garbo, John Wayne, Joan Crawford, Jean Gabin – sont des stars, alors que d'autres, même des plus connus, restent des « vedettes ». Comment expliquer cette distinction ?

La première tentative de définition date de 1957, dans l'ouvrage d'inspiration anthropologique d'Edgar Morin *Les Stars* (Éditions du Seuil, 1957), qui est curieusement resté sans suite en France. C'est plus tard en Grande-Bretagne qu'un intérêt théorique envers les stars s'est manifesté, sous l'impulsion du livre de Richard Dyer, *Stars*, qui combine sociologie, histoire et sémiologie dans une approche inspirée des *cultural studies* (études culturelles) britanniques. Ce livre pionnier a donné lieu à un riche champ de recherches qui se poursuit toujours[30]. Dyer ne traite que des stars hollywoodiennes, mais il a le mérite de baliser le terrain du phénomène en général. Ses conclusions sont applicables aux stars européennes, à condition de rester conscients des differences – importantes – entre les deux contextes, surtout sur le plan industriel.

Un fait économique

Les stars sont, avant tout, un fait économique. Elles représentent un capital, un investissement et une stratégie de marketing. Ceci s'est manifesté particulièrement dans le contexte hollywoodien de la période classique (1920-1960), avec l'arsenal de promotion et publicité déployé par les studios. Les stars européennes ont rarement bénéficié de ce traitement en raison de la fragmentation et de la pénurie financière de leurs industries respectives. Il y a eu des exceptions : l'UFA en Allemagne dans les années 1930 avait les moyens de promouvoir ses stars (Emil Jannings, Lilian Harvey, Willy Fritsch…) comme à Hollywood. Pendant une brève période au début des années 1930, Gabin a fait partie d'un studio français, Pathé-Natan, qui (toutes proportions gardées) tenta d'imiter Hollywood en prenant sous contrat un certain nombre d'acteurs (parmi lesquels Gaby Morlay, Pierre Blanchar, Raimu) et de réalisateurs comme Pière (plus tard Pierre) Colombier, Maurice Tourneur, René Pujol, Raymond Bernard, et André Hugon. Il reste que, traditionnellement, les stars européennes travaillent au coup par coup, par mini-contrats valables pour plusieurs films, pour un agent, ou pour leur propre maison de production, toutes solutions adoptées à divers moments de sa carrière par Gabin. Que ce soit dans le modèle hollywoodien ou le modèle européen, le pouvoir économique des stars repose sur leur apport d'une garantie de familiarité pour le public et donc – en principe – de revenu pour la production. Jean Gabin a tout naturellement joué ce rôle, qui donna même lieu à des abus notoires. Au moment de tourner *Gueule d'amour* en 1937 par exemple, il se trouva immobilisé par deux compagnies qui l'avaient engagé sans aucune intention de faire des films, se contentant d'utiliser son nom dans des transactions financières avec d'autres sociétés (L.R. Dauven, interview de Jean Gabin, *Ce Soir*, 25-09-1937). Ce rôle de garantie financière est explicite dans les divers hit-parades dont font l'objet les stars, à l'instar d'une cote de valeurs en bourse. Ainsi Gabin figure dans le *Pour Vous* du 19 avril 1939 sous le titre « Quelles sont les vedettes qui font le plus d'argent ? » (c'est lui et Viviane Romance) et dans *Arts* du 2 décembre 1959, qui le classe parmi les « valeurs masculines-or » du cinéma français. Déplorer l'importance des stars dans le cinéma est donc, sur un plan économique, un non-sens. Ce rôle de capital-garantie s'accompagne d'un investissement important rarement à la portée du cinéma d'auteur, surtout après la fin des années 1950 qui marque en France le divorce entre celui-ci et le cinéma populaire, ce dernier perdant rapidement son public à partir de 1957. Il est donc dans la logique de l'industrie cinématographique française que Gabin tourne films d'auteur et films populaires jusqu'en 1954-56, puis s'oriente uniquement dans la deuxième voie après.

La dimension économique des stars se double d'une autre problématique : celle de leur statut « d'auteur ». Jean Gabin a, par son intervention directe ou le poids de sa réputation, été directement responsable de l'existence de nombreux films : *La Belle Équipe* et *La Bête humaine* sont des exemples connus. De même il acheta les droits du roman de Simenon *La Marie du port*, et soumit le projet à Carné. *Martin Roumagnac* (dont il avait acheté les droits dès 1939) s'est fait en raison de son désir de tourner avec Marlène Dietrich. Après 1954, il a pu travailler, dans l'ensemble, quand « ça lui plaisait » (Gabin cité dans *Cinémonde*, n° 184, 07-12-1970). Des films comme *L'Âge ingrat, La Horse, Le Tueur*, sont issus entièrement ou en partie de sa maison de production la Gafer. *French Cancan* et *Touchez pas au grisbi*, par contre, étaient prévus avec d'autres vedettes dans le rôle finalement rempli par Gabin (respectivement Charles Boyer et Daniel Gélin). D'autres – des *Bas-fonds* à *Razzia sur la chnouf* – sont des films que Gabin n'avait pas personnellement convoités mais où il remplissait un rôle taillé sur mesure pour lui par le cinéaste et le scénariste. Pour Patrick McGilligan, auteur d'un excellent ouvrage sur James Cagney, star comparable à Gabin sur bien des points, la distinction est importante :

> « Si un acteur est responsable seulement de son jeu mais n'est impliqué dans aucune decision artistique concernant le tournage du film, alors il est sûrement exact de parler de l'acteur comme d'une icone semi-passive, un symbole manipulé par écrivains et réalisateurs. Mais si les acteurs non seulement influencent les décisions artistiques (casting, écriture du scénario, mise en scène etc.) mais demandent certaines limitations sur la base de leur personalité à l'écran, on peut les considérer avec raison comme des "auteurs"[31]. »

Cette distinction est pertinente mais ne sera pas mon propos ici car elle relève du domaine qui se situe en amont du film. Dans ce cas, il faudrait aussi étudier l'influence de Gabin sur les décisions concernant la distribution et les techniciens de ses films : par exemple l'équipe des acteurs de second plan dans les policiers (Lino Ventura, Paul Frankeur ou Gaby Basset, première Mme Gabin) et l'opérateur Louis Page, responsable de l'éclairage de dix-huit de ses films. Ce qui m'intéresse est l'impact textuel de la *présence* de Gabin : ce qu'il fait dans ses films et la manière dont ceux-ci s'adressent aux spectateurs. En ce sens, qu'il soit à l'origine de *La Marie du port* mais par accident dans *Touchez pas au grisbi*, importe peu. Même si le style d'un Jean Renoir ou d'un Jean Grémillon différencie ses films des années 1930, l'icône-Gabin impose des motifs narratifs et de mise en scène qui les unifient au-delà de ces différences. En raison de la force de sa présence à l'écran, je considérerai donc tous ses films à partir de *La Bandera* comme des films « de Gabin », ce que faisaient d'ailleurs les spectateurs.

C'est sur ce point aussi, au-delà des considérations purement économiques, que se situe le hiatus entre une star comme Gabin et les réalisateurs français à partir de la Nouvelle Vague. François Truffaut, par exemple, était conscient qu'une star comme Gabin constituait un discours trop puissant pour être entièrement soumis à celui du réalisateur ; le comparant à Fernandel, Michèle Morgan, Gérard Philipe et Pierre Fresnay, il déclarait : « Ce sont des artistes trop dangereux qui décident du scénario ou le rectifient s'il ne leur plaît pas » (François Truffaut, *Arts*, 720, 29-04-1959). Le cinéma populaire propose donc une autre politique des auteurs, qui situe la star comme source principale de la signification d'un film. Cette évidence a toujours été reconnue par les magazines populaires de cinéma et par le public, sinon par les histoires « savantes » du cinéma, dont la méthodologie – avouée ou non – est toujours sous-tendue par l'idéologie du réalisateur-artiste-auteur héritée des *Cahiers du cinéma* et même auparavant (les écrits de Delluc, L'Herbier et Canudo dans les années 1920). Au-delà d'autres considérations esthétiques, c'est la raison du mépris critique à l'égard de la carrière de Gabin postérieure à 1960.

Vers une définition du mythe : homme, acteur, personnage

Une star est à la fois une pure construction médiatique et une personne réelle. Richard Dyer fait remarquer que la star est une image fabriquée à partir de tout un éventail de supports – films, publicité, magazines, etc. et constituée par plusieurs discours, y-compris celui de sa vie privée, qui est elle-même une construction. C'est pourquoi la recherche de la véritable personne qui se cacherait derrière la star est à la fois irrésistible et vouée à l'échec. On ne peut nier que les stars aient une vie privée, mais ce qui en est *connu* se situe automatiquement au niveau du discours (Dyer, *Le Star system hollywoodien*, p. 16). Que les faits en question soient exacts ou non, finalement, importe peu. Pour illustrer ce point, je prendrai un motif important du mythe Gabin, celui de la violence. Les célèbres explosions de colère qui ponctuent ses films – dents serrées, yeux exorbités, doigt pointé – ont inévitablement provoqué la question : Gabin était-il violent ou ne l'était-il pas ? La légende – invérifiée – veut même qu'il insistât pour que de telles scènes soient garanties par ses contrats. La série de ses souvenirs « Quand je revois ma vie », publiée dans *Pour Vous* en 1935 répondait par l'affirmative : Gabin était violent à l'écran parce qu'il l'était dans la vie ; vingt ans plus tard, Jeanne Witta, scripte du *Jour se lève*, affirmait le contraire : Gabin devait s'enivrer avant ces scènes de colère qui lui étaient particulièrement pénibles (in *Ciné-Club*, avril 1954). La vérité est qu'à certains moments il était important qu'il soit *perçu* comme violent (nous le verrons dans le contexte de *La Bandera*), à d'autres pas. Le motif colère-violence se poursuivra tout au long de sa carrière, et surtout, ce n'est pas un hasard, vis-à-vis des journalistes. Un reporter qui l'interrogeait sur la fin meurtrière de ses films et ses fameuses scènes de violence, fut apparemment reçu par un Gabin digne de ces scènes-là :

> « *Et bien vous pouvez dire à votre canard*, rugit Gabin en tendant son index menaçant, *que ça ne se passera pas comme ça ! Une seule ligne là-dessus et vous aurez de mes nouvelles !* Puis il tourna les talons et disparut. » (in Jean-Michel Betti [Jean Poggi, Michel Borget et Betty Truck], *Salut, Gabin !*, Trévise-Ramsay, 1977, pp. 61-62).

L'article, faut-il le préciser, parut sans dommage pour son auteur. L'anecdote montre que Gabin avait parfaitement intégré le processus discursif de la construction de son image. Dans cette économie du mythe, la colère et la violence sont remplacées par les *signes* de la colère et de la violence. La colère de Gabin à l'écran, par métonymie, « signifie » la personne réelle. En retour, ses explosions de colère « dans la vie » renvoient à son image à l'écran. La confrontation des deux, comme dans l'anecdote ci-dessus révèle que le motif colère-violence ne correspond pas à un référent concret mais au même motif dans un autre medium, « les signes, reculant sans cesse leurs fondements, transformant leurs signifiés en nouveaux signifiants, se citant les uns les autres à l'infini », selon la formule de Roland Barthes (in « Changer l'objet lui-même », *Esprit*, avril 1971, pp. 613-616). C'est là l'une des fonctions du mythe. Ce rapport « sémiotique » entre la star en tant qu'image et la star en tant que personne réelle se retrouve à travers de nombreux autres motifs : Gabin et les obligations mondaines, Gabin et la gastronomie, Gabin et la nature (les fermes, les chevaux), etc. D'une part l'existence de la personne contribue à l'effet de réel de ses personnages, et d'autre part cette existence dissimule le fait que la star est, justement, une construction médiatique. Cet effet d'authenticité caractérise toutes les stars, mais il devient d'autant plus important que la star en question – c'est le cas de Gabin – construit son image, précisément, sur des notions d'authenticité ; j'aurai l'occasion d'y revenir.

Par ailleurs, l'image des stars de cinéma est – évidemment – basée sur leur présence dans leurs films. Cependant si beaucoup d'acteurs jouent dans des films, tous ne sont pas des stars, quel que soit leur talent ou leur rang ; il y a une distinction importante entre la « star » et la « vedette ». Je prendrai l'exemple des *Grandes Familles*. On trouve dans ce film, comme le disait la légende d'une photo parue dans *France-Soir* lors d'un passage du film à la télévision en novembre 1986, « une belle brochette d'acteurs » : Pierre Brasseur, Bernard Blier, Louis Seigner, Jean Desailly, Jean Gabin, Jean Murat, Aimé Clariond. Mais, s'il y a un mythe Gabin, il n'y a pas de mythe Desailly ou même de mythe (Pierre) Brasseur ou Bernard Blier. Il y a un mythe Gabin parce que ses personnages, d'un film à l'autre, ont formé cumulativement un « type Gabin », qui lui-même condense d'autres types de personnages déjà établis dans la culture (cinéma, littérature, chanson) : l'ouvrier sympathique au « coeur tendre », le séducteur viril, le « dur » qui fait la loi autour de lui, le héros tragique vaincu d'avance. Le « type Gabin », dont l'originalité est l'unique combinaison de ces autres types (qui individuellement, eux, manquent d'originalité), a évolué mais néanmoins conservé une image cohérente. Une fois cette image mise en place (en gros à partir de *La Bandera*), les réalisateurs des films doivent travailler, pour reprendre l'expression de Geneviève Sellier à propos de *Gueule d'amour*, « sur une image plutôt que sur une histoire » (in *Jean Grémillon, Le Cinéma est à vous*, Meridiens Klincksieck, 1989, p. 20). Pour qu'il y ait mythe, chaque personnage joué par la star doit contenir des éléments de son « type » qui provient des personnages précédents, à la fois dans leur diversité et dans leur continuité. Cette dualité distingue la star, d'une part du grand acteur-vedette qui a joué des rôles très différents mais auquel il manque la continuité (Brasseur) et d'autre part de l'acteur de composition associé à un type précis et souvent reproduit, mais auquel il manque diversité et complexité (Clariond, typique dans *Les Grandes Familles* de ses rôles d'aristocrates grincheux, ou Murat de ses rôles de militaires distingués).

On retrouve cette dialectique dans la définition d'Edgar Morin qui caractérise la star par un double mouvement entre acteur et personnage. Pour Morin, il y a un processus de « divinisation » de la star qui intervient, venant du fait que celle-ci « pompe une partie de la substance héroïque, c'est-à-dire divinisée et mythique, des héros de films, et [...] réciproquement, enrichit cette substance par un apport qui lui est propre » (*Les Stars, op. cit.*, p. 39). Le terme divinisation vient de l'idée, commune à de nombreux analystes des stars, que celles-ci ont une dimension quasi-religieuse (ce sont des idoles). Même si on ne veut pas suivre Morin sur cette voie, la définition reste valable : Jean Gabin est une star parce qu'il a absorbé une partie de ses personnages et, en retour, les a enrichis de sa personnalité. Ce phénomène, comme on l'a dit, est cumulatif. Le Noël Schoudler des *Grandes Familles* contient des traces des personnages précédents de Gabin, à la fois dans la construction du personnage (tel qu'il existe dans le scénario) et au niveau du jeu de l'acteur, alors que le Brasseur des *Grandes Familles* évoque le Brasseur des *Enfants du paradis*, au niveau de son jeu mais pas au niveau du personnage. À la définition de Morin (acteur-personnage) j'ajouterai une dynamique homme-acteur. Une définition de la star pourrait alors être celle d'un mouvement non pas de va-et-vient mais d'une circulation *triangulaire* entre l'homme (ce qu'il représente « dans la vie », vu au travers des media autres que les films), l'acteur (son jeu dans les films) et le personnage (ce qu'il contient de valeurs psychologiques et sociales et son rôle dans le récit).

Ce mouvement triangulaire distingue la star de la vedette chez qui le mouvement n'est que binaire – soit entre l'acteur et le personnage, soit entre l'homme et l'acteur. Si l'on revient à l'époque de la création du mythe Gabin dans les années 1930, on peut voir cette distinction en le comparant à deux grandes vedettes masculines de l'époque : Louis Jouvet et Raimu. Durant toutes les années 1930, Jouvet – déjà grande personnalité du théatre – incarna des rôles extrêmement variés au cinéma : de co-vedette dans *Les Bas-fonds* ou *Drôle de drame* à de brèves apparitions, par exemple dans *La Maison du Maltais*, sans pour autant déconcerter son public, car l'identification se faisait avec Jouvet *l'acteur*, quel que soit le personnage. Chez Gabin en revanche cette identification passait aussi par le personnage, distinction perçue par les journalistes de l'époque : « Louis Jouvet dans la vie est Louis Jouvet sur scène » (*Le Petit Parisien*, 1er-02-1935. [Gabin] n'est pas seulement un acteur, il est un personnage » (Roger Régent, « Présence de Jean Gabin », *Ciné-Club*, avril 1954, p. 7). Identification au personnage qui requiert une cohérence au niveau de ce personnage. Ici on peut aussi comparer Gabin à Raimu. Ce dernier est, pour l'histoire du cinéma, le César de la trilogie de Pagnol. Cependant, contrairement à Gabin qui commença à partir de 1934-35 à opérer une sélection rigoureuse, Raimu continua à tourner un très grand nombre de vaudevilles et comédies de boulevard. En 1936, par exemple, l'année de *César*, Raimu est apparu dans *Le Roi*, *Faisons un rêve*, *Vous n'avez rien à déclarer ?*, *Le Secret de Polichinelle* et *Les Jumeaux de Brighton*. Comparé à l'omniprésence de Raimu (on pourrait citer aussi Fernandel) sur les écrans français des années 1930, Gabin se fit donc relativement rare. Il aurait pu, comme il le dit lui-même, tourner « deux ou même trois fois plus de films » (*Opéra*, n° 284, 20-12-1950). En augmentant la valeur de ses apparitions à l'écran du fait de leur rareté, il assurait aussi une correspondance plus étroite entre ses personnages, son jeu et les discours circulant sur sa personne.

On vient de voir que l'image cinématographique de la star doit présenter une continuité, ce qui revient à l'associer à un type (ou une combinaison de types) de personnage. Il existe alors une tension entre la cohérence de cette image – nécessaire pour que la star soit reconnue par son public – et ses variations – essentielles pour éviter la lassitude. Pour Richard Dyer, « Parce que les stars apparaissent dans differentes histoires et differents décors, *elles* doivent rester les mêmes de facon à permettre la reconnaissance et l'identification par les spectateurs. »[32] La star oscille donc entre deux pôles extrêmes : le film où le personnage correspond parfaitement à son image définie par ses rôles précédents (François dans *Le Jour se lève*), et le film où le personnage semble le plus éloigné de ce qu'on en attend (Ponce Pilate dans *Golgotha*, le maréchal Lannes dans *Napoléon*). La nécessaire cohérence de l'image des stars est fréquemment ressentie par celles-ci comme une tyrannie. Ainsi l'irritation de Gabin à se trouver associé aux personnages de meurtriers et mauvais garçons, alors que ce sont précisément ces personnages qui ont en grande partie construit son mythe, et donc son succès. À un extrême de cette tension, la star s'auto-parodie (accusation fréquente), à l'autre… ce n'est plus une star, mais une « vedette », comme Brasseur, Jouvet, Raimu.

L'origine du mythe : La Bandera, une star est née

La star se définit donc par un rapport triangulaire étroit entre acteur, homme, et personnage qui évolue de film à film. Mais quand ce « rapport étroit » commence-t-il ? Les discours sur les stars répondent à cette question par le motif de la « révélation ». Le choix du film révélateur donne souvent lieu à des controverses, d'une part parce que, rétrospectivement, les premiers films sont lus différemment (*Chacun sa chance* est maintenant un « film de Gabin » bien qu'il n'en soit pas la vedette) et d'autre part – c'est le cas de Gabin – parce qu'il peut y avoir pour l'historien un enjeu idéologique dans le choix de ce film. La « révélation » ne peut (uniquement) s'expliquer par les qualités esthétiques des films en question, ou un talent exceptionnel de la star dans ce film. *La Bandera* n'est ni le meilleur film de 1935, ni le meilleur Duvivier, ni le meilleur Gabin de cette époque. C'est pourtant *La Bandera* qui fixe les ingrédients du mythe Gabin, et non pas *Les Bas-fonds*, plus conforme au mythe du héros du Front populaire, ainsi que le préfèrent certains historiens[33]. C'est que le « moment » historique de *La Bandera* a rendu possible la rencontre entre l'image de la star (homme, acteur, personnage) et un certain nombre de discours (sociaux, politiques, culturels) hors du film. Ce moment vaut la peine qu'on s'y arrête.

En 1935 Gabin venait de tourner *Maria Chapdelaine*, suivi de trois films : *Golgotha*, *La Bandera* (tous deux de Duvivier) et *Variétés* (Nicolas Farkas). Des trois, *La Bandera* eut, de loin, le plus de succès. Gabin y joue Gilieth, un ouvrier qui commet un meurtre et s'inscrit à la Légion étrangère au Maroc pour éviter d'être arrêté. Il y est poursuivi par un personnage ambigu, Lucas (Le Vigan), chasseur de prime pour le meurtre commis par Gilieth. Celui-ci le devine grâce à Aïcha (Annabella), l'« indigène » qu'il a épousée. Les deux hommes sont réconciliés in extremis pendant le siège de leur fortin, où tous (sauf Lucas) seront tués. Le tournage de *La Bandera* (dédié au général Franco qui donna son autorisation pour le tournage au Maroc espagnol) fit du bruit. Duvivier venait alors de recevoir le Grand Prix du Cinéma Français 1935 pour *Maria Chapdelaine*. La distribution était éclatante : Gabin, Pierre Renoir, Aimos, Le Vigan et Annabella. Mac Orlan ajoutait son prestige littéraire, et l'accent mis sur le tournage en décors naturels et le dur entrainement militaire auquel furent soumis les acteurs, celui de « l'authenticité ». En 1935, Mac Orlan écrivit un article dans *Pour Vous* (n° du 11-07-1935) sur le tournage et les rapports entre le film et son roman. Il y souligne des thèmes qui vont devenir cruciaux pour le mythe Gabin – amitié virile, passions violentes et fatales, authenticité : « dans un film tel que celui-ci, il était nécessaire qu'une grande part de vérité fût employée, pour créer cette atmosphère de violence désespérée et sentimentale ». Bien qu'il occupe le rôle principal, et que le magazine lui accorde une photographie en plan moyen, Gabin n'a pas dans le discours de Mac Orlan un statut spécial – son identité est, comme les autres, celle d'un acteur qui a travaillé dur. MacOrlan loue l'esprit d'équipe du projet et en particulier son entente profonde avec Duvivier et Spaak le dialoguiste ; *La Bandera* est leur film commun « tel que je l'aurais tourné, si des dons et le métier d'un metteur en scène m'eussent permis d'accomplir moi-même ce travail. »

Deux mois plus tard, *Pour Vous*, ouvre ses colonnes à Gabin qui y raconte une toute autre histoire :

> *Déjà, je peux revendiquer la paternité de La Bandera. Il y a bien longtemps qu'est née en moi l'envie de tourner le rôle de Gilieth. J'ai lu et relu je ne sais combien de fois le roman de Pierre Mac Orlan, jusqu'au jour où j'ai rencontré Julien Duvivier, qui a tout de suite compris l'admirable film qu'il contenait* (« Quand je revois ma vie », *Pour Vous*, 26-09-1935).

Pierre Leprohon, dans son livre sur Duvivier (*L'Anthologie du cinéma*, n° 35, mai 1968, pp. 211-212), confirme que Gabin et Duvivier furent tous les deux à l'origine du projet et André Brunelin ajoute que Gabin, qui acheta les droits du roman avec Duvivier, l'aurait lu sur les conseils de sa deuxième femme Doriane. Quelle que soit l'exacte chronologie des événements, la réécriture de la paternité de *La Bandera* est due au fait qu'entre les deux articles, le film avait fait triompher Gabin « du jour au lendemain. » (Peter Mostyn, interview de Gabin, *The Daily Telegraph*, 14-09-1973).

Peu après la sortie du film, *Pour Vous* publia, du 9 septembre au 10 octobre 1935, la série « Quand je revois ma vie », consacrée aux souvenirs de Gabin. Ces articles sont exemplaires de la construction d'un mythe de star, transformant la vie de Gabin en un récit où chaque événement de son passé acquiert une signification par rapport au présent : « *Souvent, je m'arrête sur le chemin que je n'ai pas fini de parcourir, et je me retourne vers mes premières années en me demandant si tout cela n'est pas un rêve* » (*Pour Vous*, 26-09-1935). Les thèmes majeurs qui structurent le personnage de Gilieth et, par la suite, le mythe Gabin, sont puisés rétroactivement dans le passé de l'homme : personnalité rebelle (il sèche l'école, s'enfuit du foyer), forte nature (« *ce n'était pas du pain et du chocolat que ma mère me donnait, comme aux autres enfants de mon âge, mais une bonne côtelette et un coup de rouge* », *Pour Vous*, 12-09-1935), violence (il se bat avec ses camarades d'ecole parce que « *il me fallait de la brutalité. J'aimais ça* », *Pour Vous*, 19-09-1935). L'image d'une masculinité frustre qui fait une part spéciale à l'amitié virile est projetée sur le personnage et sur la conduite professionnelle de l'acteur. Gabin présente sa rencontre avec Duvivier en ces termes :

> « *Je partis avec lui pour le Canada où nous sommes devenus des copains. Duvivier a la réputation d'avoir un très mauvais caractère. Ce n'est pas mon avis. Je dois dire que je ne m'en suis jamais aperçu et que nous nous entendons très bien. Peut-être*

> *est-ce parce que j'ai, moi aussi, un sale caractère. C'est sur le bateau que notre amitié est née. Elle n'a fait que s'accroître par la suite lorsque nous nous sommes retrouvés pour* Golgotha *et* La Bandera. » (*Pour Vous*, 26-09-1935)

Amitié virile, force, violence sont donc établies comme présentes à la fois dans le personnage et la personne de Gabin. Mais pour que ces thèmes aient une résonance auprès du public, il fallait qu'ils correspondent aussi à des discours sur le terrain social et culturel. La représentation, dans les actualités, journaux, magazines illustrés d'événements violents tels que les manifestations de rues – fréquentes en 1934-1935 – et les affaires coloniales, forment une constellation de valeurs sur l'armée, les soldats et la force virile (ancrées dans les sites « pittoresques » des colonies françaises) qui circulent dans les media. L'Exposition coloniale de 1931 participa à la promotion de cette forme d'exotisme[34], déjà bien établie par la chanson populaire. Même avant « Mon Légionnaire » (un triomphe en 1936, chanté par Edith Piaf et Marie Dubas), Georgius, Georges Milton, Fréhel et d'autres, incorporaient des chansons coloniales à leur répertoire. Au cinéma, des films aussi disparates aux niveaux esthétique et idéologique que *Le Grand jeu* (Jacques Feyder, 1933), *Bourrasque* (Pierre Billon, 1935), *Princesse Tam-Tam* (Michel Bernheim, 1936), *La Route impériale* (Marcel L'Herbier, 1935), *Itto* (Jean Benoît-Lévy et Marie Epstein, 1934), *Tartarin de Tarascon* (Raymond Bernard, 1934), *Sidonie Panache* (Henry Wulschleger, 1934), et bien d'autres, situaient leur récit dans une Afrique (ou, rarement, un Orient) plus ou moins fantaisiste. Le motif colonial était donc à la mode et, outre la chanson, le cinéma et la littérature des années 1920 et 1930 lui firent une grande place[35]. Dans le cinéma contemporain de *La Bandera*, deux autres genres et sous-genres se superposent au film colonial : le film militaire proprement dit (qui va du comique troupier au mélodrame d'officiers, de *Trois artilleurs au pensionnat* à *Trois de Saint-Cyr*) et le film de légionnaires (dont l'un des modèles, américain, était *Beau Geste*). *La Bandera* condense ces trois motifs populaires : institution militaire, Légion, colonies (ce que fera un an plus tard, sur le registre du comique troupier, *Un de la Légion*, avec Fernandel).

Au-delà de cette conjoncture favorable, on peut cependant s'interroger pour savoir pourquoi, si le thème de l'exotisme colonial était si répandu à l'époque, Gabin et son personnage de *La Bandera* rencontrèrent un tel succès, et surtout pourquoi le personnage de Gilieth fixa les termes du mythe (*Un de la Légion*, triomphe au box-office, n'en fixa pas pour autant un « mythe Fernandel »). La réponse à cette question doit prendre en considération la dimension masculine du personnage et de la star. Le penchant de Duvivier pour les « histoires d'hommes » (Julien Duvivier, interview, *Cinémonde*, 15-09-1959) convenait à merveille aux talents de Gabin. Mais surtout, la Légion et l'institution militaire dans *La Bandera* vont au-delà du décor qu'elles constituent, par exemple, dans *Le Grand jeu* où le vrai sujet est le conflit romanesque entre le héros interprété par Pierre Richard-Willm et l'héroïne (double) jouée par Marie Bell. Dans *La Bandera*, en revanche, le conflit central du récit se déroule entre soldats et concerne, à travers l'institution militaire, une construction du masculin définie par les rapports entre hommes et non pas les rapports homme-femme. Dans *La Bandera* c'est la femme (Annabella) qui, si l'on peut dire, fait partie du décor, même si son rôle « d'indigène » est hautement significatif. Le film s'adresse à des spectateurs construits comme masculins (qu'ils soient hommes ou femmes), alors que *Le Grand jeu* est, par son romanesque et son choix de vedette masculine, un film « pour femmes ». L'ancrage dans un genre sur les hommes et pour les hommes est illustré on ne peut mieux par le fait que le texte de Mac Orlan fait face, dans le même numéro de *Pour Vous*, à un article de Jean Fayard intitulé « On demande un cinéma viril » qui déplore les « excès de délicatesse et de raffinement » dans le climat culturel français de l'époque et en particulier les « mélodrames à base de sensiblerie ». *La Bandera* de toute évidence combla ce désir, puisque Fayard écrivait dans *Candide* le 26 septembre 1935 : « *La Bandera* nous épargne les pleurnicheries du mélodrame ordinaire. Voici des hommes, des légionnaires, menant une vie rude sous un climat rude. » Si les genres « pour femmes » ne vont pas pour autant cesser d'exister – par exemple les mélodrames slaves des années 1930 et les drames costumés des années 1940 et 1950 – la naissance du mythe Gabin marque bien l'ascendance des genres masculins dans le cinéma français, qui se traduit par la popularité croissante, d'une part, des films populistes et d'autre part, surtout après la guerre, du policier. Il n'est donc pas étonnant que ce soit grâce à *Touchez pas au grisbi*, une histoire d'hommes par excellence où le sens banal du mot « homme » se double de celui qu'il a dans le milieu, que Gabin retrouve sa popularité d'avant-guerre. Nous verrons plus tard comment ces genres masculins, que ce soient les films populistes ou les policiers, ainsi que le mythe Gabin, intègrent malgré tout une dimension féminine, présentant le fantasme d'une communauté « complète », attirante pour les spectateurs et – en surface – moins aliénante pour les spectatrices.

La Bandera est aussi un film impérialiste qui révèle par sa construction des indigènes comme « salopards » la structure que l'on retrouve plus ou moins explicitement dans de nombreux autre films de Gabin : l'identité *française* de son personnage s'affirme contre « l'autre » – Joséphine Baker dans *Zouzou*, la Casbah de *Pépé le Moko*, la ville de Gênes dans *Au-delà des grilles*, la cohorte des Angelo, Fredo et autres Pepito des policiers des années 1950. *La Bandera* combine l'aventure coloniale à celle de la Légion, institution qui comme on le sait fonctionne comme « fabrique d'identité ». Au-delà de l'idéologie colonialiste et raciste du film, on peut y déceler le récit d'un fantasme plus abstrait, celui d'une identité nationale idéale et consensuelle. Gilieth est un ouvrier parisien qui commet un crime dans l'emblématique rue Saint-Vincent à Montmartre, c'est-à-dire qu'il représente cet amalgame des « classes laborieuses et classes dangereuses » (Louis Chevalier, *Classes laborieuses et classes dangereuses à Paris pendant la première moitié du XIXe siècle*, Plon, 1958) cher aux représentations bourgeoises du peuple et, on le verra, à forte dimension érotique. Le but du film est de prouver non seulement sa virilité mais surtout son honnêteté de bon Français, qualités sanctionnées par l'approbation de l'aristocratique et catholique capitaine Weiler interprété par Pierre Renoir.

Duvivier et Gabin reprendront un récit semblable dans *The Impostor* en 1943. Dans ce film de propagande anti-fasciste, Gabin incarne Clément, un criminel accidentellement libéré quand la prison où il est incarcéré est bombardée. Clément emprunte les papiers d'un soldat décédé, Lafarge, puis se joint, à contre-coeur, à un régiment de FFL en route pour l'Afrique Équatioriale (le film fait allusion à des événements réels tels que la victoire du Général Leclerc à Koufra en mars 1941). Rapidement il domine le groupe, mais l'imposture finit par être révélée et Clément est jugé. Il repart au combat où il meurt en héros ; sa tombe est toutefois anonyme. *The Impostor* eut peu de succès aux Etats-Unis, où le mythe Gabin avait du mal à s'exporter, dans un film jugé lent et bavard (même si Gabin lui-même en tant qu'acteur fait l'objet d'éloges de la part des journalistes américains). Si, dans *La Bandera*, l'héroïsme de Gabin lui permet d'échapper à l'anonymat de la Légion pour atteindre la gloire nationale, *The Impostor* le transforme en « soldat inconnu ». Quand le film sort en France à la fin de la guerre, il souffre d'une autre conjoncture difficile : on voit d'un mauvais oeil les « planqués » hollywoodiens. Mais une fois passés les règlements de compte de la Libération, Gabin est décoré en 1945 pour ses réels faits de guerre (il a rejoint les FFL) et très vite, son passé de résistant va faire partie de son mythe[36]. On peut voir l'efficacité de cette construction sur la couverture de *La Vie quotidienne des écrivains et des artistes sous l'occupation 1940-1944* (Gilles et Jean-Robert

Ragache, Hachette, 1988) qui le place au centre d'un triptyque qui rappelle le drapeau français, entre Louis-Ferdinand Céline et Arletty qui, on le suppose, représentent, respectivement, l'inacceptable et l'acceptable de la collaboration des Français avec l'occupant durant cette période. Par contraste avec les deux autres, par son emplacement central et grâce à son uniforme FFL, Gabin ressort comme le Français idéal de l'après-guerre. Cette structure, telle qu'elle apparaît dans *La Bandera* et dans *The Impostor*, décrit aussi la plupart des personnages de Gabin qui lui succéderont : des impulsions plus ou moins avouables et surtout *antagonistes* sont réconciliées dans son personnage en une identité cohérente idéale (et souvent nostalgique) dont l'impossibilité est toutefois signalée par l'issue « tragique » des récits surtout dans les films d'avant-guerre alors que, on le verra, les films d'après-guerre proposent une fin plus consensuelle et rassurante.

Faire admettre l'inadmissible : le pouvoir réconciliateur du mythe

La facon dont vivent les stars est toujours présentée – par les reportages, potins et interviews des revues populaires de cinéma et par les biographies – de manière contradictoire. L'accent est mis à la fois sur leur aspect extraordinaire – beauté, consommation ostentatoire de vêtements, automobiles, maisons, vacances, liaisons avec des êtres tout aussi fabuleux – et sur leur aspect ordinaire : ils font la cuisine, ont des enfants et des « problèmes » ; voir les récits sur Gabin et Doriane dans les années 1930, Gabin et Marlène à Hollywood, Gabin, sa troisième femme et ses enfants à partir des années 1950. Chez lui, cette dichotomie est d'autant plus visible que les personnages qu'il joue sont présentés comme « ordinaires ». Comme le dit Richard Dyer, le charisme est ce qui distingue la star de l'ordinaire, et pourtant certaines stars peuvent véhiculer les valeurs de l'ordinaire et être, quand même, charismatiques (*Le Star system hollywoodien*, pp. 25-28). Comment est-ce possible ? Il y a là aussi une dialectique : la star embellit et donne du charisme aux valeurs ordinaires, celles-ci en retour rejaillissent sur son image. Cela prend, chez Gabin, trois formes principales.

a) *L'association aux loisirs populaires*, dont les valeurs « débordent » sur la star, à la fois dans et hors des films. Chez James Cagney, image du prolétaire américain, ce rôle est joué par la boxe. Chez Gabin aussi – *Martin Roumagnac, L'Air de Paris*, ainsi que par le football (*Du haut en bas, La Marie du port*), la belote et enfin le cyclisme, sport codé comme « français » du moins jusqu'aux années 1960. Une photo de Gabin et Madeleine Renaud à la fête cycliste des Six jours de 1935 montre la valeur de cette association dans la construction du mythe. L'image seule (Gabin et Renaud entourés d'autres personnalités à un dîner du Tout-Paris), pourrait ne signifier que le luxe : stars de cinéma, maîtres d'hôtel qui s'empressent, bouteilles de champagne. La légende, cependant, qui précise que ce dîner a lieu au Vel'd'Hiv', y ajoute la dimension du populaire, et le mythe Gabin émerge comme l'amalgame de la vie mondaine et du loisir prolétaire. On trouvera des références au cyclisme, par exemple, dans *Le Jour se lève, Rue des prairies* et *Le rouge est mis*. Dans ce dernier film Gabin et ses acolytes sont à la campagne pour préparer un coup lorsqu'un groupe de jeunes cyclistes s'arrête près d'eux. Cette scène n'a aucune fonction narrative ; son rôle est uniquement de *citer* cet élément de l'image de star de Gabin : « ça t'rappelle ta jeunesse », lui dit un de ses comparses. Le loisir populaire sert à authentifier l'appartenance profonde de Gabin au peuple, même si son rôle le place hors de cette classe, par exemple lorsqu'il est truand-propriétaire d'un garage dans *Le rouge est mis*. Deux ans avant la photo évoquée plus haut, *Le Tunnel* montre Gabin dans le rôle de l'ingénieur Mac Allan, et Madeleine Renaud, sa femme, tous deux en tenue de soirée, invités par les ouvriers à se mêler à eux au cours d'une fête foraine : « qu'est-ce que vous allez faire avec les grosses légumes, v'nez boire un verre avec nous » – ce qu'ils font. Loisir populaire (manèges, balançoires) et luxe des personnages (smoking, robe du soir) se fondent dans la personne de Gabin. C'est précisément cette structure réconciliatrice extra-ordinaire-ordinaire (plutôt qu'une affiliation idéologique directe dans ou hors des films) qui permet au mythe Gabin de jouer un rôle métaphorique dans les représentations du Front populaire. La photo du Vel'd'Hiv' discutée ci-dessus illustre d'ailleurs un dossier historique sur les années 1930 publié en 1983 (Jean-Pierre Rioux, « Du pain, du sang et du rêve », *Les Années trente, de la crise à la guerre*, L'Histoire/Seuil, novembre 1983, pp. 42-56), où Gabin figure comme un des emblèmes de l'époque, entre Léon Blum et la brillantine Roja.

b) *L'accent sur le travail*. Pour Richard Dyer, l'accent mis dans les discours publicitaires sur les loisirs des stars (Clark Gable sur son yacht, Marilyn Monroe au bord de sa piscine), est une manière de nier que ce qu'elles font est un travail afin d'exalter leur dimension « magique » et cacher l'injustice fondamentale de leur existence luxueuse (*Le Star system hollywoodien*, p. 33). On observe cependant chez certaines stars qui proposent une image « ordinaire », même à Hollywood, des discours qui accentuent le travail. Ainsi James Cagney présentait son occupation en tant qu'acteur non comme un art mais comme « un boulot à faire » [37]. Chez Gabin aussi, l'accent est mis sur le « turbin » dans de nombreuses interviews : « *Je suis un artisan et pas un "fana" qui fait dans le génie. J'travaille en prolo.* » (Cité par Caro Canaille, *Etoiles en pantoufles*, « Jean Gabin, un dur mou », André Martel, 1954, p. 259) ou bien « *On me dit que, dans tel film, je suis "bien". Où est le mérite ? Je suis payé pour ça ; et je m'efforce d'en donner au client pour son argent.* » (Interview de Georges Beaume, « Jean Gabin, monarque bourgeois », *Cinémonde*, 30-01-1953, p. 13). L'image dominante est celle d'un artisan qui fait son métier, à la fois dans la vie (à travers les interviews) et à l'écran où, comme on le verra plus loin, cette valeur « artisanale » est à la base de tous ses personnages qu'ils soient gangsters ou grands patrons de l'industrie. Cette image n'en reste pas moins idéologiquement chargée, puisque son but est de cacher le privilège et la chance exceptionnelle de la star en identifiant son activité hautement privilégiée à un job comme les autres. Néanmoins on voit comment elle permet de préserver le charisme de la star sans aliéner son public populaire. Ce public peut donc pertinement savoir que *« Gueule d'amour habite une maison bourgeoise, à deux pas du Bois »* (Charles Spaak, *Cinémonde* n° 46, 1er-12-1937) ou plus tard que le chauffeur de camion de *Gas-oil* a une grosse propriété en Normandie sans que la crédibilité de l'image de star de Gabin en souffre.

c) *L'accent sur les valeurs folkloriques* et l'association au terroir. Curieusement, l'enfance de Gabin à la campagne est toujours citée comme base de son identité, alors qu'au cinéma celle-ci s'est incarnée, dès le départ, dans le registre parisien. Après la guerre, le relais a été pris par ses fermes en Normandie. La force de l'identité « rurale » de Gabin réside dans le fait qu'elle est *théorique* et n'a pas à être vérifiée dans la pratique des personnages, à quelques exceptions près (*Maria Chapdelaine, Le Plaisir, La Horse, L'Affaire Dominici*). Il s'agit plutôt d'un signifié flottant qui, attaché à la personnalité du héros urbain, lui confère une dimension « France profonde » sans le désavantage du côté désuet ou ridicule généralement attaché aux personnages paysans dans le cinéma français. De même que pour Gérard Depardieu de nos jours, qui revendique l'identité de « vigneron » sur son passeport (alors que son image cinématographique est basée sur le loubard de banlieue), l'association de Gabin au terroir est historiquement ancrée dans la France du XXe siècle et son lent glissement d'une société rurale à une société urbaine. Mais il s'agit aussi d'un moyen de réconcilier l'extraordinaire de la star – ne serait-ce que les moyens financiers d'acquérir un château en Anjou (Depardieu) ou un haras en Normandie (Gabin) – au mythe du Français moyen dont les racines sont dans le terroir de ses ancêtres.

La structure du mythe, analysée ci-dessus en termes d'une réconciliation de la dualité ordinaire-extraordinaire se retrouve au niveau de la trajectoire narrative des personnages et de leur construction symbolique d'un Français d'une part et d'un homme de l'autre : les personnages incarnés par Gabin sont à la fois héros et gens ordinaires. Cette structure réconciliatrice est valable pour d'autres paires de valeurs contradictoires qui seront étudiées plus loin, en particulier, dans la version Gabin du Francais, les séries honnête-criminel, copain-solitaire, joyeux-tragique, etc. La fonction du mythe est d'effacer ces contradictions : Gabin est le riche et célèbre acteur et propriétaire, mais néanmoins « le prolétaire ». De même, sa représentation du masculin est basée sur la réconciliation « magique » de valeurs opposées : dur-tendre, dominant-victime, actif-passif. La star fait, selon les propres termes de Gabin à propos de *Golgotha*, « *admettre... l'inadmissible.* » (Gabin cité dans *Paris-Soir*, 6-10-1934). Ainsi, Claude Mauriac écrivait très justement sur *La Traversée de Paris* : « Le choix de cet acteur a été un des mensonges de ce film. Il fallait aux auteurs le visage humain et sympathique de Gabin pour faire passer l'odieux de certaines de ses paroles et de quelques-uns de ses actes. » (*Le Figaro Littéraire*, 1956, cité dans *L'Avant-Scène Cinéma*, janvier 1967).

Le mythe Gabin lui permet donc de transcender la division bon/méchant (ce que font toutes les stars), mais aussi de jeter un pont entre plusieurs genres – mélodrame populiste/policier par exemple – condition essentielle dans un cinéma non-américain où être la star d'un seul genre – comme John Wayne dans le western – ne suffit pas. En dernière analyse, cette réconciliation de valeurs contradictoires ne peut se faire chez Gabin que grâce à une autre valeur, celle de *l'authenticité*. Le fait que les stars sont aussi des individus réels permet le travail ultime du mythe qui est, comme l'a montré Roland Barthes, de naturaliser un fait culturel. À travers l'image de la star, une construction médiatique devient l'évidence d'un type non seulement « humain » mais « authentique ». Si ceci est vrai de toutes les stars, et pour Richard Dyer la base de leur pourvoir de séduction[38], c'est d'autant plus fondamental pour Gabin, dont l'image est ancrée dans le quotidien et l'ordinaire. Le mythe Gabin, à la fois dans les discours extra-filmiques et dans les films fait preuve d'une accumulation de signes qui connotent l'authenticité.

Tout d'abord, la relation entre acteur, personnage et homme chez Gabin est toujours exprimée (dans les discours hors des films) non seulement comme le « rapport étroit » défini plus haut mais comme une homologie parfaite et donc comme un indice d'authenticité. Prenons au hasard quelques citations : « Jean Gabin, un tempérament ? Non, un "état". [...] Jean Gabin n'est pas un acteur : c'est une force » (Jean Piverd) ; « Jean Gabin c'est l'évidence même, l'évidence même d'un être humain » (Jacques Prévert) ; « Il ne peut faire qu'une chose : être sur l'écran comme dans la vie » (Benjamin Fainsilber qui cite aussi Gabin demandant à Charles Spaak de lui faire « *des scènes comme dans la vie* ») ; cf. Claude Gauteur dans cet ouvrage.

Deuxièmement, le jeu de Gabin se fonde sur deux aspects qui, tout en étant contradictoires, n'en désignent pas moins, chacun à leur manière, l'idée d'authenticité. Je les mentionnerai brièvement puisqu'ils seront examinés en détail un peu plus loin. Le jeu de Gabin, sauf rares exceptions, est caractérisé par sa sobriété ; c'est un jeu minimaliste conçu précisément pour donner l'impression d'une *absence de jeu* ; c'est l'homme à l'état brut devant la caméra. Par ailleurs, les fameuses explosions de colère, quoique spectaculaires, désignent une perte de contrôle qui, dans notre culture, connote le naturel et donc l'authentique : puisqu'il ne peut pas s'en empêcher, c'est que cela vient vraiment de lui-même[39]. Troisièmement, le registre prolétarien dans lequel Gabin opère, caractérisé par sa voix, ses gestes, ses vêtements et les décors dans lesquels il est placé, le désigne comme plus authentique que des personnages bourgeois, la culture prolétarienne en France étant caractérisée par rapport à la culture bourgeoise par son absence de « manières », par son désir de se concentrer sur la substance des choses plutôt que sur les apparences (Pierre Bourdieu, *La Distinction, critique sociale du jugement*, Les Éditions de Minuit, 1979, p. 382). On objectera que Gabin est passé, après la guerre, des milieux modestes aux milieux bourgeois (honnêtes ou criminels). Cependant, comme on le verra, une partie de ces valeurs prolétariennes restera attachée à son image et continuera à jouer ce rôle « d'authentification ».

Enfin, la trajectoire narrative de ses personnages a longtemps privilégié l'idée d'un personnage victime : de son passé, du destin, des événements, de la malchance, parfois des femmes. L'idée que ce type de personnage est particulièrement *plausible* a des racines complexes, à la fois dans la culture française (le misérabilisme des arts populistes) et dans le cinéma français, moins soumis au « happy end » d'Hollywood. Par ailleurs, dans ce cinéma français, Gabin a joué dans des genres réalistes qui nous invitent, à travers leurs conventions, à percevoir les événements représentés comme « vrais ». On verra que ses films d'après guerre, qui présentent des personnages plus chanceux ou des fins plus heureuses, n'y parviennent qu'après l'avoir fait passer par la défaite ou l'humiliation.

Contrairement à ce qui est communément ressenti comme une grande cassure dans la carrière de Gabin (voir la première partie de cet ouvrage), ma thèse sera celle d'une continuité entre le mythe des années 1930 et celui d'après-guerre. Si, en 1935, il joue des êtres extraordinaires qui se coulent dans des personnages ordinaires, après la guerre, en revanche, il joue des êtres au fond ordinaires (c'est-à-dire d'origine populaire) qui se coulent dans des personnages extraordinaires : riches gangsters, chefs de grandes familles bourgeoises, voire Président du Conseil. Son statut de star, la structure même du mythe, permettent de concilier ces deux extrêmes et de les rendre acceptables aux yeux du public, renforcé par l'authenticité qu'il véhicule. Le *contenu* du mythe Gabin change indéniablement de l'avant à l'après-guerre, mais sa structure reste la même. D'autre part, tout texte cinématographique – donc toute star – est polysémique et des lectures diverses ou à rebours sont toujours possibles – on peut lire le Noël Schoudler des *Grandes Familles* comme un sale bourgeois exploiteur ou comme le représentant victorieux d'une souche populaire arrivé au sommet de l'échelle sociale par la force du poignet. Le mythe Gabin va plus loin en permettant des identifications multiples, sur les axes bourgeois/populaire et masculin/féminin.

L'impact du mythe sur les films

Génériques : chaque film est un nouveau rendez-vous avec la star

Dire que le public attend la star est un pléonasme : il est là pour ça. L'arsenal des échos sur le tournage, interviews, annonces et critiques lors de la sortie du film ont préparé le terrain. Les photos devant et dans le cinéma continuent ce travail de préparation au film, achevé par le générique. Le nom JEAN GABIN s'étale, en grosses lettres et à quelques exceptions près le premier, sur près d'une centaine de génériques. Le plaisir pour le spectateur consiste alors à attendre, puis à reconnaître, la star. Gabin, comme toutes les grandes stars, se fait attendre[40]. Une étude d'un large échantillon de ses films révèle un certain nombre de stratégies qui impliquent un *jeu* avec le spectateur. Si de nombreux films nous le montrent immédiatement après le générique (ou même avant, dans les films postérieurs à 1950 comme *Mélodie en sous-sol*), d'autres reculent sciemment le moment de son arrivée: *Zouzou* (6 mn), *Pépé le Moko* (5 mn), *Martin Roumagnac* (5 mn), *Le Plaisir* (6 mn), *La Traversée de Paris* (7 mn), *En Cas de malheur* (9 mn), *Le Clan des Siciliens* (14 mn). Sauf pour *Pépé le Moko*, les films de cette liste présentent avant lui une co-star – dans l'ordre: Josephine Baker, Marlène Dietrich, Danielle Darrieux, Bourvil, Brigitte Bardot, Alain Delon. L'ordre de leur apparition à l'écran inverse donc celle des noms au générique et réaffirme la dominance de Gabin (la plus grande star arrive la dernière). Le jeu consiste aussi à prolonger l'attente en cachant ou en brouillant la première vision de Gabin: on entend sa voix avant de le voir vraiment (*Zouzou, La Belle Équipe, Le Jour se lève, Le Pacha*), on le voit de dos: *Du haut en bas, La Marie du port, La Traversée de Paris, En cas de malheur, Maigret voit rouge*, on parle de lui avant qu'il n'apparaisse, comme dans *Du haut en bas, Pépé le Moko, Razzia sur la chnouf*; comme le dit Gertrud Koch à propos du film de Pabst: « le héros absent fonctionne comme projection de ceux qui sont présents » (« The Stairway to Exile: *High and Low* (1933) », in *The Films of G.W. Pabst*, edited by Eric Rentschler, Rutgers University Press, New Brunswick, New Jersey, London, 1990); ou bien on doit le chercher des yeux dans une foule ou dans un groupe: *Le Tunnel, Remorques, Martin Roumagnac, La Vierge du Rhin, Rue des prairies.* On remarquera que les minutes d'attente augmentent lorsqu'on avance dans la carrière de Gabin, l'effet se doublant parfois d'une citation de films plus anciens – ainsi son entrée dans la fiction du *Clan des Siciliens* (la caméra cadre une cage d'ascenseur; celui-ci descend et on voit ses jambes d'abord) peut être un rappel indirect des plans sur ses jambes dans *Pépé le Moko*.

On notera aussi que le nom des personnages qu'il incarne, l'une des premières données connues du spectateur (parfois au générique, surtout dans les premiers films), renforce l'identification du personnage à la star. On recense ainsi neuf « Jean » (y compris le Jean Valjean des *Misérables*), soit près d'un dixième de ses rôles. Si les autres noms de fiction qu'il a portés sont trop dissemblables pour être significatifs, il est toutefois certain que ceux qui reviennent le plus souvent sont des noms bien de chez nous : François, Pierre et Henri (quatre films dans chaque cas), qui jouent un rôle non négligeable dans la constitution de la « francité » de ses personnages. Dès *La Bandera* (et peut-être même avant, dans *Zouzou* par exemple), le spectateur a donc avant même que le récit ne commence, une idée très précise de l'identité de Gabin en tant que star, constituée par les discours externes au film, les films précédents, le générique et son entrée dans la fiction. Cette identité détermine mais parfois aussi transcende (ou même contredit) la trajectoire narrative de ses films, vers laquelle nous allons maintenant nous tourner.

Récit : star et victime

Le stéréotype des personnages incarnés par Gabin dans ses films des années 1930 est celui d'un prolétaire au destin tragique. Que ces récits se soldent par sa mort, comme dans la majorités des films, de *Maria Chapdelaine* et *La Bandera* à *Au-delà des grilles*, ou pas, il est remarquable à quel point les films lui assignent un rôle de victime. Un véritable syndrome de l'échec se dessine : échec à l'amour, échec au rêve d'évasion, échec à trouver une place dans la communauté, bref échec au désir. Cette « image narrative » de Gabin était suffisamment exceptionnelle pour qu'André Bazin remarque le paradoxe d'une star aimée du public et qui néanmoins imposait son destin fatal comme non seulement inévitable mais désirable[41]. Elle était aussi suffisamment forte pour dicter comme « correcte » la fin pessimiste de *La Belle Équipe* (même si on peut, comme le public de l'époque, préférer la fin heureuse re-tournée par Duvivier). Au-delà de leur issue, l'enchaînement des récits place Gabin au centre d'événements qu'il ne contrôle pas. Ainsi, *Gueule d'amour* le transforme en « objet » de façon très marquée : c'est un coup du hasard (un notaire) qui l'envoie à Cannes. C'est parce qu'il a raté son train qu'il rencontre Madeleine (Mireille Balin). Ensuite c'est elle qui mène le jeu. Plus tard, dans les films où son personnage ne meurt pas ou ne tue pas, il est clair néanmoins que le père de famille de la *Rue des prairies*, le truand de *Touchez pas au grisbi*, le chauffeur de camion des *Gens sans importance*, le retraité du *Chat*, sont des personnages ballotés par les événements, à la merci des décisions ou erreurs d'autres personnages. *La Horse*, dans lequel Gabin impose sa « loi » à son clan familial, aux trafiquants de drogue, et même à la police, est néanmoins un film amer qui enregistre la fin d'une époque (la sienne) plutôt qu'il ne célèbre sa victoire. Contrairement au protagoniste masculin du cinéma classique hollywoodien dont les *actions* déterminent le cours du récit, Gabin semble souvent impuissant à contrôler celui-ci. Il n'en est pas moins évident qu'il domine complètement ses films. Sur un plan purement visuel, comme on le verra sous peu, mais aussi parce que son statut de star (connu des spectateurs dès le début) donne un poids à sa présence quel que soit son rôle, et ensuite parce que son image de star est constituée de telle manière qu'elle incorpore l'échec, on peut même dire qu'elle *l'authentifie*. Enfin, le réalisme des films de Gabin est souvent un réalisme *mélodramatique*, ce que l'étiquette de « réalisme poétique » dans les années 1930 et 1940 a occulté. Bien que le décor et milieu des films soient ancrés dans le réalisme quotidien, les récits et la présentation des conflits émotionnels appartiennent au registre mélodramatique[42]. Comme dans le mélodrame américain, mais au masculin, le protagoniste est passif. Mais un des paradoxes du genre, est justement que ces personnages passifs sont incarnés par des stars extrêmement charismatiques : Marlène Dietrich (*Blonde Venus*), Greta Garbo (*Camille*), Joan Crawford (*Mildred Pierce*). Les remarques de Richard Dyer à propos de Bette Davis dans *Now, Voyager*, s'appliquent aux films de Gabin :

> [*Now, Voyager*] comme beaucoup de « women's pictures », utilise les coincidences, répétitions et récits compliqués, de telle manière que le rôle de la protagoniste devient pas-

sif ; elle est une "fonction" du récit. Cependant, par vertu du fait que la protagoniste est Bette Davis [...] et que c'est sa performance qu'elle impose, il semble que son personnage domine et donc que le récit est une expression de son développement à elle. »[43]

Gabin dans *Gueule d'amour* a beau être manipulé par les coïncidences et les caprices de Madeleine, le récit du film n'en est pas moins, pour reprendre l'expression de Dyer, « une expression de son développement à lui ». De même pour *Pépé le Moko* où il est prisonnier de la Casbah et condamné à l'attente, *Le Tunnel* où il est à la merci des éléments, *Pépé le Moko, Le Quai des brumes* et *Au-delà des grilles* où l'échec au départ est souligné par une visite au bateau qui devait l'emporter et, en écho, le bateau de *La Marie du port* qui ne va que de Port-en-Bessin à Cherbourg. *Touchez pas au grisbi* inaugure la série du gangster ou du flic qui voudrait ou devrait « dételer » mais en est empêché par les circonstances : *Le rouge est mis, Mélodie en sous-sol, Le Clan des Siciliens, Le Pacha, Maigret tend un piège, Le Tueur*. Certains films présentent aussi des récits circulaires (normalement associés à un parcours féminin) : *Le Jour se lève, Des gens sans importance, French-Cancan, La Vérité sur Bébé Donge*. D'autres, que leur issue soit victorieuse pour Gabin ou non, insistent sur l'échec ou l'humiliation en cours de récit : *La Bandera, Des gens sans importance, The Impostor, Gas-oil, Le Tueur, Sous le signe du taureau, Un singe en hiver, Le Chat, L'Affaire Dominici*. Enfin, comment comprendre, par exemple, la dernière séquence des *Grandes Familles* sinon par référence à ce « méta-récit de l'échec » ? Gabin s'éloigne sous les arcades de la Bourse ; tout le langage de son corps connote la défaite et l'isolement alors que la structure du récit lui a donné la victoire sur ses ennemis et sur son fils, mais au prix de la mort de celui-ci.

Voyant Gabin comme le héros tragique du cinéma contemporain, Bazin comparait les forces qui le détruisent (dans ses films d'avant-guerre) à des dieux modernes « de banlieue » qui attendent

Gabin-Oedipe au carrefour du destin. Mais puisque Gabin, comme on l'a vu, réussit à incarner et authentifier des valeurs contradictoires dans sa personne, sa destinée n'est pas le produit de forces situées hors de son personnage (au carrefour du destin) mais celui de ses divisions internes. C'est là une autre explication du paradoxe victime-star ; comme le héros de la tragédie classique, Gabin est victime de ses divisions internes, mais ce sont ces divisions qui en font un héros. Ces divisions internes expliquent aussi pourquoi tant de films des années 1930 se terminent *en deux temps* : le meurtre, puis le suicide ou la déchéance. Dans *Gueule d'amour* Gabin tue Madeleine, puis est lui-même détruit symboliquement, comme dans *La Bête humaine* il tue Séverine puis se suicide, détruisant ainsi les deux positions contradictoires qu'il essaie d'occuper : dans ces deux films il désire la femme et en même temps désire s'identifier à elle – il est à la fois sujet et objet (ce point sera repris au chapitre 6). De même pour *Le Jour se lève* et *Le Quai des brumes*. Dans les deux cas il y a une première confrontation – Jean tue Zabel dans *Le Quai des brumes*, François tue Valentin dans *Le Jour se lève* – on pourrait, avec un héros plus « simple » envisager le cas où Jean prendrait le bateau avec Nelly, où François se donnerait à la police (comme Henry Fonda le fait dans le remake du *Jour se lève, The Long Night*). Dans les deux cas cependant le récit doit laisser un espace pour pouvoir résoudre le conflit interne de Gabin – par sa mort dans les deux cas. Il est donc normal que *Le Jour se lève* prenne place, sur le plan de la narration, entierement dans l'espace situé entre les deux dénouements. Cette notion du double dénouement nous permet aussi de voir que ce n'est pas la fin « tragique » qui en elle-même est typique du mythe Gabin. Par exemple dans *Les Bas-fonds* Pépel tue Kostylev dans une confrontation qui aurait pu fournir une fin au film ; au lieu de cela les camarades se rallient à lui et endossent collectivement le meurtre, et Gabin s'enfuit avec Natasha pour commencer une nouvelle vie. Dans un registre différent, ce film épouse donc la structure duelle du mythe Gabin.

Est-il besoin d'ajouter que ce qui rend ce type complexe de récit facilement acceptable, ce héros tragique plausible dans un contexte quotidien est l'authenticité inhérente à l'image de star de Gabin ? Les contradictions qu'il incarne et qui motivent ses récits (dans les années 1930) sont naturalisées comme appartenant à un individu authentique. J'ai déjà suggéré que la structure du mythe Gabin se maintient mais que son contenu, à quelques exceptions près, change. Comment expliquer ce changement ? Deux approches sont possibles pour répondre à cette question : l'une cherche à lier le mythe Gabin à l'idéologie et la culture française de son temps (c'est ce que je tenterai au chapitre 5, « Un Français »). L'autre s'adresse à ce que Gabin a pu condenser de valeurs sur le plan de sa représentation du masculin (ce que je ferai au chapitre 6, « Un homme »). Avant de passer à ces deux types d'interrogations du mythe Gabin, il est nécessaire de s'arrêter sur un autre aspect fondamental de ce mythe, à savoir le jeu de l'acteur, sa présence et sa place à l'image.

Mise en scène

Le centre d'intérêt

C'est une caractéristique du cinéma classique : le personnage principal, et donc la star, est placé au milieu du cadre et, souvent, isolé en gros plan. Pour des théoriciens comme Noël Burch, cette norme du cinéma classique, en vigueur systématiquement depuis le début des années 1920, est liée à l'importance accordée par ce cinéma (par rapport au cinéma primitif) à la psychologie du sujet et au désir de fixer le spectateur par rapport au spectacle offert (cf., en particulier, *La Lucarne de l'infini*). Lorsque la star est filmée avec d'autres acteurs, cette norme a aussi une fonction de hiérarchisation. Pour prendre un cas extrême, dans *The Women* de George Cukor, la hiérarchie entre les stars (Joan Crawford, Norma Shearer, Joan Fontaine, etc) est reflétée dans leur degré de centralité dans le cadre. Gabin, lorsqu'il est placé dans un groupe, se retrouve également au centre. Par exemple, dans les scènes au café au début de *La Belle Équipe*, la camera décrit plusieurs fois des panoramiques pour revenir cadrer le groupe avec Gabin au centre. Lorsqu'on le découvre au match de boxe dans *Martin Roumagnac*, il est au centre du public et les éclairages le détachent nettement des autres ; dans *Razzia sur la chnouf*, lors de conversations avec le personnage joué par Dalio, seul le visage de Gabin est éclairé. Ou bien des mouvements de caméra dans des scènes de foule l'isolent et le suivent : dans *La Belle Équipe*, dans un escalier ouvert sur une cour ; la caméra décrit le mouvement en zig-zag de l'escalier et celui de Gabin le descendant[44]. De même dans *Le Tunnel*, où Gabin est parfois noyé dans la masse des ouvriers, un long travelling lateral le suit dans la galerie. Dans *Maigret tend un piège*, la caméra le suit en travelling lorsqu'il parcourt les couloirs de la PJ, bordés de personnages qui tous l'attendent (il est ainsi l'objet de l'attention de la foule diégétique et du public dans la salle) ; des plans semblables se retrouvent à la fin de *Razzia sur la chnouf*, quand Gabin passe en revue (en travelling) les membres du réseau de narcotiques qu'il vient de faire arrêter.

Lorsqu'on en vient aux gros plans, il faut d'abord noter que le cinéma français leur accorde moins de place que le cinéma américain, leur préférant les plans moyens et favorisant les plans longs et recadrages par rapport au montage de plans courts en champ-contre champ. Cette réserve émise, Gabin figure naturellement dans des gros plans et, cela ne surprendra personne, dans l'ensemble dans plus de gros plans que les autres acteurs de ses films. Ce qui est plus surprenant est que ce fait se vérifie même lorsqu'il se trouve confronté à une grande star féminine, y-compris dans les films où celle-ci est censée avoir la vedette (comme *La Vérité sur Bébé Donge*). J'indique ci-dessous les résultats d'une enquête sur un échantillon qui, s'il est loin d'être complet, me semble assez représentatif :

Film	*Nombre total*	*plans Plan acteur*	*Gros-plan acteur*	*% g-p/total*
La Bandera (Annabella)	417	JG : 145 A : 39	JG : 52 A : 20	12 5
Gueule d'amour (Mireille Balin)	408	JG : 195 MB : 91	JG : 55 MB : 30	13 7
Martin Roumagnac (Marlene Dietrich)	512	JG : 222 MD : 170	JG : 55 MD : 40	11 9
Au-delà des grilles (Isa Miranda)	375	JG : 143 IM : 120	JG : 37 IM : 31	10 8
La Vérité sur Bébé Donge (Danielle Darrieux)	625	JG : 240 DD : 181	JG : 55 DD : 40	9 6
En cas de malheur (Brigitte Bardot)	671	JG : 180 BB : 140	JG : 68 BB : 46	10 9
Le Chat (Simone Signoret)	514	JG : 180 SS : 184	JG : 60 SS : 50	12 11

On constate que l'écart diminue lorsqu'on avance dans la carrière de Gabin, ce qui est indicatif du plus haut degré d'objectification de Gabin par la caméra dans les films de la première partie de sa carrière (voir chapitre 5). Plus généralement, l'écart général en faveur de Gabin reflète son statut par rapport aux autres stars, mais aussi la suprématie des acteurs masculins sur les actrices dans le cinéma français. Lorsque, dans *La Bandera*, il dit à Annabella : « j'te trouve belle », le gros plan est sur son visage *à lui* (Ida Lupino dans *Moontide* est par contre plus favorisée par les gros plans). La suprématie des stars masculines est aussi illustrée par le fait que le seul exemple d'un renversement du profil du tableau ci-dessus se révèle être au profit d'une autre star masculine, Alain Delon :

Film	*Nombre total plans*	*Plan acteur*	*Gros-plan acteur*	*% g-p/total*
Mélodie en sous-sol	492	JG : 124	JG : 15	3
(Alain Delon)		AD : 150	AD : 22	4

La place de l'acteur dans le cadre et le degré de proximité par rapport à la caméra ne se limitent pas à une question de statut. Ils nous permettent d'étudier le corps, le visage, les gestes, de la star et son jeu et d'en déduire certaines significations.

Le jeu de l'acteur

Pour beaucoup, le jeu de l'acteur est l'essence de la star – Chaque star développe un « style » qui, selon Richard Dyer, consiste dans

> « l'usage répété, à l'intérieur de chaque film et à travers les films de la carrière d'une star, de certains maniérismes, dont la fonction est de personnaliser le "type" (humain ou social) joué par l'acteur. Ces maniérismes peuvent être relativement "naturalistes", mais ils sont suffisamment différents (des autres), suffisamment répétés pour devenir des "manies". Ils forment la base du jeu de chaque star »[45].

Le jeu d'une star n'existe pas dans le vide, mais est lu par le public par rapport à des traditions (artistiques, culturelles) d'une part, et au registre de gestes employés dans l'espace social auquel ce jeu se réfère d'autre part. Avant de passer à une analyse du jeu de Gabin, je noterai brièvement les traditions artistiques auxquelles ce jeu se rattache. On distingue deux types d'influence assez contradictoires, et dont l'amalgame réussi a sans doute joué un rôle important dans son succès.

- Le music-hall (comédie, chanson), tradition codée comme populaire et dans laquelle Gabin fit ses débuts, qui s'oppose dans les arts de la scène au théâtre, d'une part de boulevard et d'autre part classique (Comédie française), mais qui comme eux privilégie les effets verbaux, le geste dramatique, le spectacle.

- le cinéma hollywoodien parlant qui lui-même a hérité du « style radio », c'est-à-dire d'un style qui accentue l'intimité, le quotidien, l'idée que les gens jouent « eux-mêmes ». C'est un style de jeu qui, contrairement au théâtre et au music-hall, se base sur le minimalisme, la sobriété, l'authentique, un style lié à l'évolution du cinéma classique parlant vers des plans plus rapprochés que dans le muet, et un style que la plupart des acteurs américains ont rapidement adopté (par exemple Henry Fonda) [46]. C'est un style perçu dans les années 1930 comme « moderne » et qui, particulièrement dans les gros plans, donne accès à l'intériorité du personnage.

Les tout premiers films de Gabin sont à l'évidence plus théâtraux, mais très vite Gabin, s'il n'oubliera pas totalement ses origines au music-hall, les soumettra au « style radio ». Comme l'a dit Jean Renoir :

> « Cet immense acteur obtenait les plus grands effets avec les plus petits moyens. [...] Gabin, d'un léger frémissement de son visage impassible, peut exprimer les sentiments les plus violents. Un autre devrait hurler pour arriver au même résultat. "Le Jean", comme l'appelait Gabrielle, bouleversait le public d'un clin d'oeil »(*Ma vie et mes films*, Paris, Flammarion, 1974, p. 118).

On verra ci-dessous comment son jeu réussit cet amalgame. Avant de passer à cette analyse, quelques remarques préalables :

- les premiers films de Gabin montrent très nettement, au niveau de son jeu, l'influence avouée de Maurice Chevalier et en particulier l'adoption de la « lippe » et du chapeau ramené sur le front, cadrés de profil : par exemple dans *Chacun sa chance, Paris-Béguin, Zouzou.*

- Pendant toutes les années 1930, même lorsque Gabin a adopté un style personnel plus sobre, ses films « citent » l'esthétique du music-hall par des chansons et des scènes de bal-musette ou de cabaret : *Chacun sa chance* (chansons par Gabin, Gaby Basset, Jean Sablon), *Coeur de Lilas* (Gabin, Fréhel), *Zouzou* (Gabin, Joséphine Baker), *La Belle Équipe* (Gabin), *Pépé le Moko* (Gabin, Fréhel) ; *Chacun sa chance*, un des premiers films parlants français, le présente, comme les autres acteurs, sur une scène de théâtre et met l'accent avec insistance sur la théâtralité du film, puis se termine par une chanson chantée par Gabin : « *Ne poussons plus de soupirs, car le film va finir. [...] Bien tendrement enlacés, bien serrés, sans bouger, nous attendrons que le rideau soit tombé.* » Ironie du film : Gabin, déguisé en baron va au music-hall admirer le genre de spectacle auquel il prenait part juste avant de faire ce film.

- C'est pendant les années 1930, où la tradition théâtrale est encore dominante, que son jeu se démarque le plus par rapport aux autres acteurs, sa sobriété le faisant paraître d'autant plus « authentique ». Citons quelques exemples : *Les Bas-fonds* organise une série de rencontres entre Gabin et plusieurs acteurs de style théâtral : Suzy Prim qui s'agite lors de leurs confrontations, Maurice Baquet qui gesticule et fait des bonds « de clown », Sokoloff, à l'exagération très mélodramatique, Le Vigan qui déclame, et bien entendu Jouvet qui, lors de leur première rencontre, bouge, fait des grands gestes des bras, tandis que Gabin reste immobile. *Gueule d'amour* accentue le contraste entre Lucien (Gabin) et le milieu de Madeleine (Mireille Balin) par le choix d'une actrice du boulevard (Marguerite Deval) pour incarner la mère de celle-ci[47]. *Le Quai des brumes* l'oppose à Le Vigan encore, Delmont (gestes emphatiques du Marseillais) et Aimos (gouaille exagérée du Parisien) ; on pourrait multiplier les exemples, ils vont tous dans le même sens, qui est celui de renforcer l'impression d'authenticité de Gabin par rapport à ses comparses. Au-delà de cette confrontation de traditions théâtrales françaises, il y a là aussi un phénomène plus général propre à la star : alors que les autres doivent « en rajouter », celle-ci peut se permettre le minimalisme

Les yeux et les cheveux

Le visage de Gabin jusqu'à la guerre est celui d'un homme jeune et séduisant dont la séduction est dans le registre prolétaire. C'est un visage viril aux lignes tranchées : menton affirmé, lèvres minces, nez fort et irrégulier (qu'on le compare par exemple aux lèvres pulpeuses, visage arrondi et nez fin de Charles Boyer). Les cheveux, drus, sont parfois rebelles, quand ils ne sont pas cachés sous une casquette. On peut se demander si le fait que leur blondeur n'ait pas été vraiment exploitée n'est pas dû, comme le suggère André Brunelin, à une peur de paraître trop « féminisé ». Par rapport à l'image connue de Gabin dans ses films français d'avant-guerre, il est en effet choquant de le voir dans *Moontide* et *The Impostor* avec des cheveux frisés et gominés, dont la blondeur est rehaussée par les éclairages (même dans les scènes de nuit). Ironiquement, dans ces deux films et dans les films français de l'immédiat après-guerre comme *Martin Roumagnac* et *La Marie du port*, où il apparaît enfin blond, il a en fait les cheveux gris.

Si les cheveux foncés de Gabin contribuent à son image de viril-prolétaire, la séduction romantique passe par ses yeux. D'un bleu très clair, ceux-ci sont exploités très tôt par les éclairages pour signifier d'une part la séduction (on dit *« des yeux bleus, des yeux d'amoureux »*) et d'autre part *l'altérité* de ses personnages. La technique la plus commune consiste en un faisceau de lumière qui met les yeux en valeur par opposition au reste du cadre plus sombre. Les films des années 1930 multiplient ce motif iconographique. Dans *Le Jour se lève*, il marque le début des flash-backs, dans d'autres films il signale des moments d'intensité ou même de folie : *La Bête humaine* (il se regarde dans la glace après le meurtre), *Le Quai des brumes* (son regard est « vide » après le meurtre de Zabel). Dans *Pépé le Moko* et *Gueule d'amour*, plusieurs plans en plongée cadrent son visage qui se tourne vers le haut, faisant ainsi ressortir la clarté de ses yeux ; dans ce dernier film, pendant la confrontation finale avec Madeleine, une lampe placée sur le bar les éclaire, comme celle du début des *Bas-fonds*. Bref, on peut dire que tous ses films mettent en scène *pour lui* la très célèbre phrase qu'il adresse à Michèle Morgan dans *Le Quai des brumes*: « *t'as d'beaux yeux, tu sais* » et Gabin déclarait à propos de *La Nuit est mon royaume* (où il joue un aveugle): « *Dès qu'on ne voit pas mes yeux, c'est comme si on me retire 85 % de mes moyens.* » (*Cinémonde*, 30-01-1953). Cette opposition viril prolétaire – séducteur qui se joue sur son visage est une autre raison pour laquelle Gabin a atteint un tel statut iconique dans le genre du réalisme poétique : son visage est à la fois « réaliste » (les traits durs, les cheveux) et « poétique » (les yeux).

Mais dans la manière dont ce visage est filmé, une autre problématique se dessine : celle de l'érotisme et du narcissisme ; nombreuses sont les scènes où Gabin se regarde dans des miroirs et où lui-même ou les autres personnages font des commentaires sur ses yeux et son visage : « *ce qui m'a plu c'était les yeux* », dit Madeleine dans *Gueule d'amour* (phrase reprise ironiquement dans *Le Baron de l'écluse*) ; « *Nous ferions un beau couple* », dit Isa Miranda dans *Au-delà des grilles*. Plus on avance dans sa carrière, plus les remarques deviennent ironiques, puis amères, puis parodiques : Arletty, s'observant avec lui dans une glace dans *L'Air de Paris* : « *C'est pas d'la première fraîcheur mais c'est pas mal* » ; « *j'suis beau même dans l'noir* » (*Gas-oil*) ; au jeune Mazetti qui se moque de sa « *gueule* » dans *En cas de malheur*, il répond : « *C'qui est bon c'est qu'ça m'arrive avec cette gueule-là* ». *Razzia sur la chnouf* et *Les Grandes Familles* commencent tous deux avec une mise en abyme de l'image de Gabin : photo dans le premier, consultée par les policiers chargés de s'assurer que « c'est bien lui », reportage télévisé dans le second. La valeur érotique du visage de Gabin, surtout dans les films d'avant-guerre, sera reprise au chapitre 6.

Le sourire

Si les yeux de Gabin sont rêveurs ou connotent un « ailleurs », son sourire est bien ancré dans le registre prolétarien. Après la « lippe » à la Chevalier, Gabin adopte ce que j'appellerai son sourire « gouailleur », c'est-à-dire un sourire où la lèvre supérieure est légèrement relevée, signifiant à la fois le charme (le désir), l'ironie et le défi. C'est un sourire qui lui permet d'être viril et romantique en même temps, repoussant, par le biais de l'ironie, le risque d'apparaître sentimental ou vulnérable, deux valeurs perçues comme antagonistes à la virilité prolétarienne parce que connotées comme « bourgeoises » et « féminines » (Bourdieu, *La Distinction*, *op. cit.*, pp. 444-447). Son utilisation de la cigarette qui pend aux lèvres lui permet aussi de conserver une expression « dégoûtée » et gouailleuse à la fois qui marquera tous ses rôles, quel que soit leur origine sociale explicite. Le sourire « gouailleur » éclaire ses films des années 1930 aux années 1950 au cours desquelles il se fait (malheureusement) de plus en plus rare, correspondant à l'abandon des rôles de séducteur. Par exemple, dans *Des gens sans importance*, ce sourire gouailleur dirigé vers Françoise Arnoul lorsqu'ils sont sur le point de s'embrasser, est son premier sourire du film. Le défi et l'ironie contenus dans le sourire gouailleur se voient, par exemple, dans *French-Cancan*, dans la scène où on le met à la porte de son hôtel (mais il s'adresse aussi à Nini-Françoise Arnoul qu'il est sur le point de séduire). Dans *Maigret tend un piège*, il apparaît (presque le seul du film) dans la rencontre avec Paulette Dubost. La tristesse des films de Gabin des années 1960 et 1970 peut se mesurer au pli presque solide de sa bouche aux coins tournés vers le bas dans des films comme *Mélodie en sous-sol*, *Le Clan des Siciliens* (une exception, lorsqu'il retrouve son ami Antonio), *La Horse*, *Le Chat* ou *L'Affaire Dominici*.

La voix et le langage

De sa courte expérience à Hollywood et en particulier du fait qu'il ait dû jouer en anglais, Gabin a dit : « *J'avais l'impression de ne plus être ce que je souhaitais rester, c'est-à-dire un Français…* » (« Une vie d'acteur », par A.G. Brunelin, *Cinéma 57*, septembre-octobre 1957). Si *Moontide* et *The Impostor* nous permettent de mesurer visuellement la différence avec les films français (les cheveux, les vêtements), c'est surtout au niveau de la bande-son qu'ils nous permettent – par défaut – de mesurer l'impact de la voix de Gabin et du langage qu'il emploie dans ses films français. De *La Bandera* (comparé au langage châtié de Pierre Renoir) à *L'Affaire Dominici* (où il dit au juge : « *j'écoute c'que vous disez* ») [48], le langage et l'inflexion de la voix de Gabin appartiennent au registre populaire. Si très tôt il abandonne l'habitude des chanteurs populaires de l'époque de rouler les « r », sa voix garde un élément grasseyant qui s'accentuera au fur et à mesure des années et qui sera exploité par plusieurs films en voix off : *La Vérité sur Bébé Donge, Mélodie en sous-sol, Des gens sans importance…* Le timbre de cette voix, ainsi que sa façon de prononcer les voyelles (« même pââââs », « la cââââsse ») le placent très précisément pour son public français dans la catégorie du populaire. Ce point est important pour la continuité des films de Gabin du début à la fin de sa carrière.

Dans un film comme *Rue des prairies*, par exemple, le langage employé par Gabin s'oppose à celui de trois figures de l'autorité bourgeoise : le directeur de l'école de son fils adoptif, le snob Pétrel et les magistrats. Bien entendu les dialogues de ses films utilisent le placement sociologique de sa voix pour lui faire parler l'argot : du subtil (Prévert) au moins subtil (Audiard). Cette combinaison accent-registre du langage l'accompagne même dans ses rôles de grand bourgeois (voir chapitre 5). En même temps, et ceci va dans le sens d'une définition de sa virilité prolétarienne, Gabin surtout jusqu'au début des années 1950, est caractérisé par une *résistance* au langage, déterminée à la fois par son jeu non-théâtral (il est ainsi opposé aux beaux parleurs : Berry, Jouvet, Fresnay, Brasseur) et par le mythe de la virilité silencieuse par rapport à la féminité bavarde – très explicite par exemple dans *La Vérité sur Bébé Donge*. Ce mythe a beau être totalement contredit dans la réalité par toutes les études sociologiques, il a toujours une très grande force culturelle. Par ailleurs, la sobriété de son style minimaliste lui permet de moduler sa voix sur un registre naturaliste (contrairement aux acteurs de la traditions théatrale qui parlent pour la galerie) : chuchotements, marmonnements, onomatopées : « *bah !* », « *Eeeh ben !* », « *bof !* »…. Les seuls moments où il utilise sa voix de manière théatrale sont durant les explosions de colère où il hurle, par exemple dans la célèbre scène à la fenêtre du *Jour se lève*.

Le corps et les gestes

De même que son sourire et sa façon de laisser pendre sa cigarette aux lèvres désignent une virilité prolétarienne, le corps de Gabin est un « corps de classe » pour reprendre l'expression de Pierre Bourdieu (*La Distinction, op. cit.*, p. 215). C'est un corps solide dans la jeunesse, épais dans la vieillesse et dont la gestuelle accentue la solidité : jambes légèrement écartées au repos, démarche « chaloupée » qui attire l'attention sur la carrure des épaules, lenteur des gestes. C'est un corps qui très vite acquiert et conservera tout un poids sociologique qui le « type » et le rend reconnaissable (difficile d'imaginer Gabin en Boieldieu dans *La Grande Illusion*, à la place de Jouvet dans *Les Bas-fonds* ou de Brasseur dans *Les Grandes Familles*) ; comme l'a dit Jean Delannoy, « Si vous deviez faire un premier plan sur un partenaire avec qui il dialoguait, il tenait absolument à être là, à côté de la caméra, en amorce […] Il savait que son dos même parlait »[49]. Ce « dos qui parle » est maintes fois utilisé, soit au début de films (voir plus haut) ou à la fin, comme dans *La Horse*. Dans *Le Tunnel*, quand l'ingénieur MacAllan fait son discours, jambes écartees et solidement campées, les mains dans les poches, on sait avant qu'il ouvre la bouche qu'il est « du côté des ouvriers ». J'examinerai, au chapitre 5, les implications de cet aspect de son jeu dans la construction de l'image de Gabin en tant que Français. Ici je voudrais noter deux aspects de son jeu qui me semblent particulièrement importants pour son statut « d'auteur », c'est-à-dire qui imposent une continuité tout le long de sa carrière : la lenteur de ses mouvements qui confine à l'immobilité d'une part, et son utilisation des gestes quotidiens d'autre part.

Contrairement à bien des acteurs masculins définis par le mouvement – le rythme effréné de Cagney, les poursuites à cheval dans les westerns, les bonds de Tarzan, les gesticulations de Fernandel, les sauts périlleux de Jean Marais ou Gérard Philipe dans les films de cape et d'épée, les poursuites d'Eddie Constantine – Gabin caractérise son jeu par *l'absence de mouvement*[50] (à une exception près : l'explosion de colère, que nous verrons plus bas). On ne voit Gabin, par contre, ni courir, ni sauter ; on ne l'imagine pas se presser. S'il se bat, cela se limite à une gifle ou un bref coup de poing même dans les films de sa jeunesse – encore faut-il que son adversaire vienne à lui : on lui apporte Régis dans *Pépé le Moko* et Fifi dans *Touchez pas au grisbi*. Lors de sa première entrevue avec Pierre Brasseur dans *Les Grandes Familles* alors que ce dernier s'agite, se lève, s'assoit, fait des moulinets des bras, Gabin est complètement impassible. Il se fait particulièrement lourd et lent pour jouer dans les *Maigret* : il prend ses adversaires au piège en faisant des promenades à petits pas et en fumant sa pipe, laisse échapper un *« ouf »* quand il se baisse pour ramasser quelque chose par terre, fait ressortir son ventre, traîne les pieds dans les couloirs. Dans *Mélodie en sous-sol* il passe le plus clair de son temps assis dans une voiture. Sa démarche « chaloupée » – terme emprunté au vocabulaire des marins – implique un mouvement, mais celui-ci est limité aux épaules car ses pas sont courts et sa démarche lente (« il trottine comme un vieux », disaient méchamment Raymond Borde et

Etienne Chaumeton dans *Panorama du film noir américain*, Paris, Les Éditions de Minuit, 1955, p. 168). Les gestes minimalistes de Gabin sont à la fois symptôme et origine du policier à la française, « univers de la litote » comme l'a décrit Roland Barthes, qui devait penser à Gabin, bien qu'il ne le nomme pas, lorsqu'il écrivait « Le *Grisbi* avait déjà institutionnalisé ce gestuaire du détachement en lui donnait la caution d'une quotidienneté bien française. » (« Puissance et désinvolture », *Mythologies*, op. cit., p. 72). Georges Simenon, quant à lui, déclarait [après *Maigret tend un piège*] qu'il « risquait fort d'être lui-même influencé à l'avenir par cette incarnation de son héros » (Claude Mauriac, *Le Figaro Littéraire*, 15-02-1958).

Il est frappant que cette immobilité, qu'on lui a reprochée dans la dernière partie de sa carrière, soit présente dès le début. Elle n'est donc pas le résultat inévitable du vieillissement, mais une stratégie délibérée. Même très jeune, ses mouvements sont limités. Dans *Zouzou*, il danse en chantant « Viens Fifine », mais en tournant sur lui-même, sans pratiquement bouger les jambes, les bras ou la tête. Si l'on compare *Pépé le Moko* au film souvent cité comme son modèle américain, *Scarface*, la différence est flagrante. Alors que Tony Camonte (Paul Muni) est l'action même (sa devise est « agir le premier, agir tout seul et continuer à agir »), la conduite de Pépé est exactement le contraire. Dans ses policiers d'après-guerre, qu'il soit truand ou flic, Gabin passe plus de temps assis dans des cafés ou chambres d'hôtel qu'à courir dans les rues à la poursuite de criminels, ou bien à être pourchassé par la police. À la mère de Madeleine dans *Gueule d'amour* qui virevolte et n'arrête pas de parler, il oppose silence et immobilité. Lors de sa première entrevue avec Brigitte Bardot dans *En cas de malheur*, elle se donne en spectacle et fait les cent pas dans son bureau tandis qu'il est assis dans un fauteuil (même chose lorsque plus tard elle et la bonne lui proposent un jeu érotique à trois). On pourrait multiplier les exemples.

Comment Gabin fait-il alors pour occuper l'espace d'une manière aussi imposante ? De deux façons – d'une part en faisant des gestes qui, a priori, sont « invisibles » car ce sont des gestes du quotidien (par opposition aux gestes violents des genres cités plus haut) mais qui en fait *meublent* l'espace, et d'autre part en suggérant que cette lenteur, cette immobilité peuvent à tout moment faire place à la violence qui, si elle ne se produit pas nécessairement, est toujours *attendue* du spectateur.

Michel Ciment, dans un entretien avec Jean Renoir à propos de *La Bête humaine*, lui faisait remarquer: « vous êtes un des très rares metteurs-en-scène français à montrer les gens toujours en train de faire quelque chose en parlant ». La réponse du réalisateur le renvoyait aux acteurs: «…ça demande des acteurs merveilleux […] Ces acteurs-là sont très rares » (« Entretien avec Jean Renoir (sur *La Bête humaine*) », *Positif* 173, septembre 1975). Si Renoir, effectivement, se sert de ce procédé dans *La Bête humaine*, il le fait surtout dans les scènes avec Gabin, sachant utiliser précisément cette technique de l'acteur. Dès *Chacun sa chance*, Gabin effectue des gestes quotidiens qui lui permettent de naturaliser les contextes les moins naturels, comme par exemple chanter une chanson au rayon lingerie d'un grand magasin. Il exécute sa première chanson dans ce film (« La chance me fuit ») tandis qu'il range son rayon, puis se recoiffe, se brosse les épaules, et enfin met son chapeau et son manteau pour sortir. Par un mouvement de retour, le « naturel » de ses gestes rejaillit sur ce qu'il dit dans la chanson. C'est une stratégie qu'il adoptera tout au long de sa carrière: lorsqu'il a quelque chose « à dire », il le fait en exécutant les gestes du quotidien (ce sont souvent les meilleures scènes). Parmi d'innombrables exemples: pendant sa première conversation avec Nelly dans *Le Quai des brumes*, il mange bruyamment; dans *Le Jour se lève* il se querelle avec Jules Berry en remontant son réveil; dans *Martin Roumagnac* il a une altercation avec sa soeur (Margo Lion) en cherchant ses chaussures; dans *Le Baron de l'écluse* il fait la leçon à Perle (Micheline Presle) en réchauffant son cassoulet; il prononce un discours sur les femmes « modernes » à l'intention de Jeanne

Moreau dans *Gas-oil* tandis qu'il pèle une pomme. Dans les *Maigret*, le rituel de la pipe fonctionne de la même manière.

La deuxième stratégie de Gabin pour occuper l'espace est celle de l'explosion de colère, un rituel de son jeu qui a acquis le statut d'un stéréotype.

L'explosion de colère

Dans *La Grande Illusion*, Gabin, au cachot pour avoir chanté « La Marseillaise » sur la scène du camp de prisonniers allemand, en est arrivé au plus bas. Sale, fatigué, isolé de ses camarades, sa révolte se traduit par une explosion de rage devant son geôlier allemand : « *J'en peux plus… j'veux voir clair… j'veux qu'on me parle, je veux entendre parler français !* ». Son visage se tend vers la caméra, sa bouche est grande ouverte, ses yeux exorbités. Renoir utilise cette explosion comme symbolique d'un « ras-le-bol » universel (« cette guerre a trop duré » dit le geôlier). Mais le spectateur de 1937 savait aussi que Gabin *devait* à un moment ou à un autre « exploser », puisqu'il le faisait invariablement dans tous ses films. André Bazin, entre autres, s'est posé la question de savoir si ces explosions de colère étaient dues au cabotinage de l'acteur ou à son sens aigü de la cohérence de son personnage (« Jean Gabin et son destin », *op. cit.*). Difficile à dire, mais plutôt que de spéculer sur l'origine de ce motif, je préfère m'interroger sur son effet.

Cette explosion prend des formes différentes : de la violence meurtrière (*Gueule d'amour*) à l'expression de la mauvaise humeur d'un râleur (*Mélodie en sous-sol*). Cependant, au niveau du jeu, des continuités se dégagent : les yeux sont exorbités, un rictus découvre les dents, la bouche s'ouvre largement pour « gueuler », les mains battent la poitrine, les doigts sont pointés vers l'objet de la colère. Au fil des années, le motif prend place dans un ensemble attendu du spectateur et l'explosion prend des formes atténuées ou franchement parodiques : il a sa « bouffée » dans *La Vérité sur*

Bébé Donge, il simule la colère face à Louis de Funès dans *La Traversée de Paris* quand il hurle pour attirer l'attention (« *Jambier… !* ») et va jusqu'à l'auto-citation amusée (*Le Tueur*). Surtout, l'explosion prend son sens par rapport à son contraire : l'immobilité, dont nous avons parlé plus haut. Ce tandem sobriété-excès sert deux fonctions dans la construction de son image de star : authenticité et masculinité. Le jeu minimaliste de Gabin, par rapport aux acteurs plus théâtraux, produit un effet naturaliste ; il donne l'impression de ne pas jouer, d'être lui-même. Paradoxalement, les explosions de colère produisent le même effet, par le biais de la spontanéité puisqu'elles ont lieu lorsqu'il ne peut plus contenir ses émotions qui semblent, par là, plus authentiques. C'est pourquoi les conséquences de ces explosions, même lorsqu'elles sont meurtrières, sont acceptées, comme le résultat « inévitable » de pulsions profondes. Le fait qu'il soit impossible d'imaginer une star féminine comparable (sans qu'elle soit cantonnée dans des rôles d'hystérique ou de névrosée), attire notre attention sur le fait que la valeur de cette explosion est intimement liée à la masculinité. Le jeu minimaliste de Gabin correspond à un stéréotype masculin : immobile et silencieux, c'est l'homme qui maîtrise (ou réprime, selon la perspective qu'on adopte) ses gestes et ses émotions ; cependant, une autre définition de la masculinité dans notre culture est celle de l'homme pourvu de pulsions (sexuelles entre autres) difficiles à maîtriser. Le contrôle des gestes et des émotions de Gabin, et leur contraire, ses explosions de colère, sont des signes fondamentaux de la virilité de son image. Cette dualité sobriété-excès se retrouve, on l'a vu, dans l'utilisation que Gabin fait de sa voix.

Sous des dehors naturalistes et minimalistes, le jeu de Gabin est donc hautement ritualisé, condition *sine qua non* de son mythe. Ses gestes les plus anodins, même son dos, « parlent », tout est spectacle. Le moment de sa plus grande humiliation dans *Gueule d'amour*, lorsqu'il est chassé de chez Madeleine par celle-ci, son amant, sa mère, et même le « larbin », est filmé avec Gabin de dos, se retirant dans une enfilade de portes qui s'ouvrent. Ses épaules voûtées, son costume bon marché, sa démarche hésitante, en disent long sur la défaite de son personnage devant le bourgeois et les demi-mondaines, et pourtant c'est un moment de pur triomphe cinématographique pour la star.

Une mise en scène de l'espace clos

Nous avons noté plus haut que le jeu de Gabin se caractérisait par une grande immobilité et une lenteur marquée des gestes. Il est important de placer ce style de jeu dans le contexte du cinéma francais dominant qui est un cinéma de *studio* (jusqu'au début des années 1960) plutôt qu'un cinéma de décors naturels. Le jeu de Gabin est donc éminemment adapté à ce cinéma. Plus, je dirais même qu'il l'a entraîné dans une direction extrême qui est celle d'une mise en scène qui privilégie les espaces clos (on bien, si l'on préfère, que cette tendance stylistique du cinéma français – comparé aux grands espaces des films américains – a trouvé sa manifestation suprême chez Gabin).

Le décor des films de Gabin nous ramène sans cesse à ces espaces clos : chambres d'hôtel, arrière-salles des cafés, cours, intérieur de voitures, cabine de locomotive, voire un tunnel et la Casbah – dans lesquels il est comme pris au piège. Un motif visuel illustre cette tendance : Gabin derrière une fenêtre (cadrée de l'extérieur) soulève un rideau ou un store (de *La Bandera* au *Chat* en passant par *La Marie du port*) ; un motif voisin est celui de son visage derrière des grilles. On trouvera évidemment quelques exceptions, dans des films où un certain nombre de scènes sont tournées en extérieurs (*Maria Chapdelaine, Le Plaisir, La Horse, L'Affaire Dominici*...). Il est notable cependant que même des films de guerre comme *La Bandera, La Grande Illusion* et *The Impostor* se passent le plus clair du temps au dortoir, dans le mess, dans un fortin ou une prison. De même les policiers, de *Pépé le Moko* au *Tueur* en passant par *Touchez pas au grisbi*, *Razzia sur la chnouf*, etc, nous ramènent constamment à des chambres, des caves, des tripots enfumés ; *L'Année sainte*, le dernier film de Gabin nous fait passer une bonne partie du film à l'intérieur d'un avion. S'il est évident que *tous* les films (ou presque) occupent ces types de lieux, il est néanmoins vrai que le cinéma français d'une part et les films de Gabin en particulier accentuent cette tendance déterminée sans nul doute – mais pas entièrement – par des considérations inhérentes à l'économie du cinéma français, et en particulier à l'hégémonie des tournages en studio. Quelle meilleure manifestation visuelle pourrait-on trouver du personnage de Gabin comme victime, comme individu auquel les choses arrivent plutôt que celui qui les fait arriver ? En effet, la caméra le cadre souvent comme s'il était *coincé* dans ces espaces. *Le Jour se lève* en est l'expression suprême, particulièrement les plans où il est prostré sur son lit, acculé au mur (plans que Robert Siodmak a évoqués dans *The Killers*, avec Burt Lancaster à la place de Gabin ; on les retrouve aussi cités au début et à la fin des *Gens sans importance*). Souvent la caméra va chercher Gabin dans des recoins : le taudis des *Bas-fonds*, la cale du bateau puis le restaurant d'*Au-delà des grilles* et de *La Marie du port*. *Le Chat*, l'un de ses derniers films (et dont on aurait aimé qu'il fût le dernier !), le fait vivre au fond d'un cul-de-sac et le montre à plusieurs reprises derrière des barreaux, des grilles et des fenêtres. Si cette mise en scène de l'espace clos est nécessaire à la construction de Gabin en victime, elle participe aussi à la constitution de son identité masculine, comme on le verra au chapitre 6. Mais avant de passer à cet aspect du mythe Gabin, je vais me pencher tout d'abord sur son identité nationale.

CHAPITRE 5

UN FRANÇAIS

Tout au long de sa carrière, Jean Gabin a représenté, pour les critiques étrangers, britanniques et américains notamment, « un symbole, dans le monde entier, du Français dur mais tendre » (Dilys Powell, *The Sunday Times*, 21-11-1976). Vision convenue, produit d'un regard nécessairement extérieur (reporté plus tard sur Montand puis Depardieu) ? Certes, mais Gabin a aussi représenté un point focal pour l'identité nationale pour les spectateurs de son pays. Élu en 1987 par les lecteurs de *Paris Match* comme un des Français « ayant le plus marqué les quarante dernières années », Gabin se trouva au fil des années associé symboliquement à des personnalités aussi différentes que Maurice Thorez, Jean-Louis Tixier-Vignancour, Pierre Poujade et Charles de Gaulle, et incarna un double de Clemenceau dans *Le Président*. Bref, comme le dit Pascal Jardin (dans sa pièce, *Comme avant*, citée par Claude Gauteur), il fut « l'expression souveraine de la France dans la splendeur de ses contradictions ».

La « francité » de Gabin vient, tout d'abord, du fait qu'il fut la star d'un cinéma français réaliste qui, peut-être plus que tout autre cinéma, s'est attaché à la représentation détaillée de lieux et personnages ancrés dans le « réel » contemporain de son territoire géographique, historique et culturel. Un réel construit à partir de *conventions* visuelles connues et répétées, mais qui cependant prend appui sur des reproductions immédiatement reconnaissables du référent : décors, gestes, vêtements, langage, situations. La plus grande partie des réalisateurs français qui ont fait tourner Gabin partagent l'ethnocentrisme de Jacques Becker : *« Ça se passe en France, je suis français, je travaille sur des Français, je regarde des Français, je m'intéresse aux Français. »* (cité par Georges Sadoul, *Dictionnaire des cinéastes*, Ed. Du Seuil, 1965, p. 102). La France, pour Becker et les autres, veut dire la plupart du temps Paris, la cité bien concrète des policiers (les Ternes et Pigalle dans *Touchez pas au grisbi*, le square Simon Bolivar dans *Le rouge est mis*, la place des Vosges dans *Maigret tend un piège*, la Place Vendôme du *Pacha*, le canal Saint-Martin dans *Le Clan des Siciliens*, Montparnasse dans *Le Tueur*, etc.), les quartiers populaires ou la proche banlieue identifiés par certains emblèmes : le métro aérien, les quais et le canal (de *Paris-Béguin* à *Des gens sans importance*), et, partout, l'architecture parisienne – la rue, la cour, l'immeuble, l'escalier – qu'ils soient situés dans une véritable rue Parisienne (*Rue des prairies*) ou dans une banlieue imaginaire comme dans *Le Jour se lève*. Lorsqu'ils sont situés hors de la capitale, les films évoquent souvent un Paris de rêve qui reste le point de référence désigné par des noms de rues, lieux-dits, restaurants ou cabarets – *La Bandera* (où Aimos dessine un plan de Paris avec des allumettes), *La Grande Illusion*, *Pépé le Moko*, *Martin Roumagnac*, *La Marie du port* – ou projettent des lieux rendus célèbres par la peinture française, comme les bords de Seine ou de Marne : la guinguette de *La Belle Équipe*, *Les Bas-fonds*, *Rue des prairies*, et dans un registre moins gai, de *Voici le temps des assassins*. Les films situés en province (à quelques exceptions près : *Le Plaisir*, *Gas-oil*...) la présentent plutôt négativement : *Martin Roumagnac*, *La Vérité sur Bébé Donge*, *La Marie du port* ; ce dernier film, par exemple, débute par un enterrement dans le village de Port-en-Bessin et les deux principaux personnages féminins n'ont qu'un désir : quitter la campagne.

Ensuite, le jeu de Gabin – sa voix, son accent, ses gestes – et son physique connotent l'homme du peuple parisien, et donc automatiquement français, même lorsqu'il joue un Américain (*Le Tunnel*) ou un Sicilien (*Le Clan des Siciliens*). Ce physique, cette voix, ces gestes sont alors mis au service de loisirs populaires « bien de chez nous » : chanson, café, vélo, belote ; dans le café fréquenté par Gabin dans *Paris-Béguin*, on entend la fameuse chanson de Mistinguett « On fait une petit'belote », et de professions liées à l'image de la France : bistrot dans *La Belle Équipe*, chef restaurateur dans *Voici le temps des assassins*, où il est fêté comme une « gloire de la cuisine française » et où il refuse naturellement de servir un Coca-Cola (« *c'est un restaurant ici, pas une pharmacie !* »). Lieux communs peut-être, mais qui, pour Roland Barthes, caractérisent un film « très français » : « Les acteurs semblent passer leur temps dans un café ou à la table familiale. Ici le stéréotype est nationalisé. » (in « Très français », *Le Nouvel observateur*, 1977). L'association à un terroir imaginaire complète l'identité de Gabin comme star ancrée dans l'univers français, et donc peu exportable, comme sa courte carrière hollywoodienne l'a montré (voir chapitre 4), sauf en tant que personnage au bagage culturel reconnu (le prolétaire du Front populaire) ou qui affiche son identité nationale « entre guillemets » : le « Frenchie » de *Moontide* et Pierre le « Francese » *d'Au-delà des Grilles*.

Il serait naïf de chercher une correspondance directe entre les personnages incarnés par Gabin et de vrais Français en chair et en os, même si, parfois, des groupes se sont reconnus en lui, comme les cheminots au temps de *La Bête humaine*, puis au moment des grèves des chemins de fer de l'hiver 1986-87, lorsque *Le Monde* intitulait un de ses articles sur ces grèves « *La Bête humaine* est morte ! » [51]. De même, selon André Brunelin, les chauffeurs de camion se sont vus dans *Gas-oil*, les mariniers dans *La Vierge du Rhin* (in *Gabin*, op. cit., p. 392). L'identification à Gabin en tant que Français passe, pour son public, non seulement par les conventions qui déterminent son image, mais aussi par la conception que celui-ci se fait de l'identité nationale, elle-même toujours exprimée par un régime représentationnel. La nation, comme l'a montré Benedict Anderson (*Imagined Communities, Reflections on the Origins and Spread of Nationalism*, Londres & New York, Verso, 1991), est toujours une communauté *imaginée* qui a constamment besoin de réaffirmer son identité à l'aide de représentations visuelles ou autres : littérature, peinture, parades, drapeaux, hymnes nationaux, et j'ajouterai films. L'important n'est donc pas ce qui est vrai ou faux dans la conception que s'en font ses membres et ceux qui y sont étrangers, mais les modalités de la représentation de cette nationalité « imaginée ».

Populismes

Classes laborieuses, classes dangereuses

Voyou au cœur tendre, truand mais brave garçon, voilà la définition la plus commune du Français joué par Gabin dans les années 1930, présente dans *Paris-Béguin* où il est déjà tiraillé entre le milieu et les gens honnêtes, et dont le film-emblème reste *Pépé le Moko*, et prolongée dans les années 1950 et 1960, par ses incarnations de truands qui obéissent à un code d'honneur, de *Touchez pas au grisbi* au *Clan des Siciliens*. L'envers de la médaille est le personnage du brave ouvrier « poussé au crime » : *Gueule d'amour, La Bête humaine, Le Jour se lève*, ou de l'honnête homme engagé « malgré lui » dans une activité plus ou moins criminelle : *Des gens sans importance, Gas-oil, Les Grandes Familles*. Le trait commun à tous ces personnages est donc la dyade honnête-criminel, dominée par une certaine « droiture » quel que soit le degré de criminalité. Jean Aurenche affirmait que Gabin « avait une idée très précise, moralement, de ses personnages : il voulait bien être voyou, mais avec une certaine rigueur » (*Cinématographe* n° 53). La star avait donc parfaitement intégré le « type » de personnage contenu dans son mythe. En conséquence, certains crimes ne sont pas permis. L'avocat d'*En cas de malheur* est un habile pratiquant des trucs du métier, mais l'ambition acharnée et la corruption du personnage de Simenon ont disparu. Dans *Le Président* le spectateur est le seul témoin du fait que Gabin brûle la lettre qui condamnerait Lachaume (Bernard Blier) ; « le président » exerce donc sa dictature sans strictement faire de chantage.

La crédibilité de ce personnage, son succès surtout, proviennent de la structure du mythe Gabin dont la fonction, on l'a vu, est de réconcilier des impulsions antagonistes. Son « authenticité » naturalise cette construction qui, si elle était exposée comme telle, serait, dans la plupart des cas, inacceptable. En même temps elle permet de dramatiser des pressions contradictoires bien réelles qui pèsent sur les membres masculins de la classe ouvrière : l'encouragement du désir individuel de dominer, d'« y arriver » et la nécessité de « rester à sa place ». La structure criminel-honnête exprime ces contradictions et offre au spectateur une identification « à double entrée » : fascination-voyeurisme vis-à-vis du danger et de l'attrait érotique du criminel, réassurance-familiarité par rapport à l'honnête homme. Ainsi Pépé le Moko est, pour Gaby et le spectateur, à la fois « sympathique et effrayant » ; François dans *Le Jour se lève* est, selon Arletty, une « brute gentille ». Plus tard, les policiers continueront cet amalgame sous couvert d'une séparation des forces de l'ordre et des criminels. Méthodes de travail, milieu, armes, voitures, vêtements sont identiques. Gabin n'est d'ailleurs pas le seul acteur à passer indifféremment de truand à flic (voir Ventura, Frankeur, Decomble…), mais il porte cette dualité à son comble.

La fusion de ces contradictions par le mythe Gabin finit toujours cependant par réaffirmer « l'honnête homme » ou le « brave prolétaire », pour plusieurs raisons. Tout d'abord, l'authenticité qui est à la base de son image et les codes réalistes des films – qu'il soit gangster ou ouvrier au départ, criminel par goût ou accident – font qu'il est perçu comme foncièrement « bon » grâce, tout d'abord, aux valeurs folkloriques du bon ouvrier qui lui sont attribuées. Il est ancien ébéniste dans *Pépé le Moko*, « bon serrurier » dans *Les Bas-fonds*, typographe dans *Gueule d'amour*. Dans *Martin Roumagnac* il est entrepreneur de travaux mais évoque ses souvenirs d'ouvrier : « *J'aime les choses naturelles* » ; « *Travailler avec ses mains dans le fond il n'y a que ça d'vrai* ». L'un des aspects les plus négatifs du personnage de Grandgil dans *La Traversée de Paris* (dans la nouvelle de Marcel Aymé) qui est gommé dans le film, est son manque de respect pour le travail du « Français moyen » incarné par Bourvil, ce qu'Aymé appelle son « crime de dilettantisme », qui, de toute évidence, ne « collait » pas suffisamment avec le mythe Gabin. Certains films font également appel au bon Français aux racines ancrées dans le terroir (Max dans *Touchez pas au grisbi* boit un petit Muscadet vendangé par son cousin). Par ailleurs, la physionomie et le jeu de Gabin connotent, comme on l'a vu, l'honnête prolétaire français. L'une des raisons pour lesquelles *Algiers*, le remake de *Pépé le Moko*, fonctionne moins bien que l'original, est que Charles Boyer, excellent acteur au demeurant, ne possède pas cette identité sociale, décalage perçu par les critiques à l'époque. Enfin, les crimes commis par Gabin sont toujours justifiés par le récit – les victimes (souvent des femmmes) ont « mérité » leur destin, comme la victime de *La Bandera* (« *Un salaud; si c'était à refaire, je recommencerais* ») et d'*Au-delà des grilles*, comme Gaby dans *Gueule d'amour*, Séverine dans *La Bête humaine*, ou Valentin dans *Le Jour se lève*. C'est lorsque le crime est mal justifié ou est commis contre un membre du groupe que ce paradigme est transgressé et devient inacceptable. Un tel exemple se trouve dans *Martin Roumagnac*, où d'une part sa victime n'est pas coupable selon les termes du film et d'autre part il commet un crime contre un de ses ouvriers par sa négligence. À partir des années 1950, lorsque la justification des crimes est difficile à établir sans trop noircir le personnage, leur exécution est dévolue à d'autres : les acolytes d'Henri le Nantais dans *Razzia sur la chnouf*, Sartet (Alain Delon) dans *Le Clan des Siciliens*, même un chien dans *Voici le temps des assassins*.

Au moment de l'essor du mythe Gabin dans les années 1930, on peut le comparer une fois de plus à James Cagney qui, lui aussi, définissait son jeu dans le registre du prolétaire et de l'authentique et, de même que Gabin, condensait les valeurs contradictoires de l'honnête et du criminel en un « Américain typique » (Patrick MacGilligan, *Cagney, the Actor as Auteur*, op. cit., p. 184). Il y a cependant des différences importantes entre Gabin et Cagney sur cette question. L'issue des films de Cagney devant obéir aux lois de la censure américaine et/ou du *happy end*, il est puni ou bien se rachète, l'un des côtés doit dominer. À peu d'exceptions près, il n'y a pas de rachat pour Gabin et s'il y a punition, elle est le résultat d'un défaitisme ou d'un désir de mort – de *Pépé le Moko* ou *Le Jour se lève* au *Clan des Siciliens* (Voir Lagny, Ropars et Sorlin, *Générique des années 30, op. cit.*, pp. 201-207) – plutôt que d'une intervention des forces de l'ordre. En d'autres termes, le personnage reste divisé jusqu'au bout. Comment se fait-il alors qu'il soit perçu comme une vision unifiée et valorisante du Français, une icône nationale d'une telle envergure ?

Pour répondre à cette question, il faut se reporter à une tradition culturelle française plus ancienne que le cinéma. L'historien Louis Chevalier a montré comment, dans la première moitié du XIXe siècle se sont fixés des codes littéraires qui ont ancré l'amalgame prolétariat – classe criminelle. La condensation classes laborieuses-classes dangereuses dans la littérature de l'époque est, selon lui, issue de la peur de la bourgeoisie devant l'arrivée du nouveau prolétariat dans les villes (surtout Paris), population perçue comme suspecte de tous les crimes, violences et maladies. Cette peur s'est très tôt traduite par une littérature qui alliait le prolétariat ou la « populace » (le mot prolétariat n'apparaît dans le dictionnaire qu'en 1862) à des bandes de nomades et de barbares

« la condition ouvrière et le genre de vie sont décrits par analogie avec la condition sauvage » (d'où le terme apaches)[52]. La proximité physique dans les quartiers populaires des criminels et prolétaires a fait le reste. Nombreux sont les films de Gabin d'avant guerre qui le présentent dans ces zones-frontières, que ce soit Montmartre et Pigalle ou la zone : *Cœur de lilas, Paris-Béguin*, le début de *La Bandera*, ainsi que les policiers d'après-guerre : *Touchez pas au grisbi, Le rouge est mis*...

Pour Chevalier, le remplacement de la misère générale par le crime individuel est une façon, pour l'écrivain bourgeois (Balzac, Sue) de conjurer le spectre de la révolte collective. Une semblable lecture peut être faite des films de Gabin du Front populaire : la petite communauté de *La Belle Équipe* est vite réduite à deux copains, les révoltes de l'ouvrier de *La Bête humaine* et du *Jour se lève* sont strictement individuelles. Les personnages joués par Gabin ne sont pas aliénés en tant que membres de leur classe, ils sont aliénés tout court (on pourrait presque, pour reprendre la distinction de Richard Dyer, parler d'anomie plutôt que d'aliénation ; in *Le Star system hollywoodien, op. cit.*, p. 50), d'où le thème obsessionnel de l'évasion, le « *j'ai envie d'autre chose* » mal défini des *Bas-fonds* et de bien d'autres films surtout dans les années 1930. Bien qu'on puisse la discuter sur un plan idéologique, cette structure permet une plus vaste identification – Gabin porte les signes de sa classe mais en même temps le mythe l'isole de cette classe, le désigne comme « humain » et « français ». Car ces représentations de l'ouvrier-criminel dans les livres comme au cinéma ont attiré un vaste public qui ne saurait être qualifié entièrement de bourgeois. Chevalier note que les revues populaires du XIXe siècle adoptent le vocabulaire de la littérature bourgeoise pour décrire le peuple, comme le colonisé adopte le portrait que fait de lui le colonisateur : les classes populaires « acceptent et partagent cette opinion que l'on a d'elles, reconnaissent cette condition qu'on leur prête, ou plutôt qu'on leur assigne : non seulement inférieure et humiliée, mais virtuellement criminelle. » (in *Classes laborieuses et Classes dangereuses, op. cit.*, p. 498). Peut-on dire la même chose du succès populaire de, par exemple, *La Bête humaine* ? Peut-être ; toutefois, comme le fait remarquer Umberto Eco la popularité d'un livre comme *Les Mystères de Paris* est aussi due au rôle actif du lecteur – le bourgeois peut y lire ses préjugés vis-à-vis du prolétaire, l'ouvrier y trouver une description de sa misère (in *The Role of the Reader, Explorations in the Semiotics of Texts*, Bloomington & Londres, Indiana University Press, 1979, pp. 125-143). Une lecture n'empêche pas l'autre. Les critiques de gauche peuvent ainsi déplorer l'idéologie défaitiste de *La Bête humaine*, les bourgeois y apprécier le portrait de l'ouvrier au destin meurtrier et alcoolique, tandis que le syndicat des cheminots décore Gabin pour sa représentation fidèle de l'ouvrier SNCF.

Il faut ajouter enfin qu'aux représentations du prolétaire du début du XIXe siècle où l'accent était mis sur sa *laideur*, ont succédé des visions qui l'ont romantisé et embelli ; la populace est de-venue peuple, sujet de prédilection de la littérature, puis du cinéma populistes. Sous cette étiquette se regroupent des tendances très diverses mais cependant liées au Roman Populiste proprement dit, école littéraire des années 1920 (à ne pas confondre avec la littérature prolétarienne) dont le chef de file Léon Lemonnier donnait la définition suivante dans son *Manifeste du roman populiste de 1929* (éd. J. Bernard, 1929, p. 23) : « Nous croyons que le peuple offre matière romanesque très riche et à peu près neuve. » Autour de ce thème central, le cinéma populiste (les films de Duvivier, Carné, Renoir, Grémillon dans les années 1930 et plus tard ceux de Verneuil et Grangier dans lesquels s'est ancré le mythe Gabin), a fait appel aussi bien à la poésie de la pègre de Francis Carco (*Paris-Béguin*) qu'à l'exotisme pessimiste de Pierre MacOrlan (*La Bandera, Le Quai des brumes*), qu'aux « atmosphères » de Simenon (les *Maigret, Le Sang à la tête*). Renoir, lui, a puisé dans Zola (*La Bête humaine*), ancêtre lointain du populisme, même si son déterminisme héréditaire en est éloigné. L'ambivalence ouvrier-criminel à la base des arts populistes peut alors aussi être vue comme une façon de négocier les évolutions historiques qu'ont connues les représentations du « peuple ». La condamnation bourgeoise du prolétariat reste dans l'accent sur la criminalité et le sordide, sur le misérabilisme des situations et du dialogue, tandis que sa valorisation se situe au niveau visuel : beauté des images, pittoresque des vêtements, du langage et des décors, particulièrement marqués dans des films comme *Paris-Béguin, Cœur de Lilas, La Bête humaine, Le Quai des brumes* et *Le Jour se lève,* mais aussi d'une autre manière dans les policiers d'après-guerre et des films comme *L'Air de Paris, Rue des Prairies* et *Des gens sans importance* ; dans les deux cas, l'esthétique du réalisme poétique ou du film noir à la française baigne des actions ou situations sordides dans de superbes éclairages contrastés (*Cœur de Lilas*, le début de *La Bandera, Pépé le Moko, Razzia sur la chnouf* et bien d'autres), les dotant d'une valorisation à la fois esthétique et culturelle.

Le spectacle du populaire

Au-delà des éclairages, toute une dimension spectaculaire est mise en jeu dans les films de Gabin pour représenter le prolétaire français, se référant non seulement à la littérature mais aussi aux arts visuels. Écrivains, photographes et cinéastes des années 1930 ont exprimé une fascination pour le « petit peuple » ainsi que le milieu, une fascination que je qualifierai de « voyeurisme social ». On trouve chez eux un désir quasi obsessionnel de *regarder*, afin de percer le mystère de cette tranche de la société urbaine française. Brassaï quant à lui admet, dans sa préface au *Paris Secret des années 1930* (Gallimard, 1976) qu'il voulait savoir ce qui se passait « à l'intérieur des immeubles, derrière les murs, derrière la façade, dans les coulisses. »

Cette fascination a produit toute une iconographie au niveau des décors : nuit noire, pluie, rues pavées, réverbères, et des vêtements – en particulier la fameuse casquette qui condense parfaitement l'amalgame classes laborieuses – classes dangereuses. On se rappellera que les activistes de droite montrés par Renoir dans *La Vie est à nous* (1936) choisissent la casquette comme symbole de la classe ouvrière (les « salopards » pour eux) et la mettent sur leurs cibles quand ils s'entraînent au tir. La même année pour les fêtes du 14 juillet, le syndicat des fabricants de casquettes prend part aux défilés avec le slogan « vivent les salopards en casquette », celle-ci s'opposant au béret des anciens combattants de droite. À la même époque, les paroles d'« Un mauvais garçon » (du film du même titre), chantée par Berthe Sylva entre autres, renforcent ce rôle symbolique de la casquette :

> Nous les pauvres nous ne sommes pas aimés
> Des bons bourgeois qui nagent dans la joie
> Il faut avoir, pour être à leur goût, un beau faux-col et un chapeau mou
> Ça n'fait pas chic une casquette, ça donne un genre malhonnête
> C'est pourquoi quand un bourgeois nous voit, il dit en nous montrant du doigt,
> C'est un mauvais garçon, il a des façons pas très catholiques,
> On a peur de lui quand on le rencontre la nuit [....]
> Mais y'a pas mieux pour donner le grand frisson, qu'un mauvais garçon.

Gabin en casquette dans les années 1930 est l'image archétype qui est, on l'a vu, au cœur de la définition de Bazin (l'Œdipe en casquette) et sur la couverture du livre de Guillaume-Grimaud. La puissance du mythe Gabin est de la naturaliser, ce que montre par exemple *Cœur de Lilas*. Par opposition au bourgeois André Luguet qui se *déguise* en prolétaire (en mettant une casquette) pour pénétrer dans le milieu, Gabin y est présenté comme dans son élément naturel ; il est parfaitement intégré au monde du café où se situe une grande partie de l'action du film. Dans les films de Gabin d'après-guerre qui prolongent l'iconographie populiste, la casquette jouera le rôle d'emblème rétro : *L'Air de Paris, Rue des prairies, Gas-oil, Le Chat.* Comme le prouve le dernier vers de la chanson « Un mauvais garçon », la représentation de la « beauté de l'ouvrier » dans les années 1930 prend aussi une dimension érotique. L'implication de narcissisme masculin (que l'on retrouve au niveau de la fétichisation de l'élégance vestimentaire dans les policiers) sera étudiée au chapitre 6. L'important ici est de noter que dans ses films qui font appel au registre iconographique du populisme, Gabin est toujours présenté comme faisant partie intégrante du décor parisien. Certains plans, de *Paris-Béguin, Cœur de Lilas* ou *La Belle Équipe*, pourraient être des photographies de Brassaï. Sa première apparition dans *Paris-Béguin* le découvre adossé à un mur au coin d'une rue près du métro aérien. *La Bandera* s'ouvre sur les toîts de Paris avec sur la bande-son l'air de « Sous les ponts de Paris » ; c'est dans cet espace entre les « toits » et les « ponts » de Paris que Gabin existe dans la fiction de ses films, son appartenance à ce topos « réaliste » parfois renforcée par des plans documentaires ou quasi-documentaires (*Cœur de Lilas, Gueule d'amour*). *La Cinématographie française* louait, dans *Cœur de Lilas* : « les images des fortifs, de la banlieue, de la rue aux musettes sonores. Jean Gabin et Marcelle Romée, tous deux très émouvants, l'impression de vérité intense que donne le film. » (20-02-1932) C'est ainsi que Marlène Dietrich imaginait Gabin lorsqu'elle évoquait, non sans ironie, son propre enterrement à Notre-Dame :

> « Un plan aérien sur l'Ile de la Cité, descend lentement sur la rive gauche et la Seine, isole le clocher délicat de la Sainte-Chapelle, puis s'approche peu à peu d'une silhouette solitaire. C'est un homme en costume froissé ; un feutre brun cache son visage, il s'appuie contre un mur avec insolence, une jambe repliée contre la pierre. [...] Indifférent aux cloches qui sonnent, à l'orgue qui tonne, il est seul, tirant sur

> sa cigarette d'un air contemplatif... C'est Jean Gabin ! » (citée par Mercedes McCambridge, *The Quality of Mercy, an Autobiography*, New York, Times Books, p. 179).

Il n'est pas indifférent que les films populistes aient fait appel à des acteurs qui étaient aussi des chanteurs et des artistes de music-hall. Gabin, comme Albert Préjean (*Sous les toits de Paris*, *Jenny*) et d'autres tels que Andrex (*Circonstances atténuantes*) ou Maurice Chevalier (*L'Homme du jour, Pièges*) ont commencé leur carrière en chantant sur des scènes de music-hall (de même que Cagney). Les chansons forment une part non négligeable du succès des films. « La chance me fuit » dans *Chacun sa chance*, « La Môme caoutchouc » dans *Cœur de Lilas*, « Viens Fifine » dans *Zouzou* ou « Quand on s'promène au bord de l'eau » dans *La Belle Équipe* sont au cœur de l'image du prolétaire français projetée par Gabin. Au niveau des paroles, ces chansons tendent à reproduire le monde du film (« De la rue des Martyrs à la rue d'la Huchette »...) et leur musique fait toujours appel à l'accordéon, instrument fétiche de la musique populaire française. À l'exception de *Chacun sa chance* où Gabin s'adresse directement à la caméra, elles sont, c'est important, chantées à un public diégétique qui figure le public plus large du film : buveurs des cafés et guinguettes, femmes de la Casbah. Enfin, comme la littérature et les films populistes, la chanson « réaliste » est souvent empreinte de pessimisme – voire de misérabilisme. Même si la plupart de ses chansons de film sont dans un registre joyeux qui contraste d'ailleurs avec le récit des films – *Cœur de Lilas, La Belle Équipe* et *Pépé le Moko* surtout – celle de *Chacun sa chance* est plus représentative du rôle de Gabin dans ses films populistes (jusqu'à *Au-delà des grilles*) :

L'autobus s'avance, j'mélance... complet
Dès que mes vacances commencent... il pleut
L'aventure dure – trop dure

Je gâche ma vie
Depuis l'enfance, la chance me fuit

(L'idée de l'autobus complet est reprise dans le dialogue du *Jour se lève*).

La chanson réaliste est aussi, comme les films et la photographie, fascinée par le spectacle de la classe ouvrière mêlée à la classe criminelle. « La guinguette a fermé ses volets », chantée par Damia, est sur ce point exemplaire :

On voit, comme sur un écran des couples haletants
Dont les ombres grimacent
On voudrait bien voir et savoir, oui mais,
La guinguette a fermé ses volets

Ce voyeurisme social reste très important dans toute la carrière de Gabin, mais une évolution fondamentale se dessine de l'avant à l'après-guerre : d'observé, de *spécimen* du prolétaire marginal, il devient peu à peu *observateur*. Toutefois, tout « marginal » (puisque criminel) qu'il soit dans *Pépé le Moko*, c'est par son regard que l'on découvre la Casbah d'Alger, faisant écho au montage du début du film narré par le policier (européen). Dans *Maigret tend un piège*, une longue séquence sans dialogue le montre en train d'explorer les impasses et cours intérieures d'un coin du 4e arrondissement, découvrant au passage petits métiers insolites (une femme carde de la laine) et personnages bizarres. Cette observation du milieu, typique des méthodes de Maigret, lui permet de découvrir l'indice qui le mènera à la solution de l'énigme. Dans *Razzia sur la chnouf*, Gabin est le témoin de toutes les pratiques associées à la drogue. Chaque visite – à la raffinerie en banlieue, au tripot, à la fumerie d'opium, au bar clandestin tenu par des Martiniquais – comporte des contre-champs sur son visage qui observe, impassible mais sévère. Au début de *Mélodie en sous-sol*, c'est par son regard consterné à sa sortie de prison que nous découvrons les HLM de

Sarcelles qui ont remplacé sa banlieue pavillonnaire. Ce changement est important puisque – en apparence du moins – Gabin passe dans l'imaginaire français de marginal à « normal ». Cependant, il s'agit d'un marginal qui, comme on vient de le voir, a un solide bagage culturel derrière lui. Par ailleurs, on le verra plus loin, une trace de ce marginal demeure dans les notables ou patriarches de l'après-guerre. C'est donc toujours le personnage de Gabin qui définit « le Français », mais de manières différentes – soit par le spectacle de sa personne – corps, voix, vêtements, formant un ensemble codé « typiquement français » – soit par son regard normatif sur le « non- français » (j'y reviendrai), ou sur ce qui constitue un changement vécu comme intolérable dans la société française, en particulier pour sa génération : HLM, « hippies », traffiquants de drogue, femmes indépendantes.

Le jeu de Gabin, généralement marquée par la sobriété, contient aussi comme on l'a vu des moments *spectaculaires* : chanson, danse, défilé avec les autres spahis (*Gueule d'amour*), virtuosité des gestes professionnels (*Voici le temps des assassins*), démonstrations comiques (*Rue des prairies, Archimède le clochard*), et les fameuses explosions de colère. De même que les chansons, ces moments fonctionnent comme spectacle pour un public diégétique : les ouvriers assemblés du *Jour se lève*, les gens du café dans *La Traversée de Paris* ou de *Rue des prairies.* Ce public peut être étendu par métonymie au public du cinéma et par métaphore à la nation « imaginée » tout entière, nation définie par le spectacle et le loisir plutôt que par le travail. Ceci est évident dans le cas des chansons (dans le cadre du café-concert de *Zouzou*, ou de la guinguette dans *La Belle Équipe*). Mais même les ouvriers du *Jour se lève* ne sont vus au travail que dans une très courte scène. Ils passent la plupart du film à regarder le spectacle de Gabin à sa fenêtre. Lorsqu'on voit les gens au travail, il s'agit, comme dans la *Marie du port, Razzia sur la chnouf* ou *Touchez pas au grisbi, Voici le temps des assassins, Un singe en hiver*, d'un travail qui a trait lui-même au spectacle (restaurant, brasserie, night-club, cinéma) ou bien encore le travail est transformé en icône héritée de la peinture – le paysan Dominici vu « au travail » en quelques images idylliques, conduisant ses chèvres sur une colline à la tombée du jour. Les films de gangsters d'après-guerre observent un groupe dont le travail lui-même pourrait être « spectaculaire », mais est peu vu. Leur habitat se réduit aux endroits conviviaux – cafés, restaurants, night-clubs. Cette « communauté du spectacle » ne devrait pas nous surprendre puisque l'identité d'une nation s'exprime aussi par des moments spectaculaires : parades, cérémonies, hymnes nationaux. Dans *Le Président*, le « national » est exhibé tout d'abord par des gardes républicains, motards, etc, puis l'activité politique où s'exprime le sens de la nation culmine en un morceau de bravoure théâtral : le discours à l'Assemblée ; le film insiste sur les moyens de diffusion de la parole et de l'image : mémoires que l'on dicte, radio, télévision, journaux. De même, le défilé des spahis dans *Gueule d'amour* a une double fonction : exhiber Lucien Bourrache à son public (féminin) et glorifier l'armée française, donc la France, les spahis étant, avec leurs uniformes et armes obsolètes, un régiment à fonction surtout ornementale (Voir Benedict Anderson, *Imagined Communities, op. cit.*, pp. 151-152).

Enfin les « Français » eux-mêmes constituent un spectacle dans un nombre significatif de films. Ce sont des échantillons de groupes sociaux qui nous sont donnés à voir dans des scènes organisées autour du spectacle offert par Gabin : le petit peuple dans l'escalier de l'immeuble, le café et la guinguette de *La Belle Équipe*, les cheminots au bal de *La Bête humaine*, les matelots au mariage de *Remorques*, les « Français moyens » qui s'amusent à L'Isle-Adam dans *Rue des prairies*, etc. Dans *Les Grandes Familles*, la classe bourgeoise est exhibée à un enterrement, chaque section soigneusement étiquetée (institut, université, etc). Mais ce film est une exception, car jusqu'au début des années 1960, c'est plutôt une communauté conviviale populaire qui est évoquée, dans ces foyers de rechange que sont les cafés et cabarets, même d'ailleurs dans les films qui placent Gabin dans un milieu plus élevé. *Le Baron de l'écluse*, par exemple, le montre, tout noble (d'Empire) qu'il soit, tout à fait à l'aise au Bar de la Marine, jouant aux cartes en dégustant du saucisson à l'ail avec les mariniers. Les policiers offrent une variante qui confirme cette règle : même si on boit du champagne dans les restaurants et night-clubs, le milieu est défini comme « populaire », ne serait-ce que par le langage argotique des personnages ; les « caves » (les bourgeois) ne sont pas admis – c'est la fonction de la scène chez Madame Bouche au début de *Touchez pas au grisbi*. Ces représentations de groupes nous proposent une image consensuelle, voire narcissique, du public populaire visé par ces films – il n'est donc pas étonnant de les voir disparaître à partir du début des années 1960, ce public se faisant rare. Les films des années 1960 et 1970 évoquent alors de plus en plus des communautés réduites, repliées sur elles-mêmes ou fragmentées. Les truands du *Clan des Siciliens* (1969) semblent vivre en vase clos par rapport à ceux de *Touchez pas au grisbi* (1954) ; le couple Gabin-Signoret du *Chat* (1971) est beaucoup plus coupé de son milieu que le couple Gabin-Arletty de *L'Air de Paris* (1954).

Ces groupes consensuels ainsi que la figure centrale incarnée par Gabin nous renvoient au moins jusqu'aux années 1960 à la nostalgie qui règne dans la littérature populiste comme dans la chanson réaliste. Les films des années 1930 et dans une large mesure ceux d'après-guerre, restent attachés à des types de sociétés et de décors *anciens* et qui sont célébrés comme tels. Dans *Paris-Béguin* par exemple le monde de Gabin et ses amis est opposé avantageusement au monde ultra-moderne de la grande vedette Jane, présenté avec insistance comme factice. À noter aussi que dans les films tournés après la création du franc lourd (janvier 1961) Gabin parle toujours en « anciens francs ». On voit rarement dans les films de Gabin les villes nouvelles, les banlieues qui devaient constituer l'habitat « normal » d'une partie non négligeable des personnages et de son public. Lorsqu'on les voit ou qu'on les évoque, c'est pour les condamner (le début de *Mélodie en sous-sol* et du *Pacha, Le Chat* qui nous offre même un flashback sur la rue « avant ») ou les remplacer : dans le prologue de *Rue des prairies*, Gabin au retour de la guerre habite un HLM, mais pour le reste du film habite la « rue des Prairies », rue commerçante typique d'un faubourg parisien situé, d'après les cadrages fréquents de la Tour Eiffel, dans le 15ᵉ arrondissement, quoiqu'il y ait une véritable rue des Prairies dans le 19ᵉ arrondissement. Son travail de contremaître dans ce film le mène bien sur le chantier d'un grand ensemble moderne, mais celui-ci est évoqué en quelques scènes très rapides ; on ne s'y attarde pas. À noter aussi que le riche bourgeois antipathique du film habite un immeuble moderne « grand standing » probablement dans le 16ᵉ arrondissement, tout comme le couple criminel de *Maigret tend un piège*. Dans *Rue des Prairies* encore, les activités « modernes » sont systématiquement condamnées : le monde de la mode comme le monde du sport professionnel adoptés par sa fille et son fils sont « truqués » et les deux enfants se révéleront comme de « mauvais enfants » ; au contraire, le fils adoptif est le seul qui acceptera les valeurs de Gabin en disant « je trouve qu'on vit très bien » ; c'est lui à la fin du film qui se révèlera le « bon » fils. L'attrait de l'image des Français offerte par le mythe Gabin et les groupes ou communautés qui l'entourent est d'évoquer un type de communauté d'autant plus séduisant qu'il a disparu ou est en voie de disparition, ou même n'a probablement jamais existé sinon à l'état de fantasme. Ce phénomène est particulièrement évident dans les films de la Vᵉ République, mais il est présent dès 1936, lorsque Fréhel chante le « blues » de Pépé dans *Pépé le Moko* :

Il dira, regrettant Paris
Où est-il mon Moulin de la Place Blanche
Mon tabac, mon bistrot du coin
Tous les jours pour nous c'était dimanche
Où sont-ils les amis, les copains ?

Les films de Gabin des années 1930 et certains parmi ceux des années 1940 et 1950 (*L'Air de Paris, Rue des prairies, Gas-oil*, et les policiers) offrent ce spectacle d'une communauté symbolique chaleureuse à laquelle le héros et le spectateur ont le sentiment d'appartenir, représentations de la nation-famille nostalgique définie par Edgar Morin (in « Pour une théorie de la Nation », *Communications* n° 45, 1987). Le ton de plus en plus amer et pessimiste des films à partir des années 1950 – le début de *Mélodie en sous-sol, Le Chat* – est lié au constat qu'en effet, le bistrot du coin a disparu, ou bien, s'il est encore là, qu'il n'offre plus le même réconfort qu'au temps de *La Belle Équipe ou La Marie du port, Des gens sans importance* et *Gas-oil*.

Un Français parmi les autres

Héritier du populisme à plus d'un égard, le mythe Gabin entretient néanmoins des rapports ambigus avec les groupes sociaux qui l'entourent dans ses films. Son statut de héros et de star, son destin « tragique », le désignent comme hors du commun (figure de rêve, d'évasion, de désir de mort), tandis que le projet réaliste-populiste des films le place dans le groupe (figure d'identification de la communauté). Il est « comme les autres » tout en étant différent et « supérieur » à eux. Si cette configuration est vraie de toute star, elle se présente de manière aiguë avec Gabin et le cinéma français réaliste qui privilégie la représentation du groupe social, comparé au cinéma américain qui se concentre sur l'individu. Il est caractéristique, par exemple, que Maurice Thorez se soit « consciemment donné pour modèle Jean Gabin, c'est-à-dire l'image d'un groupe humain, les ouvriers professionnels. » (Alexandre Adler, « Georges Marchais, sa vie, son œuvre… », *Libération*, 11-01-1990). Ainsi nous avons les soldats de *La Bandera*, les copains de *La Belle Équipe*, les truands de *Touchez pas au grisbi* et autres policiers (le « clan » des Siciliens), les routiers des *Gens sans importance* et *Gas-oil*, les flics de *Maigret tend un piège*, *Maigret voit rouge*, *Le Pacha*, etc. Par ailleurs, les communautés au sein desquelles il s'insère ont considérablement évolué de l'avant à l'après-guerre. Comment les films négocient-t-ils ces paradoxes tout en préservant la continuité de l'image Gabin ? D'une part en le plaçant dans une position limitrophe entre l'individu et le groupe, ou entre plusieurs groupes, et d'autre part en insistant sur des continuités – narratives et visuelles – qui transcendent les différences.

Le héros et le groupe

Parmi les valeurs contradictoires évoquées et réconciliées par le mythe Gabin, la dyade solitaire-copain est une constante. Comme tout héros classique et comme toute star, Gabin se doit d'être distinct des autres personnages, plus remarquable à tous les égards, soit par son destin « tragique » (meurtre, mort, suicide), soit par sa position dominante (chef, caïd, commissaire, grand banquier...). En même temps en héros populiste son identité lui est attribuée par son appartenance à un groupe social. Afin de résoudre cette contradiction, ses films le placent à la *lisière* du groupe. Je prendrai l'exemple de *La Bête humaine* pour commencer, puisque ce film a acquis un statut symbolique spécial (la grève des cheminots, le défilé du 14 juillet 1989 sur les Champs-Élysées). Au niveau du récit et du dialogue, Jacques Lantier est un cheminot à la fois typique et étrange. Ses gestes, ses talents professionnels en font un employé modèle, son mal héréditaire, sa conduite criminelle, le placent à part des autres, structure traduite visuellement par le film. Au bal des cheminots, la caméra le trouve au bord de la piste avec Carette, son mécanicien. Un peu plus tard, il entre en piste, se fond quelques instants dans la masse des danseurs, puis ressort très vite. Le montage alterné qui suit – Renoir oppose la scène du meurtre avec celle du bal – confirme son isolement du groupe dans l'espace et en même temps affirme qu'il en fait symboliquement partie[53]. On trouve un écho distant de cette scène au bal des chauffeurs-routiers des *Gens sans importance*, à la différence que ce qui le démarque des autres n'est plus qu'il soit criminel, mais chômeur.

Ses rapports vis-à-vis de sa communauté sont toujours empreints d'ambiguité : elle le définit et pourtant il veut, il *doit*, toujours la quitter, que ce soit la Casbah de *Pépé le Moko* (qui le protège et l'enferme en même temps), l'asile des *Bas-fonds* où « *ça m'arrive de m'ennuyer* », ou le groupe de marginaux du *Quai des brumes*. Cette position frontière (intérieur et extérieur au groupe) se retrouve au long de sa carrière et lui permet *aussi* de faire la jonction entre des milieux différents. Dans *Le Tunnel* il est ingénieur, fréquentant les banquiers mais proche de ses hommes. Après la catastrophe dans le tunnel, il les rallie à lui au cri de « je suis ouvrier, comme vous ». Le Maréchal de *La Grande Illusion* a beau être lieutenant, il n'en reste pas moins prolétaire, dans son langage et sa gestuelle, et par rapport à de Boieldieu (Fresnay) et von Rauffenstein (von Stroheim, qui déclare avec mépris : « La parole d'un Maréchal ! »). Tandis que Gabin évoque le cyclisme comme sport préféré, ces deux officiers-aristocrates, comme l'a fait remarquer Bourdieu, mettent aussi leurs loisirs et activités au service de leur identité de classe :

> « Les exploits individuels et la morale chevaleresque des aristocrates prussiens et des nobles français passés de Saumur à l'escadrille (tout ce qu'évoque *La Grande Illusion*) sont impliqués dans la pratique même du vol qui, comme le suggèrent toutes les métaphores du survol et de la hauteur, est associée à la hauteur sociale et à la hauteur morale » (in *La Distinction*, *op. cit.*, p. 241).

On constate que dans les films d'après-guerre qui lui allouent un milieu bourgeois (grand ou petit), il occupe encore cette position limitrophe. *La Marie du port* le montre oscillant entre le monde de la brasserie de Cherbourg et le petit café de Port-en-Bessin. Dans ce dernier il est intégré aux matelots sur le plan narratif, mais isolé visuellement par son placement à une table séparée et par des cadrages et éclairages qui le détachent du groupe. *Le Baron de l'écluse* lui fait faire un aller et retour entre les riches noceurs de Deauville et les simples mariniers. Dans *French Cancan* il est le parfait entremetteur entre le petit peuple de Montmartre et les riches commanditaires et clients du Moulin Rouge. Dans *Voici le temps des assassins*, il est également à l'aise avec les porteurs de Halles et avec les grands bourgeois qui viennent manger chez lui. Dans plusieurs cas, sa position limitrophe entre deux mondes est symbolisée par un lieu ou un objet : un bateau (*La Marie du port, Le Baron de l'écluse*), une maison à la limite de deux mondes (*Le Chat*, le début de *Mélodie en sous-sol*).

L'évolution historique du mythe Gabin en termes de cette représentation de l'identité nationale se traduit ainsi : alors que dans les films d'avant-guerre, malgré sa position limitrophe il lui est lui interdit en fin de récit d'appartenir à aucun monde sinon très temporairement (fin « tragique »), dans les films d'après-guerre elle lui permet au contraire de naviguer confortablement entre les deux. Dans le premier cas, la contradiction est reconnue comme insoluble (sinon par la mort ou la fuite, comme dans *Les Bas-fonds*), dans le deuxième elle est résolue de manière consensuelle. On trouvera évidemment des exceptions : des films d'avant-guerre où Gabin négocie avec bonheur sa position contradictoire (*La Grande Illusion, Les Bas-fonds*) et des films d'après-guerre où il n'y parvient pas (*Au-delà des grilles, Martin Roumagnac, La Vérité sur Bébé Donge*). On voit comment sa condensation de l'honnête et du criminel dans tant de films, dont nous avons déjà parlé, participe de ce même phénomène : être dans plusieurs mondes à la fois. Dans tous les cas cependant, quelle que soit l'issue du récit, cette dialectique du social et de l'asocial, cette position double occupée par Gabin grâce au mythe réconciliateur permet pour le spectateur une double identification : être à la fois au centre d'un monde et à l'extérieur, adopter ses valeurs et les juger.

Certains films sont allés plus loin, en lui attribuant une identité complètement flottante. *Le Quai des brumes* le montre déserteur (donc sans identité fixe) puis, brièvement, faisant partie d'un groupe entièrement composé de marginaux. La réputation de ce film comme l'un des plus mythiques de Gabin vient du fait qu'il y habite à tour de rôle non pas deux mais plusieurs mondes, en prenant littéralement ou symboliquement la place d'autres personnages du film : à l'hôtel il occupe la chambre réservée par Aimos ; il prend les vêtements et papiers d'identité du peintre, remplace symboliquement à la fois un meurtrier (Zabel) et une victime (l'amant décédé de Michèle Morgan, qu'il remplace même deux fois : vivant et mort). Deux autres films enfin présentent Gabin comme capable d'être tous les Français à la fois. Je reviens ici sur l'exemple de *The Impostor*, dans lesquels Gabin n'est rien moins que le *soldat inconnu*, comme nous l'avons déjà signalé, signe ultime de l'imaginaire national dont l'identité est réduite à une page blanche, comme les tombes des soldats inconnus qui, pour être « vides de restes de mortels identifiables ou d'âmes immortelles [...] n'en sont pas moins saturées du fantôme des imaginaires nationaux » (Benedict Anderson, *Imagined Communities*, *op. cit.*, p. 9). *The Impostor* commence sur une image de mort (la guillotine, à laquelle Gabin échappe grâce à une bombe qui détruit la prison). Puis, ayant adopté le nom d'un soldat tué, Gabin se fond parmi les autres soldats français, grâce aux papiers du soldat défunt qu'il a volés. Lorsque sa véritable identité est découverte, il est dégradé malgré sa récente conduite exemplaire ; il finira, après un dernier acte de bravoure, dans une tombe dont la croix ne porte pas de nom. Symbole du soldat et du Français – comme l'uniforme blanc de sa dégradation – il peut alors, comme le lui dit un de ses collègues, « tomber amoureux de la France, c'est une belle femme ». À cette phrase fera écho, près de vingt ans plus tard, son personnage du *Président*, dans lequel il « n'a qu'une maîtresse, la France ». Cette féminisation du concept de la nation a une longue histoire dans la culture française, puisant ses sources dans l'iconographie de la République et en particulier dans la figure de Marianne qui condense la représentation de la République avec celle de l'éternel féminin (voir Maurice Agulhon, « Esquisse pour une archéologie de la République. L'allégorie civique féminine », *Annales* nº 28, 1973). Le « mariage » symbolique du héros représenté par Gabin et de cette allégorie féminine offre ainsi au spectateur un idéal qui incarne l'idée contradictoire de la « mère patrie ».

L'identification de Gabin au Français dans *The Impostor* se fait au prix d'une perte d'identité sociale, aggravée par le traitement hollywoodien (bien que le film soit réalisé par Duvivier) : cheveux plus blonds et ondulés, dialogue en anglais. Il s'agit là d'un cas limite. Hormis les circonstances exceptionnelles du film réalisé pendant la guerre, il n'est pas étonnant qu'il n'ait eu que peu de succès. En effet, une marque majeure de son image de star reste, malgré ses rapports ambigus aux groupes dans lesquels il est placé, un ancrage social bien précis, majoritairement dans les milieux français « populaires », ancrage déjà évoqué à plusieurs reprises mais sur lequel je désire revenir ici, comme composante de base du mythe Gabin « Français ».

Du prolétaire révolté au « parrain »

> « Les films commerciaux qu'il a tournés entre 1958 et 1976 n'ont aucun rapport avec les classiques tournés entre 1935 et 1939, ou les films ambitieux tournés entre 1949 et 1957. Et son personnage, issu du Front populaire, incarne, trente-six ans plus tard, le poujadisme français. »

Claude Gauteur résume bien par ces lignes un sentiment général sur le mythe Gabin : comment le François du *Jour se lève* a-t-il pu « devenir » le Noël Schoudler des *Grandes Familles*, le « président », le « pacha » ou le « parrain » du *Clan des Siciliens* ? Sans nier les différences considérables qui séparent ses premiers de ses derniers films (ne serait-ce qu'au niveau de son âge et de son aspect physique et de l'évolution du cinéma français), je pense qu'il existe une plus grande continuité le long de sa carrière qu'on ne l'a dit, qui sans annuler les différences, d'une certaine manière les transcende. Si le double statut de héros individuel et de membre du groupe le place en position limitrophe, son mythe lui permet aussi justement d'incorporer les différences. Ceci signifie que tout en montant dans l'échelle sociale, le mythe permet à ses personnages d'incorporer et donc de conserver des « origines » prolétariennes. Cette continuité a deux sources principales : d'une part l'idéologie populiste de la plupart de ses films, et d'autre part le physique et le jeu de Gabin qui conservent les caractéristiques de ce que, m'inspirant de Bourdieu, j'appellerai « le corps prolétarien ».

On a vu plus haut que les personnages incarnés par Gabin dans les annés 1930 devaient beaucoup à la littérature et à l'iconographie populistes. Mais si les arts populistes prennent leur matériau dans la classe ouvrière (et criminelle), cela n'en fait pas nécessairement des arts politiquement engagés. Duvivier déclarait lors du tournage de *La Belle Équipe* : « Le Front populaire s'est formé alors que je tournais la seconde moitié du film. *La Belle Équipe* n'avait pourtant aucun caractère politique. Ou bien, alors, tous les films qui mettraient en scène des ouvriers seraient des œuvres de gauche ? » (in *Cinémonde*, 15-09-1959). Duvivier a raison puisque les arts populistes proposent le *spectacle* des prolétaires, et non pas une analyse de leur condition de classe. Mais si le populisme en tant que style et thème culturel est relativement aisé à définir (tout en étant diversifié), il est, en tant qu'idéologie, notoirement difficile à cerner, et est marqué par une grande ambiguité. Défini par ce qu'il oppose (grand capitalisme, classe politique organisée et intellectuels) plutôt que par ce qu'il soutient (le peuple, les

« humbles »), il s'est rattaché historiquement à des idéologies aussi bien de gauche (anarcho-syndicalisme) que de droite (fascisme) et dans des sociétés rurales et urbaines. Le poujadisme en est souvent considéré comme une des dernières manifestations. Sans oublier entièrement les différents contextes de 1936 et 1958, je dirai que cette idéologie anime aussi bien *La Belle Équipe* que *Le Président*. Si *La Belle Équipe* est un film du Front populaire de manière oblique, les rapports du *Président* à la Ve République sont tout aussi indirects. Le personnage de Gabin dans ce film étant, comme le fait remarquer Claude Gauteur, un amalgame de Clemenceau, Briand et Herriot, le film évoque à tour de rôle la IVe République (instabilité ministérielle) et l'anti-parlementarisme, thème favori de la IIIe à la Ve République. Les « ennemis du peuple » accablés par Gabin dans son discours-marathon (qui rappelle le discours de James Stewart dans le film populiste de Frank Capra *Mr Smith Goes to Washington*) sont en priorité les chefs du grand capital qui apparaît sous les traits de « syndicats d'intérêts ». Le film épouse l'idéologie populiste en proposant comme antidote aux notables bourgeois corrompus, les valeurs « profondes » de l'honnêteté incorruptible du peuple représentées par Gabin et la terre (ce point est souligné dans le film par sa conversation avec le paysan interprêté par Pierre Larquey – personnage qui ne figure pas dans le roman de Georges Simenon – qui lui dit que tous les hommes politiques sont des voyous, sauf lui, car il « est d'ici », conversation qui fait écho aux thèses du poujadisme analysées par Roland Barthes : « Supérieur, l'intellectuel plane, il ne « colle » pas à la réalité [la réalité c'est évidemment la terre, mythe ambigu qui signifie à la fois la race, la ruralité, la province, le bon sens...] » (in « Poujade et les intellectuels », *Mythologies*, op. cit., pp. 182-183). Comme on le sait, cette association au terroir se poursuit tout au long de la carrière de Gabin, d'autant plus puissante qu'elle reste dans le domaine abstrait – comme je l'ai indiqué au chapitre 4. Ce « flou » permet d'éviter un lien trop explicite entre Gabin, le terroir et la paysannerie qui sont, dans le cinéma français, traditionnellement perçus comme négatifs[54]. On notera aussi que les personnages « ouvriers » incarnés par Gabin dans les années 1930 sont dans la grande majorité des *artisans* (typographe, maçon), héros po-pulistes par excellence, permettant aux films de le présenter « en ouvrier » sans avoir à s'engager sur des questions de classe, l'artisan travaillant individuellement ou en tout petit groupe (échappant souvent aux organisations syndicales et donc à la conscience politique).

Le personnage de l'ouvrier/artisan, avec ses connotations de « liberté » (individuelle) et de « travail bien fait » était en outre une figure attirante pour le public des classes moyennes dès les années 1930, dans le contexte de la crise économique et des transformations du monde du travail, menaçant justement l'existence de l'artisanat. Il s'agit donc, déjà dans les années 1930, d'un personnage nostalgique. Dans *Le Tunnel*, l'ingénieur MacAllan précise « *j'ai débuté comme palefrenier dans la mine* » ; le chef romain de *Golgotha* est « issu du peuple », dans *Pépé le Moko* il était « ébéniste », dans *Les Bas-fonds*, « bon serrurier », etc. Dans les films de l'après-guerre, les personnages de Gabin, même lorsqu'ils sont placés plus haut dans l'échelle sociale, n'en font pas moins appel très symboliquement à ces valeurs populistes-artisanales, de manière explicite, ou par opposition au grand capital. Dans *French Cancan* Gabin déclare « *Si j'avais un fils je voudrais qu'il soit bougnat* ». Le patron de *Sous le signe du taureau* travaille en indépendant avec une petite équipe d'hommes, ce en quoi il est opposé à son ignoble beau-frère grand bourgeois banquier et ses amis snobs. On note aussi que dans les films où Gabin évolue dans les milieux plus aisés, les pires excès ou signes de cette classe se reportent sur des caricatures de ce milieu et en particulier les femmes l'épouse de Gabin est aristocrate dans *Les Grandes Familles*, et dans *La Vérité sur Bébé Donge* le luxe bourgeois est l'apanage des femmes (coupes de champagne, cocktails, robes de chez Balmain).

Lorsque, dans ce film, il est traité de « paysan » par une de ses maîtresses, c'est avec affection; mais surtout, le contexte frivole dans lequel cette femme est placée valorise le terme. Sa femme dans *En cas de malheur* (Edwige Feuillère) remplit cette fonction, particulièrement par contraste avec la petite voleuse prolétaire incarnée par Brigitte Bardot. Jean Delannoy définissait ainsi *La Minute de vérité* « Elle [sa femme, Michèle Morgan] dans son monde factice, lui aux prises avec la réalité et les détresses des petites gens. » (in *Jean Delannoy*, op. cit., p. 51). Ce plus grand ancrage social des personnages masculins est généralisé dans notre culture où les femmes sont plutôt définies par leur sexe – mais dans le cas de Gabin c'est d'autant plus important que sa définition sociologique en tant que « Français » est toujours très marquée. Le retraité du *Chat* est un ancien typographe qui lit *La Terre* de Zola, le banquier des *Grandes Familles* a un arrière-grand-père paysan (et son père mettait du vin rouge dans sa soupe), ainsi que celui du *Président*. Aussi peut-on commencer à expliquer la popularité continue de Jean Gabin après-guerre pour son public populaire, malgré des personnages de plus en plus « bourgeois », et pourquoi dans l'affaire des cumulards en 1964, contre toute vraisemblance, « pour des centaines de milliers d'ouvriers, Jean Gabin est le *Prolétaire* » (*France-Observateur* n° 728, 16-04-1964). Combinant ethnocentrisme et possibilités multiples d'identification, l'identité sociale fictive de Gabin fonctionne comme un *continuum* d'une identité nationale imaginaire, basée sur des valeurs folkloriques-artisanales qui transcendent les classes sociales tout en conservant le décor précis de certains milieux[55].

Une autre continuité nous est suggérée par André Bazin : « Lui seul au monde est sans doute capable de parler argot en ouvrant la portière de sa Dodge » (*Le Parisien Libéré*, 27-12-1946) ; Bazin décrit ici Gabin « à la ville », pendant le tournage de *La Marie du port*. Cette remarque cependant s'applique à pratiquement tous ses rôles : Gabin garde, tout le long de sa carrière, un langage, une élocution à forte connotation populaire parisienne (à l'exception de l'accent « paysan » du *Plaisir*). Ce signe d'une appartenance, ou d'une origine, dans la classe ouvrière marque ses personnages, qu'il s'agisse du banquier des *Grandes Familles*, de l'avocat d'*En cas de malheur* (« *Vot'Gaston... Elle est pas fameuse vot'affair'* «), de l'industriel de *La Vérité sur Bébé Donge*, du chef restaurateur de *Voici le temps des assassins*, de l'artiste-peintre de *La Traversée de Paris*, du président du conseil du *Président*, etc. C'est aussi le thème de *Monsieur*, dans lequel Gabin, banquier, se fait passer pour un maître d'hôtel. Mais le langage seul ne suffirait pas, il doit s'accompagner d'un corps et de gestes qui le confirment. Alain Delon dans *Mélodie en sous-sol* a lui aussi des intonations « populo », il n'en reste pas moins, par le langage de son corps et de ses vêtements, le minet à la mode des années 1960.

Le corps, selon Bourdieu, est « l'objectivation la plus irrécusable du goût de classe, qu'il manifeste de plusieurs façons » (in *La Distinction, op. cit.*, p. 210) : volume, poids, formes, gestes, etc. Dans sa jeunesse un « costaud » à la démarche chaloupée, Gabin est devenu à partir des années 1950 de plus en plus lourd et épais, à une époque où la minceur et l'allure sportive devenaient les signes de rigueur de l'élégance bourgeoise. Le corps indique un rapport au monde dont l'une des manifestations est la nourriture, à la fois dans le choix des plats et la façon de les manger. Lorsque des plats sont indiqués dans les films de Gabin, ce sont ceux que les enquêtes de Bourdieu (in *La Distinction, op. cit.*, pp. 207-208) ont révélé tomber dans les goûts des classes populaires : plats nourrissants, gras et/ou qui demandent une longue préparation : fromage de tête (*Les Gaietés de l'escadron*), pâté (*Touchez pas au grisbi*), andouillette grillée (*Mélodie en sous-sol*), rognons (*La Traversée de Paris*), civet de lièvre (*Gas-oil, Le Baron de l'écluse*) ; lorsqu'il demande du poisson dans *La Marie du port*, c'est une « belle sole bien épaisse ». Par contre le yaourt et le thé, emblèmes des régimes, sont méprisés (*Le Président, Rue des prairies*). D'un film à l'autre, le choix des boissons renforce cet ancrage populaire : beaujolais, pastis, « p'tits blancs », « p'tits calvas », gros bols de café, ainsi que la façon de manger. Sans vouloir trop simplifier, il est vrai que les manières de Gabin à table (dans ses films s'entend) correspondent bien aux observations de Bourdieu pour qui la masculinité de la classe populaire aurait tendance à se manifester à table par une façon de manger « à pleine bouche, à pleines dents et par grosses bouchées, comme il convient aux hommes » (contrairement aux femmes et aux bourgeois qui eux mangent « avec retenue, par petites bouchées [...] du bout des lèvres et par petits morceaux ») (*Ibid*, p. 211) et se retrouve dans d'autres façons de se servir de sa bouche, pour parler ou crier : la « gueule » ouverte au maximum lorsqu'il est en colère ou, au contraire, les lèvres serrées, minces comme un fil, impliquant dans les deux cas la force virile. Son utilisation de certains vêtements le place aussi dans un registre populaire – dans l'optique de Bourdieu – même lorsqu'il occupe une position bourgeoise : son habitude de porter des pyjamas rayés par exemple (dans *Le Pacha, Sous le signe du taureau, Le Chat, Gas-oil, Un singe en hiver, Touchez pas au grisbi*), avec parfois des « charentaises », s'opposant à la robe de chambre bourgeoise (Desailly dans *Maigret tend en piège*) ou à celle du truand (Roger Hanin dans *Gas-oil*).

Donc, le corps de Gabin « parle » le populaire, avec ou même en dépit de ses vêtements, ses goûts populaires en matière de nourriture s'expriment, même si les repas sont arrosés de champagne (nuance importante, c'est d'ailleurs souvent le « champ » des policiers où le milieu fonctionne comme zone frontière entre la classe ouvrière et l'ascension sociale). Bourdieu remarque que la nourriture et la boisson sont l'un des rares domaines en France où le goût populaire rivalise en légitimité avec le goût savant ; j'ajouterai où le goût populaire peut devenir synonyme de goût *national*. La cuisine dite du terroir (même si c'est en fait une cuisine bourgeoise-régionale plutôt que paysanne) devient l'expression d'un goût français profond et donc rattache les personnages incarnés par Gabin à l'imaginaire national. Bien manger et avoir un large tour de taille représentaient, du temps de Gabin, une image *valorisante* dans un contexte populaire français. Dans *Maigret voit rouge*, cette image est avantageusement comparée à la minceur et au whisky des Américains, et devient une expression de la francité : « Mes inspecteurs ne font pas de sport, mais ils ont des principes », annonce Maigret-Gabin à son collègue américain. Cette remarque auto-satisfaite érige la francité comme norme grâce au repoussoir de « l'étranger » ; elle n'est pas la seule dans ce film dont le récit oppose les méthodes de Maigret et de la PJ à celles de ses homologues du FBI. Toute identité nationale, aussi solidement établie soit-elle, ne prend son sens que par rapport à ce qu'elle n'est pas. Au-delà des signes de sa « francité », les personnages incarnés par Gabin suivent cette règle et sont vus contre des images – plus ou moins subtiles, plus ou moins racistes – de « l'autre ».

Le Français et « les autres »

Le cinéma français a jusqu'aux années 1970-1980, ignoré les groupes ethniques autres que Blancs ou les a représentés par le biais d'un exotisme douteux ou d'une xénophobie non déguisée. Même dans les cas où ils sont présentés avec sympathie, ils sont marginaux dans le récit comme dans le cadre (Mario dans *La Belle Équipe* par exemple). Le physique et la voix de Gabin en font un gars « bien de chez nous », ses cheveux châtain/blonds et ses yeux bleus évoquent sans doute possible la «race blanche». Dans *Pépé le Moko*, les éclairages chatoyants qui font ressortir ses yeux clairs, ainsi que son foulard et les satins, fourrures blanches et bijoux de Mireille Balin ont une fonction érotique mais contribuent aussi à démarquer les deux stars des gens de couleur de la Casbah ; l'opposition est renforcée par la rivalité Gaby (Mireille Balin) – Inès (Line Noro « noircie » pour l'occasion). Un autre exemple est naturellement *Zouzou*, où l'opposition Gabin – Joséphine Baker est prolongée par la rivalité entre les deux femmes amoureuses de Gabin : Baker (Zouzou) et Yvette Lebon (dont le prénom fictionnel est Claire !). Mais l'altérité de Baker et la centralité de Gabin sont aussi inscrits au niveau de l'organisation des regards. Au début du film, des petits garçons regardent une petite fille noire. Lorsqu'elle a « grandi » Joséphine Baker nous est présentée par l'intermédiaire de plans qui fragmentent son corps : on voit ses jambes, puis son visage dans un miroir, puis ses jambes encore (elle tombe, sa jupe se relève). Elle est donc très nettement montrée comme objet du regard. Par contre, lorsqu'elle regarde Gabin elle est « en marge » et lui au centre du groupe, par exemple dans le numéro « Viens Fifine » au bal-musette où elle est assise en bord de piste, tandis que Gabin chante et danse avec Yvette Lebon. D'autres moments du film lui donnent le regard, mais toujours en la situant en marge – lorsqu'elle le voit embrasser la vedette Barbara, lorsqu'elle voit le crime, ou lorsqu'elle voit Gabin avec Claire à sa sortie de prison. Lorsqu'elle atteint enfin le centre de la scène, c'est d'une manière qui souligne son statut d'objet : elle est en cage ; par ailleurs sa chanson est clairement consacrée à son désir pour le personnage de Gabin : « il n'y qu'un homme dans Paris, c'est lui ».

Les films de l'après-guerre, de manière plus diffuse, mais plus constante, opposent Gabin à toute une galerie « d'autres ». On peut rapprocher cette évolution du climat international et, sur le plan français, des rapports ambigus avec les États-Unis et les débuts de la décolonisation provoquant une crise de l'identité nationale (René Rémond, *La Droite en France, de la première restauration à la Ve République*, Aubier, 1963). Une scène très courte au début des *Gens sans importance*, où l'on voit deux Américains « draguer » la bonne du café et l'emmener dans leur grosse voiture, ne semble avoir d'autre fonction que de souligner la francité de Gabin qui au même moment descend de son camion en casquette et salopette, mégot à la bouche. Dans *En cas de malheur*, le meurtrier de Brigitte Bardot, Mazetti (d'origine italienne sans doute en raison de la co-production avec l'Italie) vit quai de Javel, aux antipodes de l'Ile Saint-Louis où habitent Gabin et Feuillère ; la différence sociale est renforcée par la présence dans l'hôtel de Mazetti de Nord-Africains et de musique arabe (un badaud dit après le crime « c'est pas le moment de faire de la musique » – lointain écho de *Pépé le Moko* ? dans ce film c'est Gabin que cette musique « rend fou »)[56]. De même dans *La Bandera*, la musique « française » est opposée aux autres : l'accordéon et « sous les ponts de Paris » contre « leurs fandangos, leurs trucs à la guimauve » comme le dit Gabin.

Razzia sur la chnouf confronte Gabin, sous le couvert d'une enquête policière, à une véritable galerie de déviants par rapport à la norme, c'est-à-dire *sa* norme : la masculinité blanche, bien illustrée par son nom : Henri le Nantais. Ceux-ci comprennent : Paul Liski, le chef de filière connoté juif (Dalio), les membres du réseau à dominance italienne ou corse, dont l'un des caïds est Roger le Catalan (Lino Ventura, qui est aussi Angelo dans *Touchez pas au grisbi* et « le gitan » dans *Le rouge est mis*), puis des Noirs américains, des femmes qui, si elles sont hétérosexuelles, sont des loques ou des « trainées », des homosexuels masculins et féminins, des Antillais. Le film nous invite à une série de « descentes aux enfers » par le motif répété de la descente de Gabin dans les caves, tripots, et le métro. Les déviants sont par ailleurs associés de diverses manières (références dans le dialogue, musique de jazz) aux États-Unis. La francité de Gabin n'en ressort que plus nettement, dans un film qui en multiplie les icônes (Hôtel Napoléon, Cognac, etc). Enfin Henri le Nantais déclare à la fin du film, le « grand manitou » de la drogue pourrait bien être un « Fritz, Rital ou Amerlo ». Mais certainement pas un Français ; c'est à ce moment-là que Gabin révèle son identité : non pas caïd de la drogue comme on le pensait, mais grand chef de la PJ. Dans *Le Pacha*, où Gabin est commissaire de police, les truands ont pour nom le Génois, Kodreanis, Angelotti (comme dans *Touchez pas au grisbi* nous avons Ramon,

Marco et Angelo). Le tripot brutalement perquisitionné par Gabin et ses assistants est tenu par « le Coréen », un Nord-Africain qui sert du couscous tous les soirs. Parmi le catalogue de déviants, les clients et artistes du cabaret « Le Hippies » évoquent particulièrement le contexte de l'après 1968: jeunes, femmes nues, jeunes hommes aux cheveux longs et pantalons « patte d'éléphant » et femmes noires sur lesquelles de longs plans s'attardent complaisamment. Lorsqu'on arrive à ces films des années 1950 et après, le bagage historique du mythe Gabin est donc mis au service de sa position centrale dans un imaginaire français conservateur. Cette place est confirmée par son *regard* sur ces « autres » qui confirme leur altérité. Dans *Razzia sur la chnouf* comme dans *Le Pacha*, chaque scène qui nous montre cette galerie « d'autres » nous donne systématiquement un contre-champ sur Gabin qui les regarde d'un air qui va du navré au franchement hostile.

Comme les exemples ci-dessus l'indiquent, « l'autre » a, outre son identité raciale ou ethnique, une importante dimension sexuelle. La « norme Gabin » en tant que « Français » se double d'une évidence en tant « qu'homme ». Il est temps de se tourner vers cette dimension de son mythe, celle qui curieusement a attiré le moins d'attention jusqu'à présent.

CHAPITRE 6

UN HOMME

Le masculin au cinéma

Si l'attrait du cinéma, comme le disait André Bazin, est qu'il nous offre un « monde qui s'accorde à nos désirs »[57], on a été longtemps aveugles au fait que ces désirs coïncidaient avec ceux des hommes, notre culture s'étant jusqu'à présent presque entièrement définie selon des modes de pensée masculines. Il est donc d'autant plus difficile d'analyser la dimension masculine d'un phénomène culturel tel qu'une star de cinéma, que cette masculinité se présente comme l'évidence ; elle est la norme. Au cours des trente dernières années, les travaux féministes ont montré que le cinéma narratif classique était lui-même profondément impliqué dans cette « inégalité » culturelle, puisque construit sur une structure asymétrique du regard, à l'intérieur de laquelle, selon la célèbre formule de Laura Mulvey, « l'homme regarde, la femme est regardée »[58]. La grande majorité des films en effet reproduisent cette formule, qui fétichise la femme-objet et fait des personnages masculins des « relais » du spectateur, qui de ce fait est constitué comme masculin, qu'il soit homme ou femme. L'argument de Mulvey n'a pas été sans contestation ni remaniement, y compris par elle-même. Cette critique a porté sur plusieurs questions, dont en particulier celle des spectateurs qui n'entrent pas dans son modèle initial (masculin et hétérosexuel) et celle du spectacle de l'homme dans certains genres cinématographiques. Dans la perspective originale de Mulvey le plaisir de la spectatrice au cinéma ne pouvait être que masochiste : soit par identification « passive » à la femme objet, soit par identification « active » au spectateur masculin (hétérosexuel), formule qui tendait à nier les plaisirs et l'existence même des spectatrices présentes dans la salle, sans parler des spectateurs gays et lesbiens. Ce problème a donné lieu à un très riche champ de recherches dans les études anglo-américaines, encore en cours, mais qui n'est pas mon propos ici[59].

La deuxième objection à la formule de Mulvey, concernant les personnages masculins, nous intéresse plus directement. En effet, son argument ne prenait pas en compte les hommes au cinéma, dont certains, fonctionnent – justement – en tant qu'objets du regard et du désir féminins (et masculins). Là aussi, un champ de recherches s'est ouvert, dont les travaux ont surtout porté sur des genres qui présentent des versions non-réalistes ou extravagantes du masculin. Des études sur le western, le péplum, le film d'aventure ou le film sur le sport, où le corps masculin est montré avec ostentation, démontrent que l'exhibition de ce corps est toujours justifiée par l'action : l'homme bouge, se bat, fait un effort physique – des *Chariots de feu* à la pornographie masculine, en passant par *La Bataille de Marathon*. Par ailleurs, comme pour compenser le plaisir illicite à regarder ce corps masculin, celui-ci est souvent puni par la mort ou la blessure (les Américains-Indiens demi-nus des westerns en sont un exemple évident – le rival de John Wayne dans *La Captive du désert* se nomme d'ailleurs Scar, c'est-à-dire « blessure »), par l'échec dans les films de sport, ou bien, comme dans *Raging Bull*, par la perte de sa beauté[60]. À l'opposé le cinéma offre dans les genres romanesques des hommes-objets nettement « féminisés », personnages admirés et désirés pour leur beauté rehaussée par les costumes et dont le destin narratif est de faire l'objet d'une liaison amoureuse. Dans le cas – extrême – de Rudolf Valentino dans le cinéma américain des années 1920, ceci se manifeste par une objectivisation flagrante par la mise en scène : éclairages « glamour », poses langoureuses, vêtements chatoyants. Mais, comme l'a montré Miriam Hansen[61], cette fétichisation visuelle est contredite par le récit : c'est Valentino qui en fin de compte contrôle son propre destin et celui des autres personnages. La hiérarchie du regard soulignée par Mulvey refait surface : la vamp qui a affirmé son désir en posant son regard sur Valentino en général finit mal, tandis que la pure jeune fille qu'il a regardée, *lui* (dans ce premier échange de regards elle a souvent les yeux baissés), trouvera le bonheur avec lui. Si le cinéma français n'a pas produit de Valentino, il a cependant connu des héros romanesques et langoureux, par exemple les personnages interprétés par Jaque Catelain dans les films de Marcel L'Herbier (entre autres) dans les années 1920, tour à tour selon Pierre Cadars « bel objet » et « tendres éphèbes » (in *Les Séducteurs du cinéma français, 1928-1958*, Henri Veyrier, 1982, p. 14). Dans les années 1930, avec le plus grand réalisme apporté par le son, l'objectivisation du héros masculin est motivée, à quelques exceptions près (par exemple Jean-Pierre Aumont dans *Lac aux dames*) soit par le spectacle musical (Henri Garat, Tino Rossi), soit par la reconstitution historique qui propose un monde irréel dans lequel les costumes somptueux attirent sur le héros le regard des hommes comme des femmes mais où celui-ci affirme sa supériorité narrative par son statut exceptionnel : roi, prince, comte. Les personnages interprétés par John Loder dans *Katia*, Charles Boyer dans *Mayerling* et Pierre Richard-Willm dans *Au service du tsar* en sont typiques. Par la suite, cette tradition s'est poursuivie dans la comédie musicale-opérette (Luis Mariano, Georges Guétary) et les films de cape et d'épée des années 1940 et 1950 notamment avec Jean Marais, ainsi que les drames costumés dont la star incontestée reste Gérard Philipe (*Les Grandes manœuvres, La Chartreuse de Parme, Le Rouge et le noir*). Dans l'ensemble, comme le note Pierre

Cadars, l'érotisme masculin explicite dans le cinéma français fait problème : « Au jeu de l'amour, il s'est avéré que l'homme n'a pas à être objet de désir, puisque c'est lui qui est censé choisir » (in *Les Séducteurs du cinéma français*, op. cit., p. 213). J'ajouterai que cette gêne – et le fait que ces films visent surtout un public féminin – explique le mépris critique (masculin) manifesté à l'égard de ces genres qui mettent en scène des « hommes-objets ».

Avec Gabin, en revanche, cette « gêne » n'existe pas. Nous avons affaire à une masculinité *ordinaire* qui ne s'affiche pas ouvertement mais est présentée comme évidente, pour plusieurs raisons : la grande majorité de ses rôles appartiennent aux genres réalistes, son image de star est ancrée dans le quotidien et son jeu naturalise ses personnages d'une manière qui fait oublier leur objectivisation. La construction par ses films de cette masculinité est l'objet de ce chapitre. Tout d'abord j'examinerai comment celle-ci se définit par rapport aux lieux et aux hommes qui l'entourent ou s'opposent à lui dans le récit, puis comment – comme Valentino quoique dans un autre registre – son statut de sujet narratif est contredit ou tempéré par son objectivisation visuelle. Enfin, je discuterai comment les personnages incarnés par Gabin, indubitablement *virils*, intègrent néanmoins certaines valeurs appartenant traditionnellement à la féminité. Une remarque s'impose avant de procéder : j'entends par masculinité (et féminité) non pas une notion biologique essentialiste, mais une construction sociale et culturelle, un ensemble de règles et caractéristiques comprises par ceux élevés dans notre culture. Ces traits sont susceptibles de changement dans le temps comme dans l'espace. L'homme incarné par Gabin à l'écran en 1935 appartient à cette époque. Il était aussi, aux divers moments de sa carrière, différent sur bien des points de ses homologues hollywoodiens et, sous bénéfice d'inventaire, de ses équivalents indiens ou japonais. La masculinité de Gabin est donc régie par des codes eux-mêmes ancrés dans la culture française et, plus particulièrement, la culture française populaire.

Comparé au cinéma américain dont l'objet est plus explicitement le couple homme-femme ou la femme[62], le cinéma français populaire des années 1930 qui a produit le mythe Gabin privilégie les groupes et couples masculins. Mélodrames militaires, farces du vaudeville, comiques troupiers, drames populistes, présentent tous cette caractéristique et Jean Gabin est un des acteurs nettement favorisés par ce cinéma par rapport à ses homologues féminins, à la fois au générique des films et dans les hit-parades de popularité[63]. Le cinéma d'après-guerre connaît une plus grande polarisation des genres sur l'axe masculin-féminin : l'essor des drames costumés et des films sur la mode et les maisons de couture, puis l'impact de Brigitte Bardot et de la Nouvelle Vague, « féminisent » le cinéma français en accordant une plus grande place aux actrices : Edwige Feuillère, Danielle Darrieux, Michèle Morgan, Martine Carol, Brigitte Bardot, Jeanne Moreau, peuvent alors prétendre, pour un temps, à des rôles principaux (sauf lorsqu'elles sont confrontées à Gabin ! voir chapitre 4). Alors qu'en 1937 *Un Carnet de bal* utilisait une vedette féminine (Marie Bell) pour lier des épisodes conçus pour mettre en valeur des vedettes masculines (Harry Baur, Pierre Blanchar, Fernandel, Louis Jouvet, Raimu, Pierre Richard-Willm), en 1952 *Adorables Créatures* utilise un personnage masculin (Daniel Gélin) pour lier trois épisodes à vedette féminine (Carol, Darrieux, Feuillère). C'est aussi dans les années 1950 qu'émergent de nouveaux modèles masculins : Gérard Philipe, héros romanesque par excellence et Eddie Constantine, homme d'action parodique « à l'américaine » – tous deux sérieux rivaux de Gabin au box-office – suivis de Jean-Paul Belmondo et Alain Delon qui sont néanmoins suffisamment jeunes par rapport à Gabin pour être intégrés à son univers à travers des figures de fils.

Quand Gabin revient à sa grande popularité d'avant-guerre à partir de 1954 c'est, comme dans les années 1930, grâce à des films qui le placent au sein de groupes masculins, les policiers : *Touchez pas au grisbi*, *Razzia sur la chnouf* et *Le rouge est mis*, qui donneront lieu à une fructueuse série : les trois *Maigret, Le Clan des Siciliens, Le Pacha, Le Soleil des voyous*, etc. La plupart de ses autres grands succès d'après 1954 le situent dans un couple formé avec une vedette masculine : Bourvil (*La Traversée de Paris*), Belmondo (*Un singe en hiver*), Delon (*Mélodie en sous-sol, Deux hommes dans la ville*), Fernandel (*L'Âge ingrat*), Louis de Funès (*Le Tatoué*). Il y a bien entendu des films de Gabin centrés sur un couple formé avec une femme : Darrieux (*La Vérité sur Bébé Donge*), Morgan (*La Minute de vérité*), Bardot (*En cas de malheur*), Signoret (*Le Chat*). Il n'en reste pas moins que non seulement le succès commercial, mais la définition du masculin incarnée par Gabin sont largement établis non par rapport à la femme mais par contraste avec d'autres hommes et que ses films sont, comme une grande part du cinéma français populaire, des « histoires d'hommes », pour reprendre l'expression de Duvivier évoquée au chapitre 4.

Une topographie du masculin

Les films de Gabin le placent, d'emblée, dans des lieux masculins, qui le sont pour des motivations professionnelles, ou bien parce qu'ils appartiennent à la sphère publique. Même si ce placement est bref, dans les lieux de travail par exemple, il est fondamental car il prédétermine une identité. Cette topographie du masculin – telle qu'elle existait en France jusqu'aux années 1970 – comprend entre autres : la caserne et le camp de prisonniers (*Les Gaîtés de l'escadron, La Bandera, La Grande Illusion, The Impostor*), l'atelier ou le chantier (*Gueule d'amour, Le Tunnel, Le Jour se lève, Rue des prairies*; dans *La Vérité sur Bébé Donge*, on le voit au milieu de ses ouvriers régler une machine dans la tannerie qu'il dirige, alors que les femmes à l'extérieur se bouchent le nez), l'Assemblée Nationale (*Le Président*), divers tribunaux (*Chiens perdus sans collier, Verdict*). La locomotive « La Lison » de *La Bête humaine* a beau être symboliquement féminine, en tant qu'espace de travail elle est éminemment masculine. Les gestes de la célèbre première scène du film où Gabin et Carette conduisent le train au Havre sont des gestes virils qui demandent une grande force physique, symboles du travail dans notre culture où le travail des femmes, sur le plan des représentations, est pratiquement invisible. On trouve aussi la cabine des poids-lourds (*Des gens sans importance, Gas-oil*), les commissariats de police (les *Maigret, Le Pacha, Le Tueur*) le ring de boxe (*L'Air de Paris*), et, dans presque tous les films, le café. Ce dernier joue dans le cinéma français un rôle-clé de foyer de rechange, mais un foyer codé comme masculin (certainement dans les milieux populaires jusqu'aux années 1960-70). De *Paris-Béguin* à *Maigret voit rouge*, en passant par *Cœur de Lilas, La Belle Équipe, La Marie du port, Touchez pas au grisbi, Des gens sans importance, Rue des prairies* et bien d'autres, on note des scènes dans lesquelles le placement des personnages, le dialogue, les gestes de Gabin et sa façon d'habiter l'espace, illustrent parfaitement les analyses sociologiques de Bourdieu sur le café dans la culture populaire française :

> « Le café populaire est une compagnie (ce que marque le "Salut la compagnie !" ou "Bonjour tout le monde" ou "Salut les potes !" du nouvel entrant), dans laquelle on s'intègre. Il a pour centre le comptoir auquel on s'accoude après avoir serré la main au "patron" ainsi placé en position d'hôte (c'est souvent lui qui mène le jeu) et parfois même à tous les présents (les tables – il n'y en a pas toujours – étant laissées aux "étrangers" ou aux femmes qui sont venues pour faire boire quelque chose à leur enfant ou donner un coup de téléphone). C'est au café que trouve son accomplissement l'art typiquement populaire de la *blague* ». (in *La Distinction, op. cit.*, p. 204).

Que l'on compare cette description, par exemple, à la première scène au « Relais » de *Gas-oil* : Gabin entre, lance un « bonjour tout le monde ! » à la cantonnade, traverse le café pour atteindre le bar et serrer la main au patron, non sans avoir « blagué » avec la serveuse.

Le café, comme la rue, étant des espaces publics, sont automatiquement désignés par notre culture comme masculins. Le foyer, par contre, lieu privé, est traditionnellement le domaine féminin. On constate cependant dans de nombreux films de Gabin une « mainmise » sur cet espace. Par exemple l'auberge-guinguette de *La Belle Équipe* – lieu normalement plus mixte que le café urbain – est transformée en foyer masculin, où les femmes – Huguette (Micheline Cheirel), la grand-mère (Marcelle Géniat) – ne sont invitées qu'exceptionnellement. Lorsque, comme Gina (Viviane Romance), elles s'imposent dans l'espace masculin, elles y sèment le trouble et ne manquent pas d'être punies. Quand Gabin, après la guerre devient chef de famille réel ou symbolique, il investit certains espaces féminins traditionnels : la cuisine, la salle à manger, la chambre des enfants. On constate alors deux types de stratégies destinées à rendre sa mainmise sur des rôles et lieux féminins acceptable pour son public. Ceux-ci peuvent être, d'une part, *professionnalisés*. De même que dans *Chiens perdus sans collier* son rôle de parent se traduit par son métier de juge pour enfants, dans *Voici le temps des assassins* il règne sur sa cuisine en grand chef et sert sa nouvelle jeune femme comme si elle était cliente de son restaurant. La deuxième stratégie, lorsque l'espace s'obstine à rester « trop féminin », consiste à souligner l'incongruité de sa présence : voir par exemple son premier retour à la maison dans *Des gens sans importance* où il se heurte au linge qui pend dans sa cuisine, ou bien les scènes de *Gas-oil* où il se trouve dans la chambre puis la salle de classe de Jeanne Moreau et bute contre des objets, se cogne à l'embrasure des portes, etc. Dans certains cas-limites, les espaces nettement marqués comme féminins fonctionnent comme piège ou prison : la maison de Marlène Dietrich dans *Martin Roumagnac*, celle de sa femme dans *La Vierge du Rhin*, la chambre d'hôtel de *Voici le temps des assassins*, la cuisine du *Chat*, transformée en sinistre champ de bataille.

L'utilisation de l'espace selon l'axe masculin-féminin dans les films de Gabin fonctionne comme métaphore de ce qui se passe au niveau du récit, comme nous le verrons plus loin. Le féminin est acceptable à condition de se laisser incorporer dans le masculin ; s'il s'affirme avec individualité, il est caricaturé ou rejeté.

Un homme comme les autres : le degré zéro du masculin

La majorité des films de Gabin nous le présentent donc dans un espace masculin, et c'est dans cet espace où il est entouré d'hommes que sa virilité se définit, *par comparaison*. Placé au sein d'un groupe d'hommes divers – mais toujours « inférieurs » à lui – Gabin est à la fois l'exception de ce groupe et son condensé.

Alors que ses amis ou complices sont uni-dimensionnels, il est complexe : chacun d'entre eux est porteur d'*une* valeur traditionnellement codée comme masculine (force physique, autorité, pouvoir sur les femmes, sagesse), tandis qu'il les amalgame toutes. De plus, tandis que chacun de ses comparses véhicule la valeur dont il est porteur de manière excessive, Gabin l'incorpore sous une forme atténuée, et donc *l'authentifie*. *La Bandera*, qui comme on l'a vu au chapitre 4, fixe les éléments de base du mythe Gabin, présente clairement cette configuration. On y trouve le râleur (Gaston Modot) qui s'oppose au Gabin qui « ne se laisse pas faire », le titi parisien au comique plutôt vulgaire (Aimos) comparé au prolétaire plus sobre et donc plus valorisant de Gabin – les deux hommes sont même comparés physiquement : le torse malingre d'Aimos contre les biceps de Gabin. Dans *La Belle Équipe*, Charles montre de la faiblesse envers sa femme (alors que Gabin est « gentil » mais ferme), Tintin est porté sur la boisson (alors que Gabin aime boire modérément en compagnie), etc. *Pépé le Moko* nous présente Pépé sans conteste comme un « dur », mais un dur raisonnable quand on le compare au brutal Carlos qui bat Tania et déchire les manteaux de fourrure ; les personnages joués par Lino Ventura remplissent la même fonction par rapport à Gabin dans les policiers des années 1950 comme *Touchez pas au grisbi*, *Razzia sur la chnouf* (où Ventura va jusqu'au viol), et *Le rouge est mis*. Toujours dans *Pépé le Moko*, l'impétuosité et la crédulité de Pierrot mènent celui-ci à la mort et sont opposées à la « sagesse » de Pépé, alors qu'elles préfigurent sa propre fin : tué pour avoir tenté de sortir de la Casbah, ce qui montre bien que chaque valeur incarnée par Gabin ne signifie que par rapport à son excès. De même que ce film entoure Gabin de comparses plus ou moins grotesques (L'Arbi, Régis, Grand-père, Carlos, Max), le monde de l'asile des *Bas-fonds*, offre un éventail de versions bizarres du masculin allant du théâtral larmoyant (l'acteur : Le Vigan) au grotesque répugnant (l'inspecteur : Gabriello), en passant par le ridicule (Kostylev : Sokoloff) ; une exception : le baron (Jouvet), sur laquelle je reviendrai. Quelque étrange que soit le comportement de Gabin dans tous ces films, il ressort néanmoins comme « normal » par comparaison. Les soldats de *La Grande Illusion*, sur un registre plus positif, présentent aussi des pôles excessifs du masculin entre lesquels Gabin se place : l'aristocratique Pierre Fresnay, (gants blancs, cigarettes anglaises) lui-même caricaturé dans la rigidité d'Erich von Stroheim d'une part, et le comique vulgaire hérité du music-hall représenté par Carette et les soldats travestis en femmes (grand classique du comique troupier) d'autre part. Contre ces extrêmes, Gabin représente le juste milieu, la « noblesse » du prolétaire viril.

Lorsqu'il n'y a pas de groupe à proprement parler, le récit oppose néanmoins Gabin à un ou deux doubles masculins, *doppelgängers* qui agissent soit en tant que faire-valoir (copie comique, pâle, ou violente de son personnage), soit en tant que repoussoir (symbole effrayant de l'altérité). Citons entre autres *Paris-Béguin*, où il s'oppose d'une part au bouffon Ficelle (Fernandel) et d'autre part au dur Dédé (Jean Max), qui applique la lettre plutôt que l'esprit de la loi du milieu, ou bien *Gas-oil* dans lequel ses deux copains Ragondin et Pierrot représentent les extensions « jeune impétueux » et « vieux râleur » de son personnage, *Mélodie en sous-sol* où il se place entre le père de famille timide et asexué (Maurice Biraud) et le playboy irrésistible (Delon), ou bien encore toute une série de doubles-confidents : Paul Frankeur dans *Rue des prairies*, Pierre Mondy dans *Des gens sans importance*. Le Baron (Jouvet) dans *Les Bas-fonds* constitue une exception dans la série des doubles : ni faire-valoir, ni repoussoir, il fonctionne plutôt comme le fantasme d'une autre identité de classe, sur un registre ludique (les deux acteurs échangent leurs vêtements pendant une partie de cartes), c'est cependant le Baron qui viendra se joindre au monde de Pépel, pas le contraire, moyennant quoi il valorise le monde des « bas-fonds » et discrédite le sien. Le statut du double, faire-valoir ou repoussoir, est parfois accentué par la présence d'une femme qui est échangée – littéralement ou symboliquement, avec Hobby dans *Le Tunnel*, René (René Lefèvre) dans *Gueule d'amour*, Roubaud (Fernand Ledoux) dans *La Bête humaine*, Valentin (Jules Berry) dans *Le Jour se lève*, Tiny dans *Moontide*, le baron dans *French Cancan* (où un autre « double » incarné par Philippe Clay commente comiquement ses actions en chanson). Le double a évidemment pour fonction – par son regard admiratif ou jaloux – de rendre le personnage joué par Gabin encore plus désirable ; en ce sens, il peut être vu comme relais du spectateur masculin. Il représente aussi toujours une sexualité masculine jugée déficiente (double/faire-valoir, comme Hobby dans *Le Tunnel* ou René dans *Gueule d'amour*) ou excessive/perverse (double/repoussoir, comme Lulu le noceur dans *Les Grandes Familles*, ou Le Catalan, le violeur, dans *Razzia sur la chnouf*), contre laquelle celle de Gabin ressort comme *normale*. Ainsi, il a beau se comparer, dans *Les Bas-fonds*, à une « bête sauvage », c'est l'inspecteur que nous voyons se jeter bestialement sur Natasha. Lorsqu'on avance dans la carrière de Gabin à partir des années 1960, les films valorisent ses personnages « désexualisés » de la même manière: par exemple il est avantageusement comparé aux riches fêtards de Monfort l'Amaury dans *Rue des prairies*, au gigolo et au tueur de femmes de *Maigret tend un piège*, aux « hippies » du *Pacha. Touchez pas au grisbi*, qui coïncide avec la cinquantaine de Gabin, inaugure une mini-série où le double/faire-valoir est un incompétent qu'il doit prendre en charge, ou un personnage dont une faute le met à sa merci. Ce couple recoupe parfois une symbolique père-fils, mais fonctionne aussi pour définir la masculinité de Gabin par contraste – ainsi Riton dans *Touchez pas au grisbi*, le « petit frère » dans *Le rouge est mis*, l'inspecteur Lagrume dans *Maigret tend un piège*, Gouvion (Robert Dalban) dans *Le Pacha* (dont Gabin dit « *il m'a toujours emmerdé depuis l'école, il a toujours eu des problèmes, mais c'était mon pote* »), Francis (Delon) dans *Mélodie en sous-sol*. Dans cette série on peut aussi placer Lachaume (Bernard Blier) des *Grandes Familles*, professionnel compétent qui se compromet sexuellement et doit accepter l'aide de Gabin, et Blier encore, dans le rôle semblable de Chalamont dans *Le Président*. Les personnages incarnés par Gabin en tant qu'homme se définissent donc principalement par rapport à des versions soit exagérées soit appauvries de lui-même.

Pourquoi cette insistance à définir le masculin par rapport à ses excès ou ses caricatures ? Tout d'abord, la masculinité dans notre culture étant la norme, il ressort qu'il est plus aisé de la *tester* contre ses limites que de la définir (Neale, « Masculinity as Spectacle », *Screen*, Vol 24 n° 6, 1983). Dans le cinéma français qui, historiquement, privilégie les groupes masculins, ce test se fait plus naturellement contre d'autres hommes que contre des personnages féminins. Cette configuration a également une fonction rassurante. Elle permet de séparer les « bonnes » valeurs masculines des « mauvaises » et de les redistribuer entre plusieurs personnages: le pôle négatif est pris en charge par les comparses, l'aspect positif par Gabin ; ces valeurs se trouvent par là-même sanctifiées tandis que parallèlement leurs excès sont critiqués et néanmoins incorporés au récit. Par exemple, la violence masculine – sexuelle ou autre – se trouve condamnée dans ses excès, mais acceptée dans sa version « raisonnable » incarnée par Gabin. Les seuls moments où la violence éclate chez lui sont présentés – comme on l'a vu – comme inévitables et naturels, par le moyen de l'explosion de colère. Non seulement la violence n'est pas remise en cause – au contraire, elle en ressort justifiée. C'est le principe de la « vaccine » analysé par Barthes, selon lequel « on immunise l'imaginaire collectif par une petite inoculation de mal reconnu ; on le défend ainsi contre le risque d'une subversion généralisée » (in *Mythologies, op. cit.*, p. 238). Contre les valeurs excessives de ses amis ou complices, le héros incarné par Gabin ressort comme *la norme*. Cette définition en creux, par la négative, présente une masculinité « au degré zéro » (moins violent que « x », mais plus ferme que « y ») qui permet à la sympathie du spectateur de rester intacte puisque Gabin, tout en étant un héros exceptionnel, est un « homme comme les autres ». Cette formule par ailleurs sert à masquer les contradictions internes à ses personnages en caricaturant chez les autres chacune de ses tendances contradictoires. Enfin et surtout, elle permet d'accentuer l'authenticité de son personnage. Pour reprendre l'exemple de *La Grande Illusion* : les manières de Pierre Fresnay, en tant qu'homme, sont caractérisées par l'artifice aristocratique (l'élégance à tout prix, les gants, le monocle) et donc par contraste Gabin ressort comme spontané. En même temps le laissez-aller de Carette fait ressortir chez Gabin sa maîtrise de lui-même. Celui-ci se retrouve donc encore une fois en position réconciliatrice de deux valeurs opposées (spontanéité-contrôle) ; puisque celles-ci ont été clairement critiquées dans leurs extrêmes, il en paraît d'autant plus authentique et « normal », servi en cela par son jeu naturaliste comparé à la théâtralité de Fresnay et aux mimiques de Carette. En dernière analyse, la structure comparative que nous avons analysée permet à Gabin d'offrir aux spectateurs une vision « acceptable » de la masculinité, tout en exposant de manière apparemment critique ses aspects les moins acceptables.

L'analyse qui précède prend en compte la structure du récit et les personnages des films de Gabin. Il est temps de se tourner vers la manière dont sa masculinité est définie par la caméra.

Objet du regard

En tant que personnage principal et en tant que star, Gabin est la force motrice de ses films (parfois même responsable de leur existence) et la figure centrale de leur récit. En tant que protagoniste *masculin*, toute la culture occidentale et l'organisation classique des récits et des regards[64] au cinéma nous préparent à ce qu'il remplisse le rôle du héros actif motivé par un but à atteindre, posé comme *sujet* du regard porté sur l'objet de son désir (« normalement » féminin). Pourtant, on vient de voir que la définition du masculin incarnée par Gabin, testée par rapport à ses limites, est une définition « en creux ». On a vu aussi au chapitre 4 que de nombreux récits le présentent comme victime, être balloté par les événements. Cet aspect « négatif » de son image de star est renforcé par l'immobilisme de son jeu. Là où le héros masculin classique est tourné vers l'action (James Cagney, les héros des westerns, Harrison Ford, Bruce Willis, etc.), Gabin est caractérisé par l'inaction, voire l'impuissance. Il ne « peut pas » tuer Roubaud dans *La Bête humaine*, ne peut pas s'enfuir sur le bateau dans *Le Quai des brumes* ou *Au-delà des grilles*, ne peut pas sortir de sa chambre dans *Le Jour se lève*. Là où l'homme est censé relayer le regard actif du spectateur masculin vers la femme-objet, Gabin est lui-même très fortement transformé en objet du regard féminin *et* masculin, sans être toutefois « féminisé » par la mise en scène (comme par exemple Gérard Philipe l'est, principalement dans ses drames costumés). On se rappelle les nombreux plans de Gabin immobile dans des espaces clos, derrière des fenêtres ou des grilles évoqués au chapitre 4. Alors qu'il n'appartient pas aux genres qui traditionnellement « féminisent » les hommes, Gabin est un *homme que-l'on-regarde* et que l'on regarde plus que les femmes. C'est que tout d'abord, d'une manière originale (par rapport aux genres tels que le péplum ou le drame costumé) et « invisible » parce que naturaliste, son jeu privilégie le spectacle de sa propre performance : ses chansons, ses entrées ou ses sorties « spectaculaires », ses explosions de colère, son visage reflété dans des miroirs. Il faut noter ici également qu'un certain nombre de ses films, typiques des genres auxquels ils appartiennent, manifestent un fétichisme du vêtement : les uniformes des films de guerre (surtout *Gueule d'amour*) et les costumes impeccables, chaussures bi-colores, foulards de soie et chapeaux des policiers (de *Pépé le Moko* à *Mélodie en sous-sol*). Au-delà de son statut de star – qui détermine le nombre plus élevé de plans et gros plans dont il fait l'objet (voir chapitre 4), ces divers aspects de la mise en scène de ses film produisent donc une surdétermination de son statut d'objet du regard. Jusqu'aux années 1950, ce haut degré d'objectivisation s'accompagne d'une dimension érotique qui fonctionne à la fois pour les autres personnages du film et pour les spectateurs dans la salle, pour les hommes comme pour les femmes. Dès *Chacun sa chance*, il est « le jeune homme de la loge » que les ouvreuses du théâtre se conseillent mutuellement d'aller admirer et dans *Du haut en bas* il est à la fois héros de son immeuble (en tant que champion de football) et objet de la concupiscence aussi bien de la fille du cafetier (Catherine Hessling) qui le poursuit alors qu'il change de pantalon, que des bourgeoises qui tâtent ses muscles. Si, comme le fait très justement remarquer Gertrud Koch (in « The Stairway to Exile : *High and Low* (1933) », in *German Film and Literature*, op. cit., pp. 147-154), la caméra de *Du haut en bas* elle-même n'érotise pas Gabin, la raison n'en est pas uniquement une déviation attribuable au cinéaste en exil (Pabst), mais aussi le fait que Gabin est encore (le film est tourné en 1933) dans un mode semi-comique. Son personnage, comme dans *Chacun sa chance* ou *Zouzou*, est encore proche d'une certaine grivoiserie propre au *music-hall* qui n'hésite pas à faire du corps – masculin et féminin – un objet non seulement de désir mais aussi de dérision (voir certaines chansons de Fréhel et Georges Milton).

La Bandera fixe les termes du mythe dans un registre dramatique et à partir de ce film les cadrages et éclairages vont doter Gabin d'un attrait érotique évident quoique naturalisé et donc, dans une certaine mesure, « invisible ». Rares en effet sont les critiques qui – comme René Barjavel – ont perçu cette dimension comme un problème : « Même dans *La Grande Illusion*, il n'apparaissait pas viril. Sa dernière image, dans *Gueule d'amour*, aurait fait pleurer de pitié une petite fille » (Le Merle Blanc n° 249, 07-01-1939 cité par Claude Gauteur). Prenons d'abord l'exemple de *Pépé le Moko*. Avant son entrée dans la fiction, son identité, ses exploits, et son charme sont vantés, comme dans *Du haut en bas*. C'est, de manière significative, l'inspecteur Slimane qui, en plan moyen, récite ce texte en s'adressant directement à la caméra. Si on nous dit, plusieurs fois au cours du film, que Pépé est désiré par toutes les femmes, son statut érotique est ainsi, dès le début du film, inscrit aussi dans le regard de Slimane et, plus tard, dans celui de ses complices qui ne cessent de l'observer en silence, de le suivre, de l'imiter et de l'admirer. La fascination de Slimane pour Pépé devient obsession voyeuriste[65] : il est tenu par son métier de surveiller Pépé, mais les échanges entre les deux hommes vont bien au-delà de l'obligation professionnelle. La phrase incantatoire que répète Slimane, qu'il veut capturer Pépé « doucement, doucement » (et qui lui fait encourir le blâme de ses supérieurs) évoque le plaisir du rituel érotique qui fait reculer le moment de la conquête. Il ne s'agit pas ici d'évoquer un sous-entendu homo-érotique (même si celui-ci existe plus ou moins explicitement dans ce film comme dans *La Belle Équipe*, *Gueule d'amour* et *L'Air de Paris*), mais plutôt de montrer combien le Gabin d'avant-guerre et de l'immédiat après-guerre fonctionne comme objet de désir *universel*. Le spectateur censé admirer et désirer l'objet-Gabin est construit – à travers le relais des autres personnages – comme masculin et féminin. Pierre Duvillars remarquait : « Il est L'HOMME, le mâle, celui qu'il suffit de voir pour avoir envie de lui taper sur l'épaule et de lui serrer la main, si l'on est un homme, ou de le prendre dans ses bras si l'on est une femme. » (in *Cinéma, Mythologie du XXe siècle*, Éditions de l'Ermite, 1950, pp. 37-38).

Gueule d'amour est sans doute le point culminant de cette formule pour les années 1930, affichant dès le titre du film le statut érotique de Gabin et, comme le fait remarquer Geneviève Sellier dans son excellente analyse de ce film, sa féminisation : référence à son visage, utilisation du féminin « gueule » (in *Jean Grémillon*, op. cit., pp. 19-46). « C'est lui ! » disent les jeunes femmes qui assistent au défilé des spahis au début du film, mais il fascine tout autant son camarade René, double/faire-valoir par excellence. Dès qu'il rencontre Madeleine (Mireille Balin), le film joue sur l'effet de miroir entre les deux images également désirables, de celle-ci et de Lucien (Gabin). Lorsqu'il danse au casino avec Madeleine, elle lui fait remarquer qu'il est, autant qu'elle, l'objet des regards. Même si ce film, comme le note Sellier, utilise l'image « de luxe » de Madeleine comme mise en abyme et critique du cinéma de divertissement dominant (style boulevard), par rapport à l'image plus positive de Gabin prolétaire populiste, c'est tout de même son image à lui qui domine. On a vu au chapitre 4 que Gabin faisait l'objet de beaucoup plus de plans et gros-plans que Madeleine (195 plans contre 91, 55 gros-plans contre 1930). Cette disproportion se retrouve dans plusieurs scènes où c'est pourtant le pouvoir de séduction de Madeleine qui en est – narrativement – l'objet, par exemple lorsque Lucien se rend dans l'hôtel particulier de Madeleine pour la première fois. Après une altercation à propos d'un chèque et un échange de plans plus ou moins égal, il l'attire violemment contre lui ; à partir de ce moment-là Gabin domine le cadre et les gros plans. Son statut en tant *qu'image* est constamment souligné : Madeleine et sa mère lui disent à deux reprises « de se regarder dans une glace » ; son humiliation est très explicitement liée à la perte de son bel uniforme, sa déchéance traduite par tenues de plus en plus débraillées.

Dans *Gueule d'amour* et *Pépé le Moko*, comme dans *La Belle Équipe, La Bandera, La Bête humaine, Le Jour se lève* et d'autres, la hiérarchie classique du regard définie par Mulvey est donc contredite. Lorsque Gabin rencontre un femme pour la première fois, celle-ci montre souvent son désir pour lui au moins autant que lui pour elle. Lors de la première rencontre entre Gaby et Pépé dans *Pépé le Moko*, le début du film est repris : ses exploits sont vantés à Gaby, puis la caméra ne le révèle que peu à peu et par fragments : ses pieds, ses jambes, enfin son visage. L'échange des regards qui suit, par une alternance des champs et contre-champs, montre un degré plus ou moins égal d'objectivisation de Pépé et de Gaby. C'est cependant le désir et la fascination que Gaby éprouve pour Pépé qui lui font organiser une seconde visite dans la Casbah (avec l'aide de Slimane), pour le *voir* et le *montrer* à ses amis. Comme dans les films de Valentino, le désir de Gaby pour Pépé sera cependant strictement contenu par le récit, bloqué par les forces patriarcales combinées de son protecteur et de la police, mais son désir à lui sera également bloqué et le film se solde par son suicide.

La dimension « objet du regard/désir » de Gabin est en partie historiquement déterminée par le statut érotique du héros prolétaire dans la culture populiste de l'époque. Le « mauvais garçon », comme le suggère la chanson, donne « le grand frisson » en partie en raison de son identité de classe. La valeur érotique de ce personnage peut se mesurer dans la chanson et par sa présence dans certains magazines « d'art » (en fait semi-pornographiques) de l'époque comme *Ici Paris, Allô Paris* et *Beauté Magazine*. Avant *Gueule d'amour* elle est déjà au cœur du rôle de Gabin dans *Paris-Béguin*. Au cours d'une répétition, la vedette Jane (Jane Marnac) se moque de son partenaire (homosexuel caricatural) et demande « un homme, un homme, un homme ! » ; son vœu sera exaucé par l'arrivée dans sa chambre du voleur Bob (Gabin) (je n'insisterai pas ici sur l'idéologie du film, qui montre une femme comblée par sa séduction et son viol par un cambrioleur). Bob et l'acteur vont se remplacer mutuellement dans un jeu de substitutions, tous deux fonctionnant comme objets du désir et du regard des hommes comme des femmes, surtout à la fin du film lorsque leurs deux images sont superposées. Le statut culturel de cette image du prolétaire viril est illustré dans ce film par la transformation de la « réalité » diégétique de Gabin en un numéro de music-hall, tandis que le numéro de Jane et de son partenaire sur scène devient une « réalité » dans le récit.

Le statut d'objet du regard de Gabin dans ses films français des années 1930 se manifeste donc, à la fois par une répétition marquée des regards adorateurs des femmes et des regards admirateurs des hommes, et par les cadrages et éclairages. Il est intéressant de constater que, tandis que les spectateurs français avaient parfaitement intégré cet aspect du mythe Gabin, celui-ci constitua un obstacle à son succès dans ses films américains. Certains critiques de *Moontide* le trouvèrent excessivement « féminisé », par exemple Bosley Crowther qui écrivit : « À voir la façon dont les éclairages et la caméra se concentrent sur le physique avantageux de M. Gabin, on pourrait penser qu'il s'agit d'une star féminine glamour » (*The New York Times*, 30-04-1942). Les choses changent dans les films français de Gabin après la guerre, mais les aspects décrits ci-dessus continuent néanmoins à se manifester sous des formes atténuées jusqu'à, par exemple, *Le Baron de l'écluse*, où il séduit (platoniquement) Blanchette Brunoy, tandis que celle-ci voit son désir pour lui frustré (ce qui semble – coïncidence ? – son destin dans ses films avec Gabin ; voir aussi *La Bête humaine* où elle incarne Flore, à demi étranglée et délaissée par Gabin et Odile dans *La Marie du port*, rejetée pour sa jeune sœur Marie, Nicole Courcel). Le regard admiratif des personnages masculins sur Gabin se poursuivra tout le long de sa carrière, fonction des genres masculins dans lesquels il apparaît et des « doubles » masculins qui l'entourent, dont le rôle est le renforcement narcissique de son image.

La dimension spectaculaire de son image est aussi, on l'a vu, une des bases de son jeu, ainsi qu'une partie importante de son ancrage dans la tradition des représentations populistes. Cette fonction spectaculaire vis-à-vis du groupe masculin est aussi fondamentale pour sa définition de la virilité prolétaire (telle qu'elle s'exprime dans les lieux publics : la rue, le café, la cour de l'immeuble) qui, comme l'ont montré les études de Bourdieu et d'autres analystes du comportement masculin, a besoin d'une arène publique pour s'exhiber (on sait que plus les sociétés sont machistes – Sicile, Espagne… – plus cette dimension spectaculaire du masculin est marquée). Le critique anglais Andrew Tolson résume bien cet aspect :

> « En fait, la masculinité prolétaire devient une sorte de « performance », de jeu. Alors que le petit garçon grandit, habitué à son public, il met au point un répertoire d'histoires, de plaisanteries et rituels… L'affirmation théâtrale de la masculinité devient une fin en elle-même – toujours une suggestion, jamais une réalisation, d'un pouvoir potentiel (in *The Limits of Masculinity*, Londres, Tavistock, 1977, pp. 30-31).

Être un homme, c'est donc surtout en avoir l'air. On comprend dès lors la nécessité du rituel spectaculaire devant un public diégétique (le groupe masculin surtout) qui se poursuit durant toute la carrière de Gabin, en particulier dans les films populistes et dans les policiers.

Masculin-féminin

Objet du regard, Gabin n'en est pas moins aussi sujet du regard et du désir pour une femme, jusqu'à la fin des années 1950. *En cas de malheur* marque son dernier rôle explicite de séducteur, selon sa propre volonté, d'après André Brunelin qui affirme que « par respect pour [ses enfants] et envers leur mère, il ne voulut plus interpréter de rôles qui le mettraient en situation de brûler encore de passion amoureuse et d'avoir à embrasser une partenaire » (in *Gabin*, op. cit., p. 450). Mais ses rapports avec les femmes d'une part et avec « La Femme » d'autre part dans ses films correspondent rarement (une fois de plus) au schéma classique. Ils obéissent plutôt à la logique interne du mythe Gabin qui tente de réconcilier les deux termes de l'archétype de toutes les oppositions binaires : le masculin et le féminin. La femme, face à Gabin, n'est pas tant l'ennemie ou « l'autre », qu'un double/projection d'un aspect de son personnage. C'est là où le mythe Gabin atteint son niveau le plus complexe et, à mon avis, le plus original : il est placé au centre d'un groupe masculin qui rejette ou ignore le féminin, mais celui-ci n'est pas banni – au contraire il revient en force dans le personnage de Gabin. En construisant une division masculin-féminin à l'intérieur même du héros qu'il incarne, qui est alors au « degré zéro » dans un autre sens (celui d'un équilibre masculin-féminin), ses films lui permettent de présenter une puissante figure « universelle » d'identification. Cet aspect fondamental de son mythe prend plusieurs formes, que nous allons maintenant examiner.

Si la femme est l'objet de fascination central du cinéma américain classique, les études féministes ont émis l'hypothèse qu'elle fonctionne en fait comme représentation de l'altérité exprimée d'un point de vue masculin : c'est le « non-homme », objet du désir vénéré ou spectre effrayant qui doit être « puni », d'où la construction duelle de la femme au cinéma : soit sur un piédestal, soit humiliée, allant, comme dans le titre du célèbre livre de Molly Haskell, « de la vénération au viol » (*From Reverence to Rape : The Treatment of Women in the Movies*, New York, Holt, Rinehart & Winston, et Penguin, Hardmondsworth, 1974 ; traduit en français sous le titre *La Femme à l'écran* : de Garbo à Jane Fonda, Paris, Seghers, 1977). Les films de

Gabin modifient cette configuration : de même qu'il y avait eu des doubles masculins, la femme y fonctionne plutôt comme double, comme miroir de son personnage. La similarité entre François et Françoise (Jacqueline Laurent) dans *Le Jour se lève* a souvent été remarquée (même nom, même fête, même statut d'orphelins) ; elle est loin d'être la seule. Dans ce même film, par exemple, Clara (Arletty) fonctionne comme un autre double de Gabin, son double « réaliste » (plus ou moins le même âge, même milieu, même accent) alors que Françoise est son double idéal, « poétique ». On peut citer d'autres exemples, tels que Simone (Gaby Basset) dans *Chacun sa chance* (« un p'tit vendeur, une p'tite vendeuse »). Lantier et Séverine (Simone Simon) dans *La Bête humaine* ont, au début de leurs rapports, le fantasme de rester « camarades ». En décrivant leur couple, Gabin dit à Nelly (Morgan) dans *Le Quai des brumes* : « *Quand une fille est belle, qu'elle est jeune, qu'elle veut vivre, c'est comme un homme qu'essaierait d'êtr'libre, tout le monde est contre eux* » ; leur ressemblance est soulignée par la répétition d'une image : le moment où elle lui demande de l'embrasser à la fête foraine est inversé, à la fin du film quand c'est lui qui le lui demande. Dans *Moontide*, Ida Lupino et Gabin sont décrits comme « deux enfants perdus » par le personnage joué par Claude Rains. Isa Miranda dans *Au-delà des grilles* lui déclare « Ah, t'es malheureux, toi aussi », ressemblance soulignée par une image : pour savoir si on a pu les entendre, ils prennent à tour de rôle la même position dans un lit, cadrés de la même façon. À la fin de *Pépé le Moko* (est-ce un hasard ?) Gabin porte un foulard clair à pois noirs, Balin un foulard noir à pois blancs. Enfin, en termes symboliques, il est clair que dans la plupart des films cités ci-dessus (et d'autres de la même époque), Gabin et son double féminin sont placés par rapport à la Loi « du père » dans la même position d'impuissance, comme des enfants. C'est pourquoi leur tentative de former un couple se solde dans la plupart des cas par l'échec, à une exception près : le départ chaplinesque de Pépel (Gabin) et Natasha (Junie Astor) main dans la main à la fin des *Bas-fonds*. Le drame du héros joué par Gabin dans les films d'avant-guerre condense sur un registre pessimiste la dimension psycho-sociale de la virilité prolétarienne : son impuissance sur l'échelle sociale se double d'une impuissance devant la loi du « père ». Ce double « échec » est cependant compensé par le charisme de l'acteur, son statut de star, par sa domination du récit jusqu'à son issue fatale. Cette dualité le met à part des autres personnages du cinéma français aussi placés comme des « enfants » – par exemple les deux amoureux (Jean-Pierre Aumont et Annabella) d'*Hôtel du Nord*. Là où ceux-ci sont dans tout le récit dominés, les personnages incarnés par Gabin sont à la fois dominés et dominateurs, reflétant le « drame » du prolétaire masculin : dominé sur l'échelle sociale, mais néanmoins dominant dans son petit monde à lui et notamment par rapport aux femmes.

Ayant dit que la femme n'était pas l'ennemie dans les films de Gabin, que faire de ceux qui surtout après la guerre font preuve d'une misogynie noire, comme *Voici le temps des assassins*, *Un singe en hiver*, *Le Chat* ou *Verdict*, ou même d'une misogynie plus ordinaire, comme *La Belle Équipe*, *La Vérité sur Bébé Donge* ou *Mélodie en sous-sol* ? Parmi ces films, plutôt que d'isoler divers degrés de misogynie, je distinguerai deux types de récits. Le premier consiste à bannir la femme et la remplacer par un homme ou un groupe d'hommes : *Les Gaîtés de l'escadron*, *La Belle Équipe*, *Mélodie en sous-sol*, *Un singe en hiver*, etc. Dans ces films, le groupe (ou couple) masculin tente de recréer une communauté coupée des rapports sociaux ordinaires et en particulier de tout rapport avec les femmes. Ces groupes masculins offrent un spectacle régressif qui caractérise en particulier les films militaires – d'où le succès du comique troupier (au-delà de l'existence des publics de casernes). Gabin dans les années 1930 apparut dans ces types de film, dans le registre sérieux (*La Bandera*, *La Grande Illusion*, *The Impostor*) et comique : *Les Gaîtés de l'escadron*, où, dans la tradition du genre, il désobéit aux ordres, dépose des ordures dans un bureau, joue avec la nourriture, etc.

Dans tous ces films qui tentent d'éliminer les femmes, il est clair que celles-ci ne sont pas exclues du groupe masculin parce qu'elles sont « inférieures » mais au contraire parce qu'elles représentent la responsabilité sociale souvent symbolisée par le mariage. L'exemple le plus frappant est sans doute *Un singe en hiver*, film qui célèbre l'irresponsabilité masculine à travers la boisson (pour une représentation grotesque de la communauté masculine régressive, voir aussi *Les Vieux de la vieille*). La parade de la supériorité masculine cache (mal) sa véritable motivation : la peur du féminin. Les femmes, cependant, ne sont pas absentes. Dans ces films qui représentent des groupes masculins plus ou moins coupés des femmes, celles-ci font figure d'éternelles rabat-joie (aigries, sèches, peu maternelles – elles n'ont d'ailleurs généralement pas d'enfant), tandis que les valeurs féminines positives – tendresse, réconfort, vulnérabilité – sont incorporées aux personnages masculins et surtout, bien entendu, à celui de Gabin, servi en cela par son jeu « passif ». Ces valeurs se manifestent donc de la part des hommes à l'égard d'autres hommes, tandis que les « vraies » femmes sont caricaturées ou exclues. Dans les films de Gabin de ce type, les rapports entre hommes sont représentés avec tant de chaleur, les rapports entre hommes et femmes avec tant d'aigreur, qu'il ne reste au spectateur qu'une conclusion : la femme idéale, c'est un homme, la femme idéale, c'est lui !

Le deuxième type de récit concerne des films qui, au contraire, éliminent ou marginalisent les hommes et placent au centre du récit, face à Gabin, une femme : *Au-delà des grilles, Martin Roumagnac, la Vérité sur Bébé Donge, Le Chat, Verdict*. L'égalité ou la quasi égalité de statut des vedettes féminines (respectivement Isa Miranda, Marlène Dietrich, Danielle Darrieux, Simone Signoret, Sophia Loren) est à la base de cette configuration, ce qui n'était pas le cas par exemple de Michèle Morgan ou Simone Simon avant-guerre (*En cas de malheur* est différent en raison de la différence d'âge entre les deux stars ; il sera étudié plus bas). Ces films, sans exception, se soldent tragiquement pour Gabin comme pour la femme, comme si cette confrontation était intenable, et surtout comme si le mythe Gabin ne pouvait exister loin de sa communauté d'hommes (une exception : l'épisode du *Plaisir*, qui, dans un registre comique, nous présente Gabin comme seul homme dans un monde de femmes : Danielle Darrieux, Ginette Leclerc, Madeleine Renaud et d'autres encore). L'héroïne d'*Au-delà des grilles*, ainsi que sa fille, ne peuvent sauver Gabin de son destin tragique. Dans *Martin Roumagnac*, le monde des hommes (le café, le chantier) où Gabin est placé initialement, lui devient hostile. À la brasserie, les autres hommes le critiquent ou se moquent de lui ; il perd le respect de ses ouvriers lorsqu'on apprend qu'il n'a pas réglé sa prime d'assurances. Dans *La Vérité sur Bébé Donge* il éprouve la solidarité masculine du monde du travail dans les scènes du passé, mais est par contre confronté à la femme (et à la mort) dans la partie présent. *Le Chat* est l'aboutissement, dans un registre extrêmement pessimiste, de la trajectoire qui le détache des groupes masculins (à l'exception de la réunion syndicale qui le ramène brièvement à l'atelier d'imprimerie). Ce film plus que tout autre montre que l'absence de collectivité sociale dans le cinéma français se traduit non par l'absence de la famille, mais par l'absence du groupe masculin. La disparition de ce groupe dans *Le Chat*, symbolisée par la destruction de la banlieue traditionnelle et son remplacement par les HLM, signifie que Gabin se retrouve vraiment seul face à la femme, et confronté au désastre : absence totale de communication et de désir dans le couple, mort, suicide. De même, *Verdict* (avant-dernier film de Gabin) le montre pratiquement coupé de tous, face à la mère abusive (Sophia Loren) du jeune condamné qu'il doit juger. L'une des meilleures scènes de ce film étrange est d'ailleurs celle qui le replace brièvement dans un semblant de communauté : les jurés et magistrats avec lesquels il discute l'article 343 du code pénal.

Le Chat et *Verdict* illustrent cependant aussi la dimension du mythe Gabin dont nous avons parlé plus haut. C'est-à-dire que la femme n'y est en fin de compte qu'une double-projection – horrifique dans ce cas – de lui-même. Dans ces deux films, comme dans *Martin Roumagnac* et comme dans *La Bête humaine* et *Gueule d'amour*, la destruction de la femme est le miroir de la sienne. À cet égard, dans ces trois derniers films comme dans *La Belle Équipe*, il est faux de dire que Gabin est mené à sa perte par une « femme fatale », puisque cette fatalité est située en lui-même, la femme n'en est que le reflet. Il faut tout de même s'arrêter ici sur un point important : si le destin tragique de ces femmes reflète le sien, c'est lui qui, dans tous les cas, contrôle ce « destin ». N'oublions pas que les femmes sont souvent les victimes du meurtre qu'il commet contre elles directement (*La Bête humaine, Gueule d'amour, Martin Roumagnac*), ou indirectement (*Le Chat* ; *Verdict* est à cet égard une exception, puisque c'est le personnage de Sophia Loren qui prend toutes les initiatives). De même que l'incorporation du féminin dans le protagoniste qu'il incarne au sein d'un groupe ou couple d'hommes se fait aux dépens des « vraies » femmes, ce sont celles-ci encore qui font les frais de sa confrontation avec « la femme » – ce que le prestige de l'acteur et le statut culturel de son personnage (héros masculin tragique) risquent de nous faire oublier. Le Minotaure écrivait par exemple : « Il ne tue pas pour son plaisir. Regardez tous ses crimes. En est-il un qu'il ait désiré ? [...] tuer, c'est sa façon d'être libre et d'aller jusqu'au bout de lui-même » (*L'Écran français*, n° 74, 27-11-1946). Le fait que la femme doive payer de sa propre vie le désir du héros masculin « d'aller jusqu'au bout de lui-même » ou, comme dans *Gueule d'amour*, la frustration de son désir de transcender les classes sociales, est un point qui ne semble pas avoir frappé ce commentateur, comme beaucoup d'autres, mais qui mérite d'être noté. Car si, dans les films où Gabin tue une femme, il se détruit aussi lui-même, c'est pour mieux dissimuler le rôle idéologique de la femme fatale : justifier la violence masculine contre les femmes.

C'est, semble-t-il, lorsque « la femme » et « le féminin » se recoupent que la féminité en s'affirmant est inacceptable – d'autant plus qu'il s'agit de la féminité « adulte ». *Le Chat* montre très clairement que Gabin ne peut accepter le miroir de sa propre déchéance. C'est peut-être pourquoi ces confrontations homme-femme « adulte » sont rares. Les films de l'après-guerre en effet intensifient les « histoires d'hommes » (le dernier film de Gabin, *L'Année sainte*, est un policier comique où il fonctionne en couple avec Jean-Claude Brialy). On trouve cependant un autre type de rapports homme-femme entre Gabin et ses partenaires féminines dans les films de l'après-guerre : à partir de *La Marie du port* Gabin, plus âgé, accède à la position du père (réel ou symbolique) placé vis-à-vis d'une très jeune femme, reprenant en cela un thème dominant du cinéma français des années 1930. Dans ce nouveau personnage, son mythe continue d'incorporer le masculin et le féminin[66].

Notre père, qui êtes au cinéma

Des années 1950 aux années 1970, Gabin va en effet occuper la place de choix des acteurs masculins français dans le cinéma populaire : celle du « père » ; que l'on pense, avant lui, à Harry Baur, Jules Berry et Raimu, et après lui à Lino Ventura, Yves Montand, puis Gérard Depardieu (Gabin est donc typique d'un aspect fondamental du cinéma français, mais il l'a porté à son apogée en raison de son statut inégalé). Ses doubles masculins, toujours présents, se divisent alors en deux catégories : les copains de son âge (Riton et Pierrot dans *Touchez pas au grisbi*, Ernest dans *Rue des prairies*, Gouvion dans *Le Pacha*, etc.) et les « fils », qui sont parfois « réels », comme dans *Le Clan des Siciliens*, mais plus souvent symboliques. La femme d'âge mûr, par contre, a rarement l'occasion d'être une « copine » ; si elle l'est, son rôle est effacé (Mme Bouche dans *Touchez pas au grisbi*, Léa – Ginette Leclerc – dans *Le cave se rebiffe*). Comme dans les films des années 1930, la femme mûre, la « mère », sauf cas extrême de monstruosité (*Voici le temps des assassins, Maigret tend un piège, Verdict*), est une figure qui a déjà disparu avant le début du film (*Rue des prairies, La Horse*), ou reste en marge de l'histoire. Voir, dans ce sens, *Des gens sans importance, Le Clan des Siciliens, Le Tonnerre de Dieu*… Voir aussi le personnage d'Edwige Feuillère dans *En cas de malheur*, et ceux joués par Suzanne Flon dans *Un singe en hiver* et *Sous le signe du taureau*, personnages toujours aigris, et pour cause, puisque ces « mères » doivent toujours s'effacer pour laisser la place à un « fils » (*L'Air de Paris*) et, plus souvent, à une « fille » (*En cas de malheur*).

Borde et Chaumeton, qui décidément étaient sévères avec Gabin, déclaraient brutalement : « Avant la guerre, Gabin faisait merveille dans les versions populistes de l'amour fou. Aujourd'hui il baise. Et il baise toujours, ce n'est pas un hasard, des femmes plus jeunes que lui » (*Panorama du film noir américain*, op. cit., p. 168). En lui imputant ainsi la responsabilité de cette formule, ils oubliaient qu'elle a un long historique dans la culture et le cinéma français. Des contes de fées (*Peau d'Âne, La Belle et la Bête*), au roman du XIXe siècle, la littérature française semble en effet avoir particulièrement privilégié l'axe père/fille. Les dernières paroles du Père Goriot n'étaient-elles pas pour ses filles comme « son vice », le couple principal des *Mystères de Paris* celui formé par Rodolphe et Fleur-de Marie, celui des *Misérables*, Cosette et Jean Valjean, ce dernier incarné par tous les « pères » du cinéma français, y compris Gabin, dont ce fut l'un des plus grands succès au box-office. Comme dans le cinéma des années 1930 et 1940 (voir Raimu dans *La Femme du boulanger, Gribouille, Dernière jeunesse, La Fille du puisatier* – Harry Baur dans *Sarati le terrible* – Michel Simon dans *Le Quai des brumes* et *Panique* – Jules Berry dans *Arlette et ses papas*), la figure du père va prendre chez Gabin, comme chez ses antécédents, deux formes principales : le père séducteur dans *La Marie du port*, avec Nicole Courcel ; *La Vierge du Rhin*, avec Nadia Gray ; *Des gens sans importance* et *French-Cancan* avec Françoise Arnoul, *Voici le temps des assassins* avec Danièle Delorme, *Razzia sur la chnouf* avec Magali Noël, *En cas de malheur* avec Brigitte Bardot ; et le père nourricier dans *Rue des prairies* où on le voit avec son cabas faire son marché, *Sous le signe du taureau*, où sa fonction se réduit à donner de l'argent. Dans *Le Cas du Docteur Laurent*, il est l'homme de science qui aide les femmes à faire venir les enfants au monde (contre l'hostilité, entre autres, des sages-femmes) et par la même occasion il aide une « fille-mère » (Nicole Courcel) ; dans *Des gens sans importance, Voici le temps des assassins, En Cas de malheur, Le Tonnerre de Dieu*, il recueille de « jeunes paumées » (à noter qu'il le fait aussi à l'égard des « fils » – par exemple dans *L'Air de Paris, Chiens perdus sans collier, Rue des prairies, Deux hommes dans la ville*).

Comme on peut le voir, les deux fonctions – père séducteur et père nourricier – se recoupent considérablement. Le père séducteur se double du père nourricier ; il habille et nourrit ses « filles » par exemple dans *Gas-oil, Razzia sur la chnouf* et *En cas de malheur*. Dans ce dernier film, voir à cet égard les scènes où Gabin achète des vêtements de ski à Bardot, la nourrit à la fourchette et lui mouche le nez à deux reprises. Le père nourricier quant à lui n'est pas sans éprouver une attirance pour sa fille, qu'elle soit « réelle » comme dans *Rue des prairies* (où il fait danser Marie-José Nat et l'embrasse dans le cou ; surprise, elle croit qu'il s'agit d'un autre homme) ou bien adoptive comme dans *Le Tonnerre de Dieu*. La nature ambivalente de ce père à la fois séducteur et nourricier est particulièrement évidente dans des films comme *Rue des prairies* (où il fait une scène de jalousie à l'amant de sa fille, qui a le même âge que lui) et *Des gens sans importance*. Dans ce dernier film, alors qu'il se comporte en père répressif vis-à-vis de la sexualité de sa propre fille (Dany Carrel), il séduit Clo, la serveuse du café (Françoise Arnoul) en lui avouant « *je pourrais être ton père* ». Ses dernières paroles à Marie (Nicole Courcel) qu'il est sur le point d'épouser à la fin de *La Marie du port* sont « *on leur dira que je suis ton père* ». Le résultat de cette configuration père séducteur/nourricier et mère absente est que le rôle du père incarné par Gabin incorpore le féminin sous la forme du maternel. Gabin devient, en quelque sorte, notre père et notre mère. Cette dimension maternelle tempère l'aspect autoritaire de ces figures de patriarches qui ont souvent été vues comme représentations de l'autorité pure. Si, indubitablement, des films comme *Les Grandes Familles*, *La Horse* et *L'Affaire Dominici* le montrent en patriarche autocrate, ils le présentent aussi comme figure brisée, humiliée et/ou vaincue. En même temps que l'arrogante mainmise sur la loi et l'ordre par les personnages de Gabin, ces films mettent en scène la précarité de cette situation.

S'il n'est pas le seul acteur français à avoir incarné le rôle du père, la place dominante qu'il tient dans le cinéma français nous autorise à nous interroger sur les fonctions de cette dimension de son mythe. Tout d'abord, à la fois symptôme et motivation, l'importance de la figure du père dans le cinéma français sert à perpétuer la domination des acteurs masculins d'âge mûr au box-office français (face à des actrices de plus en plus jeunes). En retour, ce phénomène infléchit des genres comme le policier – alors que leurs équivalents américains ont tendance à mourir jeunes, les policiers et gangsters français dépassent fréquemment l'âge de la retraite ; s'il y a eu des changements dans ce schéma depuis les années 1970, il y a aussi des continuités : voir les personnages joués par Roger Hanin, Michel Piccoli et Philippe Noiret. Pour en revenir à l'axe père-fille, cette configuration permet des rapports homme-femme traditionnels dominant-dominée. D'où l'élimination de la femme mûre qui « fait peur » ou bien son portrait-caricature (exorcisme) en monstre. L'incorporation du féminin dans les personnages mûrs de Gabin va donc de pair avec le rejet des femmes, sauf sous la forme malléable des jeunes filles.

En représentant le père qui materne, Gabin « détourne » la féminité à son profit. C'est ainsi que le grand rôle qui – dans le cinéma classique américain – permet à la femme adulte d'occuper le devant de la scène – celui de la mère – est occupé par l'homme dans le cinéma français. Là où « Stella Dallas » (par exemple Barbara Stanwyck dans la version la plus célèbre de King Vidor) ou « Blonde Venus » (Marlène Dietrich) atteignent sinon au sublime du moins à la notoriété dans la souffrance et le sacrifice, c'est Jean Valjean qui dans *Les Misérables*, souffre le plus. C'est Gabin qui, en tant que père éploré dans *Rue des prairies* récite le pathétique discours du parent dont les enfants grandis ont déserté le foyer. C'est lui qui souffre et meurt dans *La Vérité sur Bébé Donge* (alors que le roman de Simenon est beaucoup plus centré sur Bébé Donge, sorte de Bovary moderne). Les valeurs féminines sont représentées et valorisées, mais à condition d'être prises en charge par un homme. Cette configuration permet à Gabin d'atteindre l'idéal de l'être complet : masculin/féminin, homme/femme, père/mère. Cette position est d'autant plus puissante que la plupart des familles à la tête desquelles il se trouve sont symboliques plutôt que réelles sur le plan diégétique (les films dont le sujet est une « vraie » famille en montrent toujours les divisions – *Les Grandes Familles, Rue des prairies, La Horse* – tandis que le projet des policiers, par exemple, est de récréer le milieu comme une « famille »).

Une autre raison s'offre pour expliquer l'attrait du mythe Gabin sur le cinéma français, et en particulier la puissance de son incarnation dans le couple père/fille. Dans une relecture de Freud, Sarah Kofman fait remarquer que, d'après Freud, l'attrait principal de la (jeune) femme est d'avoir su préserver une certaine forme de narcissisme (pris ici dans un sens positif), narcissisme qui évoque chez le héros le « paradis perdu de l'enfance », ou du moins son fantasme (in *L'Énigme de la femme : La femme dans les textes de Freud*, Paris, Galilée, 1980, pp. 60-80). Dans cette optique, on peut comprendre la fascination exercée par la jeune fille (mais aussi le jeune homme narcissique – par exemple Delon) sur l'homme d'âge mûr incarné par Gabin – surtout comparée aux personnages très négatifs de femmes mûres. Les Lolitas boudeuses – Bardot, Arnoul, Courcel, Carrel, Delorme, Michèle Mercier – qui tombent (réellement ou symboliquement) dans les bras de Gabin, dans cette hypothèse, combinent attrait sexuel, promesse de renouveau et régression narcissique vers l'enfance, tandis que les beaux jeunes hommes présentent un miroir à son propre narcissisme perdu. Si, comme on l'a souvent dit, Gabin « vieillit avec son public », il lui offre, par cette formule, le fantasme d'un retour en arrière.

CONCLUSION

LE « SYSTÈME G »

Star à la carrière unique dans le cinéma français, Français idéal d'un cinéma ethnocentrique et homme « universel », il n'est pas étonnant que Gabin ait atteint la dimension d'un mythe sans pareil. Pour le plus grand plaisir de ses spectateurs, à travers un centaine de films, il réussit la réconciliation magique de valeurs antagonistes : ordinaire et extraordinaire, pauvre et riche, prolétaire aux racines dans la France profonde et bourgeois individualiste qui a réussi son ascension sociale, héros viril par excellence qui valorise les valeurs féminines (mais pas les femmes !).

De même qu'en France nous avons le « système D », le mythe du Français débrouillard, le cinéma français a son mythe Gabin, son « système G ». Ce système est d'une efficacité redoutable puisque, en faisant paraître naturelle une construction hautement culturelle, il fait « admettre l'inadmissible », accepter tous les compromis. Pour reprendre l'image de *La Bête humaine*, il permet à un personnage de cheminot maladif, meurtrier et suicidaire de devenir un héros national, un emblème de la Révolution. S'il est possible – c'est là le projet de ce livre – de démonter les rouages du mythe Gabin et d'en montrer les fondements idéologiques très discutables, il est cependant permis d'éprouver de la nostalgie pour le « système G » à tout jamais révolu, puisque l'ordre social et le cinéma qu'il représentait ont également disparu. Lorsque la copie en bois de

« la Lison » défilait sur les Champs-Élysées le 14 juillet 1989, c'était aussi un monument au cinéma populaire. Le mythe Gabin survivra tant que survivra la mémoire de ce cinéma, ne serait-ce que parce qu'il opère une ultime réconciliation : celle du présent et du passé. L'identité d'une nation va toujours chercher ses sources dans un passé mythique, de même que l'identité de l'individu se situe dans une enfance tout aussi mythique. Nous avons vu que lorsque Gabin était jeune, la figure du prolétaire qu'il représentait avait une longue histoire : jeune, il était déjà « vieux » ; après la guerre, quand il est devenu le père, il s'est retourné vers un rêve de jeunesse, un rêve des « origines » – les siennes et celles des spectateurs.

Le rôle de Gabin, comme « lieu de mémoire » (cinéphilique et autre) des Français au XXe siècle, trouva une certaine consécration avec l'ouverture en septembre 1992, peu de temps avant la première sortie de ce livre, du musée Gabin, à Mériel, le village de son enfance. Depuis, sa popularité n'a cessé de s'affirmer et d'autres ouvrages sont parus (voir bibliographie). Tandis que nous préparons la deuxième édition de ce volume, les ventes d'affiches, photos et autres objets vont bon train sur eBay, la rediffusion de ses films à la télévision continue et leur réédition en DVD (entre autres la collection Gabin de Studio Canal, en 2005-2006) montre que, à travers les anciens comme les nouveaux médias, Gabin n'est pas près d'être oublié.

APPENDICES

« *Je n'ai pas revu* La Bête humaine... *mais, quand on a projeté* Le jour se lève, *j'ai eu l'impression, en regardant, de me trouver en face de mon propre fils à vingt-cinq ans.* »

(Jean Gabin, à Hervé Le Boterf, *Télé-Magazine*, 19-04-1959)

« Le jour se lève ? *Ça été un beau bide. À ce moment-là, on n'avait pas encore vu beaucoup ce qu'ils appellent le « flash back »* [...] *Le public n'aimait pas ça non plus.* [...] Le jour se lève *a commencé à marcher seulement après la guerre. Mais pour les souvenirs de ce film, que dalle ! J'avais trente-cinq berges à l'époque. Je m'souviens que j'étais beau gosse. Et Arletty ! Quelle belle môme ! C'est dommage, « ils » ont coupé toutes les scènes du film où elle était nue : à un moment du film, elle se douchait dans un « tub » et je lui passais ses fringues. Aujourd'hui on n'aurait jamais coupé ça. C'que c'est dommage !... Je me rappelle aussi qu'à un moment du film, j'faisais beaucoup de vélo... Pour le reste, je m'souviens plus.* [...] *Ma femme a un appareil de projection. Une fois elle a projeté* Les Vieux de la vieille *et toute la famille a regardé. Mais c'est la seule copie de mes films que nous ayons. Et c'est ma femme qui l'a achetée. J'aime pas trop revoir mes anciens films parce que ça se démode vite. Le style, comme on dit maintenant, néovériste, genre actualité, ça tient le coup. C'est bon. Mais* La Bandera, *la Légion, ça tient plus ! Avec le père Renoir, j'ai fait plusieurs chefs-d'œuvre* : Les Bas-fonds, La Bête humaine *et* La Grande Illusion. *J'en ai fait d'autres qui sont devenus des classiques* : Pépé le Moko, Quai des brumes, Le jour se lève... »

(Jean Gabin, à Stéphane Épin, *Télé 7 jours*, 09-05-1970)

« [...] *Il faut subir, donc je subis. Ce film* [Sous le signe du taureau] *je ne le tourne que pour payer mes impôts, pour payer le voyage du Général en Turquie. C'est quelque chose ! Mais je ne peux rien y faire. Alors, je subis. Je suis un imbé-*

cile comme tout le monde. Non, ne me parlez pas de cinéma, je n'y connais rien. Ma liberté consiste à faire des films, bons ou mauvais. Il faut bien avouer que j'en fais beaucoup de quelconques. Les gens me font rigoler. Ils croient que c'est marrant de faire du cinéma ; mais c'est très difficile, un vrai métier, qu'il faut faire le mieux possible pour que le public en ait pour son pognon. Ne me demandez pas quel film j'ai préféré tourner. C'est le genre de questions qu'on me pose depuis quarante ans. [...] J'en ai rien à faire. Un jour, un truand, un jour, un savant. Si je n'y étais pas obligé, dites-vous bien que je ne ferais plus de cinéma, mais j'ai mes gosses à élever, mes impôts à payer. [...] Avant la guerre, c'était bien plus facile. Et d'une, j'étais plus jeune. Et de deux, j'avais pas de réputation à soutenir. Avant la guerre, j'étais un innocent, je ne faisais pas de films pour le pognon. Seulement parce qu'ils étaient bons. Et maintenant, quoi, maintenant ? [...] »

(Jean Gabin, à Monique Pantel, *France-Soir*, 23-11-1968)

« *Paysan, c'est un métier beaucoup plus sérieux que le cinéma. Au cinéma, on a affaire à des dingues. Acteur, ce n'est pas une profession normale. On vend du vent. [...] Le cinéma, je le sers le mieux possible. Mais moi je ne travaille pas pour la gloire. Je travaille pour de l'argent, de l'argent que je ne calcule pas en francs, mais en vaches.* Maigret, *c'est tant de vaches,* Le Président, *un champ de fourrage,* Le cave se rebiffe, *une trayeuse électrique et* Le Baron de l'écluse *une nouvelle fosse à purin.* »

(Jean Gabin, à Louis Valentin, *Lui* n° 131, décembre 1974)

Théâtrographie

« Gabin avait-il réussi sa vie ? Audiard me dit son grand regret : « En fait, il aurait aimé faire du music-hall, chanter, danser. Sa seule vraie idole ? Maurice Chevalier. »

(Odile Grand, *Télé Star*, 11-04-1981)

1922 Figurant aux Folies-Bergère.

1923 14-04 *La Revue de Rip*, au Vaudeville. Avec Marguerite Deval, Thérèse Dorny, Gaby Montbreuse, Miss Iriss Rowe, Signoret, Morton, Georgé, Quinault, Vilbert. Jean Gabin y est un garde égyptien, un contrôleur, un mendigot et un pirate.

Le 1er juin, nouvelle version, avec Spinelly dans *L'Amour à Paris*.

23-12 *La Dame en décolleté*, aux Bouffes-Parisiens. Comédie musicale en trois actes d'Yves Mirande et Lucien Boyer, musique de Maurice Yvain. Avec Dranem, Lucien Baroux, Marthe Davelli et Tirmont. Jean Gabin y est un barman, au premier acte.

1926 01-09 *Trois Jeunes Filles nues*, aux Bouffes-Parisiens. Opérette en trois actes d'Yves Mirande et Albert Willemetz, musique de Raoul Moretti. Créée le 3 décembre 1925 par Dranem, Edmond Roze, Jeanne Saint Bonnet, Gaby Basset et Joseph Gabin. Jean Gabin, jusque-là doublure, reprend, de septembre à décembre 1926, le rôle de Marcel, un officier de marine, créé par Gustave Nellson.

1927 Tour de chant à Paris et en province. Tournée en Amérique du Sud.

1928 18-04 *Paris qui tourne*, au music-hall du Moulin Rouge. Revue de Jacques-Charles et Earl Leslie, avec Mistinguett.

1929 19-01 *Allô... Ici Paris*, au music-hall du Moulin Rouge. Revue de Jacques-Charles et Earl Leslie, avec Elsie Janis.

09-05 *Flossie*, aux Bouffes-Parisiens. Opérette en trois actes de Marcel Gerbidon, paroles de Ch. L. Pothier, musique de Joseph Szule. Avec Jacqueline Francell, Marthe Derminy, Mireille, Josylla, Koval, Louis Blanche, Georgé et Robert Ancellin. Jean Gabin y est William, un neveu de pasteur.

1930 07-05 *Arsène Lupin banquier*, aux Bouffes-Parisiens. Opérette en trois actes d'Yves Mirande et Albert Willemetz, d'après Maurice Leblanc, musique de Marcel Lattès. Avec Jacqueline Francell, Meg Lemonnier, Koval, Louis Blanche, Lucien Baroux, Robert Ancelin, Paul Faivre et Joseph Gabin. Jean Gabin y est l'acolyte « à transformations » de Koval-Lupin.

1949 02-02 *La Soif*, au théâtre des Ambassadeurs. Trois actes et cinq tableaux d'Henry Bernstein. Avec Madeleine Robinson, Claude Dauphin, Aline Bertrand, Guy Saint-Clair et René Martin. Jean Gabin y est Jean Galone, artiste peintre.

Filmographie

« Je m'en voudrais de terminer ces notes rapides sans adresser un bien cordial coup de casquette aux quatre hommes avec qui j'ai pratiquement fait toute ma carrière de cinéma : Julien Duvivier, Jean Renoir, Marcel Carné, Jean Grémillon – « Dudu », « le Gros », « le Môme » et « le Breton » – quatre gars qui connaissent magnifiquement leur métier, quatre grands metteurs en scène « potes » ! »

(Jean Gabin, *Le Film vécu* n° 8, 09-03-1950)

« [...] *seuls deux metteurs en scène m'ont apporté quelque chose. Ils se nomment Duvivier et Renoir. Duvivier est le grand horloger de la profession. À lui la palme pour la précision dans le maniement de la caméra, la rigueur du minutage et l'exactitude des moindres détails. Renoir, tout à l'opposé, a illustré sous mes yeux les avantages que peuvent parfois présenter l'improvisation et la fantaisie.* »

(Jean Gabin, à Maurice Tillier, *Le Figaro Littéraire*, 11-06-1964)

Abréviations retenues : P : Production. Dn : Distribution. R : Réalisation. A : Adaptation. S : Scénario. D : Dialogue. I : Interprétation. Le nom du personnage interprété par Jean Gabin est indiqué entre parenthèses. Les dates sont celles du tournage, et non de la sortie des films.

1930 1. *Chacun sa chance*

P : Pathé-Natan (Marcel Hellman Film). Dn : Pathé-Consortium-Cinéma. R : Hans Steinhoff et René Pujol. S : Richard Arvay et Charlie Roellinghoff, d'après une nouvelle de Bruno Hart-Warden. A et D : René Pujol. I : Gaby Basset, André Urban, Renée Héribel, Jane Pierson, Raymond Cordy, Jean Gabin (Marcel Grivot).

2. *Méphisto*

P : Société des Films Osso. R : Henri Debain, Nick Winter et René Navarre. S : Arthur Bernède. I : Janine Roncordy, René Navarre, France Dhelia, Milly Mathis, Lucien Callamand, Jacques Maury, Gil Roland, Mihalesco, André Marnet, Jean Gabin (Jacques Miral), Paul Clerget, Godeau, Marie de l'Isle, Zells, Viviane Elder, Hélène Terpsé, Alberti.

1931 3. *Paris-Béguin*

P : Société des Films Osso. R : Augusto Genina. S et D : Francis *Carco*. I : Jane Marnac, Fernandel, Jean Max, Violaine Barry, Charles Lamy, Rachel Berendt, Saturnin Fabre, Pierre Finaly, Jean Gabin (Bob).

4. *Tout ça ne vaut pas l'amour*

P : Pathé-Natan. R : Jacques Tourneur. S et D : René Pujol. I : Marcel Levesque, Josseline Gaël, Mady Berry, Jean Gabin (Jean Cordier), Jeanne Loury.

5. *Cœur de lilas*

P : Fifra. Dn : Artistes Associés. R : Anatole Litvak. S : Dorothy Farnum, Anatole Litvak et Serge Veber, d'après Tristan Bernard. D : Serge Veber. I : Marcelle Romée, André Luguet, Jean Gabin (Martousse), Madeleine Guitty, Carlotta Conti, Marcel Delaître, Fréhel, Georges Paulais, Paul Amiot, Fernandel, Pierre Labry.

6. *Pour un soir...!*

P : Union des Producteurs de films. R : Jean Godard. I : Jean Gabin (Jean), Colette Darfeuil, Cillie Andersen, Régine Dhally, Georges Melchior, Guy Ferrant.

7. *Cœurs joyeux*

P : Pathé-Natan. R : Hans Schwartz. S : Herman Kosterlitz. D : Jean Guignebert. I : Jean Gabin (Charles), Josseline Gaël, Gabriel Gabrio, Lucien Callamand, René Bergeron, Georges Vitray, Marcel Delaître, Paul Amiot, Henri Vilbert.

1932 8. *Gloria*

P : Pathé-Natan, Matador Films. R : Hans Behrendt et Yvan Noël. S : Hans Szekely. I : Brigitte Helm, Jean Gabin (Nourry), André Roanne, André Luguet, Mady Berry, Jean Dax.

9. *Les Gaîtés de l'escadron*

P : Pathé-Natan. R : Maurice Tourneur. A et D : Georges Dolley d'après Georges Courteline. I : Raimu, Jean Gabin (Fricot), Fernandel, Henri Roussel, Mady Berry, Pierre Labry, Paul Azaïs, Lucien Nat, Katty Pierson, Julien Carette, Armontel.

10. *La Belle Marinière*

P : Paramount. R : Harry Lachmann. S : Marcel Achard d'après sa pièce. I : Madeleine Renaud, Jean Gabin (le Capitaine), Pierre Blanchard, Rosine Déréan, Jean Wall, Hubert Daix.

11. *La foule hurle*

P : Warner Bros. R : Jean Daumery (et Howard Hawks). S : Seton I. Miller et Howard Hawks. A et D : Paul d'Estournelle de Constant. I : Jean Gabin (Joë Green), Franck O'Neill, Sergius, Hélène Perdrière, Francine Mussey.

1933 12. *L'Étoile de Valencia*

P : Ufa. Dn : Ace. R : Serge de Poligny. S : Friedrich Zeckendorf et Axel Rudolf, d'après une idée de Rudolph Katscher et Otto Eis. D : Jean Galtier-Boissière. I : Brigitte Helm, Jean Gabin (Pedro Savreda), Simone Simon, Ginette Leclerc, Paul Amiot, Thomy Bourdelle, Lucien Dayle, Paule Andral, Paul Azaïs, Roger Karl, Pierre Labry.

13. *Adieu les beaux jours*

P : Ufa. Dn : Ace. R : Johannes Meyer. S : Walter Wassermann et Peter Franke. D : André Beucler. I : Brigitte Helm, Jean Gabin (Pierre Lavernay), Henri Bosc, Lucien Dayle, Henri Vilbert, André Nicole, Fromet, Mireille Balin, Ginette Leclerc, Thomy Bourdelle, Julien Carette.

14. *Le Tunnel*

P : Vandor Films. R : Kurt Bernhardt. S : Kurt Bernhardt et Reinart Steinbicker, d'après le roman de Bernhardt Kellerman. D : Alexandre Arnoux. I : Madeleine Renaud, Jean Gabin (Mac Allan), Robert Le Vigan, Edmond Van Daele, André Nox, Pierre Nay.

15. *Du haut en bas*

D : Films Sonores Tobis. R : Georg-Wilhelm Pabst. S : Anna Gmeygner, d'après la pièce de Ladislas Bus Fekete. D : Georges Dolley. I : Jean Gabin (Charles Boulla), Michel Simon, Margo Lion, Mauricet, Georges Morton, Catherine Hessling, Pauline Carton, Vladimir Sokoloff, Janine Crispin, Milly Mathis, Peter Lorre.

1934 16. *Zouzou*

P : Arys. R : Marc Allégret. S. : Pepito Abatino. A : Carlo Rim. D : Carlo Rim et Albert Willemetz. I : Joséphine Baker, Jean Gabin (Jean),

Yvette Lebon, Pierre Larquey, Pierre Palau, Madeleine Guitty, Marcel Vallée, Claire Gérard, Serge Grave, Viviane Romance, Roger Blin.

17. *Maria Chapdelaine*

P : Société Nouvelle de Cinématographie. R et S : Julien Duvivier, d'après le roman de Louis Hémon. D : Gabriel Boissy. I : Madeleine Renaud, Jean Gabin (François Paradis), Jean-Pierre Aumont, Suzanne Desprès, André Bacqué, Alexandre Rignault, Robert Le Vigan, Daniel Mendaille.

18. *Golgotha*

P : Ictis-Film. R et S : Julien Duvivier, d'apres le roman du chanoine Joseph Reymond. D : Joseph Reymond. I : Harry Baur, Jean Gabin (Ponce Pilate), Robert Le Vigan, Edwige Feuillère, Juliette Verneuil, Charles Granval, Lucas Gridoux, Vana Yami.

19. *Variétés*

P : Bavaria Films et les Films E.F. Dn : Pathé-Consortium-Cinéma. R : Nicolas Farkas. S : Nicolas Farkas, Rolf E. Vanloo d'après le roman de Friedrich Hollaender. I : Annabella, Jean Gabin (Georges), Fernand Gravey, Sinoël, Camille Bert, Nicolas Koline, Marcel Pérès.

20. *La Bandera*

P : Société Nouvelle de Cinématographie. R : Julien Duvivier. S : Julien Duvivier et Charles Spaak, d'après le roman de Pierre Mac Orlan. D : Charles Spaak. I : Jean Gabin (Gilieth), Annabella, Robert Le Vigan, Pierre Renoir, Aimos, Viviane Romance, Charles Granval, Gaston Modot, Margo Lion, Suzy Prim. Voir *L'Avant-Scène Cinéma* n° 285-286 du 01-15-1982.

1936 21. *La Belle Équipe*

P : Ciné Arys. R : Julien Duvivier. S : Julien Duvivier et Charles Spaak. I : Jean Gabin (Jean), Charles Vanel, Viviane Romance, Aimos, Raphaël Médina, Micheline Cheirel, Charles Dorat, Marcelle Géniat, Raymond Cordy, Charpin, Jacques Baumer, Robert Lynen, Charles Granval. Voir *L'Avant-Scène Cinéma* n° 450, mars 1996.

22. *Les Bas-fonds*

P : Albatros. Dn : Les Distributeurs Français S.A. R : Jean Renoir. S :

Eugène Zamiatine et Jacques Companeez, d'après la pièce de Maxime Gorki. A et D: Jean Renoir et Charles Spaak. I: Jean Gabin (Pépel), Louis Jouvet, Vladimir Sokoloff, Suzy Prim, Junie Astor, Robert Le Vigan, Léon Larive, Camille Bert, Gabriello, René Génin, Jany Holt, Maurice Baquet.

23. *Pépé le Moko*

P: Paris-Film Production. R: Julien Duvivier. S: Julien Duvivier et Henri Jeanson, d'après le roman d'Ashelbé. D: Henri Jeanson. I: Jean Gabin (Pépé le Moko), Mireille Balin, Gabriel Gabrio, Lucas Gridoux, Marcel Dalio, Charpin, Saturnin Fabre, Line Noro, Gilbert Gil, Gaston Modot, Roger Legris, Fréhel, Charles Granval, Leclet, Bergeron, Jean Temerson, Renée Carl, Escoffier. Voir *L'Avant-Scène Cinéma* n° 269 du 01-06-1981.

1937 24. *La Grande Illusion*

P et Dn: Rac (Réalisation d'Art Cinématographique). R: Jean Renoir. S et D: Jean Renoir et Charles Spaak. I: Jean Gabin (Maréchal), Eric von Stroheim, Pierre Fresnay, Marcel Dalio, Julien Carette, Gaston Modot, Jean Dasté, Dita Parlo, Sylvain Itkine. Voir *L'Avant-Scène Cinéma* n° 44 du 01-01-1965, repris aux Éditions du Seuil en 1971.

25. *Le Messager*

P: Albatros Films. R: Raymond Rouleau. S: Marcel Achard, d'après la pièce d'Henry Bernstein. I: Jean Gabin (Nicolas Dange), Gaby Morlay, Jean-Pierre Aumont, Maurice Escande, Alcover, Mona Goya, Jean Temerson, Henri Guisol, Lucien Coëdel, Bernard Blier.

26. *Gueule d'amour*

P: Ufa. Dn: Ace. R: Jean Grémillon. S et D: Charles Spaak, d'après le roman d'André Beucler. I: Jean Gabin (Lucien Bourrache, dit Gueule d'amour), Mireille Balin, René Lefèvre, Marguerite Deval, Jane Marken. Voir *L'Avant-Scène Cinéma* n° 436, novembre 1994.

1938 27. *Quai des brumes*

P: Gregor Rabinovitch. R: Marcel Carné. S. et D: Jacques Prévert, d'après le roman de Pierre Mac Orlan. I: Jean Gabin (Jean), Michèle Morgan, Michel Simon, Aimos, René Génin, Pierre Brasseur, Delmont, Robert Le

Vigan, Marcel Pérès, Kiki. Voir *L'Avant-Scène Cinéma*, n° 234 du 15-10-1979, ainsi que Jacques Prévert, *Quai des brumes*, Gallimard, 1988.

28. *La Bête humaine*

P : Paris Film Production. Dn : Paris Film. R, A et D : Jean Renoir, d'après le roman d'Émile Zola. I : Jean Gabin (Jacques Lantier), Simone Simon, Fernand Ledoux, Blanchette Brunoy, Julien Carette, Colette Régis, Jenny Hélia, Jean Renoir.

1939 29. *Le Récif de corail*

P : Ufa. Dn : Ace. R : Maurice Gleize. S et D : Charles Spaak, d'après le roman de Jean Martet. I : Jean Gabin (Trott Lennard), Michèle Morgan, Pierre Renoir, Saturnin Fabre, Gina Manès, Julien Carette, Louis Florencie, René Bergeron, Jenny Burnay, Roger Legris, Gaston Modot, Gildes, De Sax.

30. *Le jour se lève*

P : Sigma. R : Marcel Carné. S : Jacques Viot. D : Jacques Prévert. I : Jean Gabin (François), Jacqueline Laurent, Arletty, Jules Berry, Mady Berry, Jacques Baumer, Bernard Blier, Douking, René Génin, Arthur Devere, René Bergeron, Marcel Pérès, Gabrielle Fontan, Germaine Lix. Voir *L'Avant-Scène Cinéma* n° 53, novembre 1965.

31. *Remorques*

P : Sedif. R : Jean Grémillon. A : André Cayatte et Charles Spaak, d'après le roman de Roger Vercel. S et D : Jacques Prévert. I : Jean Gabin (Capitaine Laurent), Madeleine Renaud, Michèle Morgan, Jean Marchat, Fernand Ledoux.

1942 32. *La Péniche de l'amour (Moontide)*

P : Fox. R : Archie Mayo. S : John O'Haran, d'après le roman de Willard Robertson. I : Jean Gabin (Bobo), Ida Lupino, Claude Rains, Thomas Mitchell, Jérôme Cowan, Hélène Reynolds, Sen Yung, Chester Gan, Ralph Byrd.

1943 33. *L'Imposteur (The Impostor)*

P : Universal. R, S et A : Julien Duvivier. D : Stephen Long, Marc Connelly, Linn Starling. I : Jean Gabin (Clément/Maurice Lafarge), Richard Whorf, Ellen Drew, Dennis Moore, Allyn Joslyn, Peter Van

Eyck, Ralph Morgan, Milburn Stone, Eddie Quillian, John Philiber, Charles Macgran, Otto Gaines, Fritz Leiber.

1946 34. *Martin Roumagnac*

P : Alcina. Dn : Gaumont. R : Georges Lacombe. S, A et D : Georges Lacombe et Pierre Véry, d'après le roman de Pierre-René Wolf. I : Jean Gabin (Martin Roumagnac), Marlène Dietrich, Daniel Gélin, Margo Lion, Marcel Herrand, Jean d'Yd, Michel Ardan, Lucien Nat, Jean Darcante, Charles Lemontier, Rivers Cadet, Marcelle Géniat, Philippe Olive, Paul Faivre.

1947 35. *Miroir*

P : Alcina. Dn : Gaumont. R : Raymond Lamy. S : Carlo Rim et Paul Olivier. A et D : Carlo Rim et Raymond Lamy. I : Jean Gabin (« Miroir »/Pierre Lussac), Antonin Berval, Gabrielle Dorziat, Daniel Gélin, Martine Carol, Colette Mars, Charles Lemontier, Henri Crémieux, Marcel Dieudonné, Gisèle Préville, Colette Richard, Félicien Tramel, Fernand Sardou, Henri Poupon.

1948 36. *Au-delà des grilles* ou *Trois Jours d'amour (Le Mura di malapaga)*

P : Italia Produzione Film. Dn : Francinex. R : René Clément. S : Cesare Zavattini, Suso C. d'Amico et A. Guarini. A et D : Jean Aurenche et Pierre Bost. I : Jean Gabin (Pierre), Isa Miranda, Vera Talchi, Andrea Cecchi, Robert Dalban, A. Ninchi, C. Tambulani.

1949 37. *La Marie du port*

P : Sacha Gordine. Dn : Corona. R : Marcel Carné. A et S : Louis Chavance et Marcel Carné, d'après le roman de Georges Simenon. D : Georges Ribemont-Dessaignes. I : Jean Gabin (Henri Chatelard), Nicole Courcel, Blanchette Brunoy, Julien Carette, Claude Romain, Jane Marken, Louis Seigner, Gabrielle Fontan, René Blancart, Robert Vattier.

1950 38. *Pour l'amour du ciel (E piu facile che un camelo)*

P : Films Pathé-Cinés. Dn : Pathé-Consortium. R : Luigi Zampa. S : Cesare Zavattini, Suso C. d'Amico, Diego Fabri et Moser. D : Jean-George Auriol et Henri Jeanson. I : Jean Gabin (Carlo Bacchi), Julien

Carette, Mariella Lotti, Elli Parvo, Antonella Lualdi, P. Borboni, C. Sposito, E. Altieri, T. Pallotta, M. Alla, N. Bernard, D. Maggio, P. Spadaro, M. Bosdari, B. Cainati.

1951 39. *Victor*

P: Maic Orsay. Dn: Sro. R: Claude Heymann. A: Jean Ferry et Claude Heymann, d'après la pièce d'Henry Bernstein. D: Henry Bernstein. I: Jean Gabin (Victor), Françoise Christophe, Jacques Castelot, Brigitte Auber, Jacques Morel.

40. *La nuit est mon royaume*

P: Lpc. Dn: Discina. R: Georges Lacombe. S: Marcel Rivet. D: Charles Spaak. I: Jean Gabin (Raymond Pinsart), Simone Valère, Suzanne Dehelly, Jacques Dynam, Robert Arnoux, Gérard Oury, Marthe Mercadier, Paul Azaïs, Cécile Didier, Marcelle Arnold, Georges Lannes, Rivers Cadet, Colette Régis, Madeleine Gérôme. Grand Prix du meilleur acteur de la Biennale de Venise, 1951.

41. *Le Plaisir*

P: Stera-Films Ccfc. Dn: Columbia. R: Max Ophuls. A: Jacques Natanson et Max Ophuls, d'après Guy de Maupassant (*La Maison Tellier*). I: Jean Gabin (Joseph Rivet), Madeleine Renaud, Danielle Darrieux, Mila Parely, Ginette Leclerc, Paulette Dubost.

42. *La Vérité sur Bébé Donge*

P: Ugc. Dn: Agdc. R: Henri Decoin. A et D: Maurice Aubergé, d'après le roman de Georges Simenon. I: Jean Gabin (François Donge), Danielle Darrieux, Daniel Lecourtois, Claude Génia, Gabrielle Dorziat, Gaby Bruyère, Jacques Castelot, Geneviève Guitry, Marcel André, Juliette Faber, Meg Lemonnier, Mme Lambert, A. Kristenson. Prix du meilleur acteur français décerné par *Le Film Français*. Voir *L'Avant-Scène Cinéma* n° 399, février 1991.

1952 43. *La Minute de vérité*

P: Franco-London, Films Cinés. Dn: Gaumont. R: Jean Delannoy. S: Jean Delannoy, Henri Jeanson et Roland Laudenbach. A: Jean Delannoy. D: Henri Jeanson. I: Jean Gabin (Pierre), Michèle Morgan, Daniel Gélin, Léa di Léo, Denise Clair, Doris Duranti, Simone

Paris, la petite Marie-France, Jean-Marc Tennberg, René Génin, Jim Gérald, André Chanu.

44. *Fille dangereuse (Bufere)*

P : Titanus, Dania Film, SGC. Dn : Marceau. R : Guido Brignone. S : A. de Stefani, C. Musso, G. Brignone, d'après le roman de Sabatino Lopez. D : René Lefèvre. I : Jean Gabin (Antonio Janna), Silvana Pampanini, Serge Reggiani, Carla del Poggio, René Lefèvre, M. Ferrari.

1953 45. *Leur dernière nuit*

P : Ccfc. Dn : Columbia. R : Georges Lacombe. S, A et D : Jacques Cellay, d'après une idée de Jacques Constant. I : Jean Gabin (Ruffin), Madeleine Robinson, Robert Dalban, Suzanne Dantès, Luce Fabiole, Jean-Jacques Delbo, Georges Vitray, Camille Guérini, Arthur Bever, Marbot, Françoise Soulié, Gaby Basset, Rognoni, Michel Barbey, Raymond Loyer, San Juan, Jean Lanier.

46. *La Vierge du Rhin*

P : Vega. Dn : Sirius. R : Gilles Grangier. A et D : Jacques Sigurd, d'après le roman de Pierre Nord. I : Jean Gabin (Ledru), Élina Labourdette, Renaud Mary, Olivier Hussenot, Claude Vernier, Dinan, Nadia Gray, Andrée Clément.

47. *Touchez pas au grisbi*

P : Del Duca Films (Paris), Antares Films (Rome). Dn : Corona. R : Jacques Becker. A : Jacques Becker, Maurice Griffe et Albert Simonin, d'après le roman d'Albert Simonin. D : Albert Simonin.
I : Jean Gabin (Max), René Dary, Jeanne Moreau, Dora Doll, Gaby Basset, Denise Clair, Delia Scala, Flavia Solivani, Marilyn Bufferd, Michel Jourdan, Lino Borrini (depuis : Ventura), Jean Riveyre, Angèle Dessy, Vittorio Sampson, Daniel Cauchy, Paul Frankeur.

1954 48. *L'Air de Paris*

P : Del Duca Films (Paris), Galatea (Rome). R : Marcel Carné. S : Marcel Carné et Jacques Sigurd. D : Jacques Sigurd. I : Jean Gabin (Victor Le Garrec), Roland Lesaffre, Arletty, Marie Daems, Jean Parédès, Simone Paris, Folco Lulli, Ave Ninchi, Maria Pia Casilio.

49. *Napoléon*

P : Clm-Film-Sonor, Francinex. Dn : Cinedis. R, S et D : Sacha Guitry. I : Jean Gabin (maréchal Lannes), Sacha Guitry, Daniel Gélin, Pierre Mondy, etc.

50. *Le Port du désir*

P : Élysée Films. Dn : Corona. R : Edmond T. Gréville. S, A et D : Jacques Viot. I : Jean Gabin (capitaine Le Guévic), Andrée Debar, Henri Vidal, Jean-Roger Caussimon, Édith Georges, Gaby Basset, Robert Berri, Jacques Dynam, Leopoldo Frances, Berval, Mireille Ozy, Ardisson.

51. *French Cancan*

P : Franco-London Films (Paris), Jolly Films (Rome). Dn : Gaumont. R, A et D : Jean Renoir, sur une idée d'André-Paul Antoine. I : Jean Gabin (Danglard), Françoise Arnoul, Maria Felix, Jean-Roger Caussimon, Gianni Esposito, Max Dalban, Dora Doll, Gaston Modot, Jean Parédès, Michèle Philippe, Jean-Marc Tennberg, Valentine Tessier, Gabaroche, Lydie Johnson, Anne Amendola, Philippe Clay, André Claveau, Édith Piaf, Patachou et Jean Raymond. Voir *L'Avant-Scène Cinéma* n° 544, septembre 2005.

52. *Razzia sur la chnouf*

P : Jad Films, Sne Gaumont. Dn : Gaumont. R : Henri Decoin. A : Henri Decoin, Auguste Le Breton et Maurice Griffe, d'après le roman d'Auguste Le Breton. D : Auguste Le Breton. I : Jean Gabin (Henri Ferré dit Le Nantais), Marcel Dalio, Lino Ventura, Pierre Louis, Alain Nobis, Armontel, Michel Jourdan, François Patrice, Magali Noël, Lila Kedrova, Jacqueline Porel, Françoise Spira.

1955 53. *Chiens perdus sans collier*

P : Franco-London Films, Gibé (Paris), Continental Produzione (Rome). Dn : Cocinor. R : Jean Delannoy. A et D : Jean Aurenche, Pierre Bost et François Boyer, d'après le roman de Gilbert Cesbron. I : Jean Gabin (le juge Lamy), Anne Doat, Serge Lecointe, Jacques Moulières, Jimmy Urbain, Dora Doll, Jane Marken, Renée-Stève Passeur, Claire Olivier, Robert Dalban, Jean d'Yd, Jean-Jacques Delbo.

54. *Gas-oil*

P : Intermondia-Victory. Dn : Victory. R : Gilles Grangier. A : Gilles Grangier et Michel Audiard, d'après le roman de Georges Bayle. D : Michel Audiard. I : Jean Gabin (Chape), Jeanne Moreau, Ginette Leclerc, Camille Guérini, Marcel Bozzuffi, Roger Hanin, Jean Lefebvre, Gaby Basset, Henri Crémieux, Robert Dalban, Dinan, Jean-Marie Rivière.

55. *Des gens sans importance*

P : Cocinor, Chaillot, Ardennes Films. Dn : Cocinor. R : Henri Verneuil. A : Henri Verneuil et François Boyer, d'après le roman de Serge Groussard. D : François Boyer. I : Jean Gabin (Jean Viard), Françoise Arnoul, Yvette Etiévant, Paul Frankeur, Pierre Mondy, Robert Dalban, Dany Carrel, Max Mégy, Pierre Fromont, Germaine Michel, Lila Kedrova, Christian Loiseau, Charles Humbert.

56. *Voici le temps des assassins*

P : Cicc. Dn : Pathé. R : Julien Duvivier. S : Julien Duvivier, Charles Dorat et Maurice Bessy. A et D : Julien Duvivier, Charles Dorat et Pierre-André Bréal. I : Jean Gabin (Chatelin), Danièle Delorme, Lucienne Bogaërt, Henri Vilbert, Gérard Blain, Germaine Kerjean, Gabrielle Fontan, Jean-Paul Roussillon, Robert Arnoux, Liliane Bert, Robert Pizani, Aimé Clariond, Robert Manuel, Gaby Basset, Paul Demange, Max Dalban, Michel Seldow, Nadine Basile, Betty Beckers, Colette Mareuil, Gérard Fallu.

57. *Le Sang à la tête*

P et Dn : Films Fernand Rivers. R : Gilles Grangier. A : Gilles Grangier et Michel Audiard, d'après le roman de Georges Simenon *Le Fils Cardinaud*. D : Michel Audiard. I : Jean Gabin (François Cardinaud), Renée Faure, Paul Frankeur, Monique Mélinand, José Quaglio, Georgette Anys, Claude Sylvain, Henri Crémieux, Léonce Corne, Paul Faivre, Rudy Palmer, Florelle, Paul Getty, Julienne Paroli, Gabriel Gobin, Lucienne Gray, Paul Azaïs, Rivers Cadet, Yolande Laffont, Jean-Louis Bras, France Asselin.

58. *La Traversée de Paris*

P : Franco London Films (Paris), Continentale Produzione (Rome). Dn : Gaumont. R : Claude Autant-Lara. A et D : Jean Aurenche et

Pierre Bost, d'après la nouvelle de Marcel Aymé. I : Jean Gabin (Grandgil), Bourvil, Louis de Funès, Jeannette Batti, Monette Dinay, Anouk Ferjac, Bernard Lajarrige. Voir *L'Avant-Scène Cinéma* n° 66, 1967.

59. *Crime et Châtiment*

P : Champs-Élysées Production. Dn : Pathé. R : Georges Lampin. A et D : Charles Spaak, d'après le roman de Fedor Dostoïevski. I : Jean Gabin (commissaire Gallet), Marina Vlady, Ulla Jacobson, Bernard Blier, Robert Hossein, Gaby Morlay, Julien Carette, Gérard Blain, Roland Lesaffre, Yvette Etiévant, René Havard, Jacques Dynam, Gabrielle Fontan, Albert Rémy, Lino Ventura.

1956 60. *Le Cas du docteur Laurent*

P et Dn : Films Fernand Rivers. R : Jean-Paul Le Chanois. S : Jean-Paul Le Chanois et René Barjavel. I : Jean Gabin (Dr Laurent), Nicole Courcel, Silvia Monfort, Arius, Orane Demazis, Daxely, Michel Barbey, Georges Lannes, Antoine Balpêtré, Risi Berty, Josselin.

1957 61. *Le rouge est mis*

P : Cité Films, Sne Gaumont. Dn : Gaumont. R : Gilles Grangier. A : Gilles Grangier, Auguste Le Breton et Michel Audiard, d'après le roman d'Auguste Le Breton. D : Auguste Le Breton. I : Jean Gabin (Louis), Annie Girardot, Paul Frankeur, Lino Ventura, Dinan, Jean Bérard, Berval, Marcel Bozzuffi, Thomy Bourdelle, Gina Lenclos, Jean-Pierre Mocky.

62. *Maigret tend un piège*

P : Intermondia Films, Paris, Jolly Films (Rome). Dn : Rank. R : Jean Delannoy. A : Rodolphe-Marie Arlaud, Jean Delannoy et Michel Audiard, d'après le roman de Georges Simenon. D : Michel Audiard. I : Jean Gabin (Maigret), Annie Girardot, Jean Desailly, Olivier Hussenot, Alfred Adam, Gérard Séty, Jean Tissier, Paulette Dubost, Lucienne Bogaërt.

63. *Les Misérables*

P : Sn Pathé-Cinéma (Paris), Serena Films (Rome), Defa (Allemagne de l'Est). Dn : Pathé. R : Jean-Paul Le Chanois. A : René Barjavel, Jean-

Paul Le Chanois et Michel Audiard, d'après le roman de Victor Hugo. I : Jean Gabin (Jean Valjean), Bourvil, Sylvia Monfort, Danièle Delorme, Bernard Blier, Fernand Ledoux, Jimmy Urbain, Béatrice Altariba, Jean Murat, Lucien Baroux, Jean d'Yd, Gianni Esposito.

64. *Le Désordre et la Nuit*

P : Orex Films. Dn : Corona. R : Gilles Grangier. S, A et D : Gilles Grangier, Jacques Robert et Michel Audiard, d'après le roman de Jacques Robert. D : Michel Audiard. I : Jean Gabin (inspecteur Valois), Nadja Tiller, Danielle Darrieux, Paul Frankeur, Hazel Scott, Robert Manuel, Robert Berri, Roger Hanin, François Chaumette, Louis Ducreux.

1958 65. *En cas de malheur*

P : Raoul J. Lévy. Dn : Cinédis. R : Claude Autant-Lara. A et D : Jean Aurenche et Pierre Bost, d'après le roman de Georges Simenon. I : Jean Gabin (maître André Gobillot), Edwige Feuillère, Brigitte Bardot, Nicole Berger, Franco Interlenghi, Julien Bertheau, Mathilde Casadessus, Madeleine Barbulée, Jacques Clancy, Gabrielle Fontan.

66. *Les Grandes Familles*

P : Filmsonor, Intermondia. Dn : Cinédis. A : Denys de la Patellière et Michel Audiard, d'après le roman de Maurice Druon. D : Michel Audiard. I : Jean Gabin (Noël Schoudler), Pierre Brasseur, Bernard Blier, Jean Desailly, Annie Ducaux, Françoise Christophe, Julien Bertheau, Louis Seigner, Jean Murat, Aimé Clariond, Jean Wall, Jean Ozenne, Daniel Lecourtois.

67. *Archimède le clochard*

P : Filmsonor, Intermondia. Dn : Cinédis. R : Gilles Grangier. S : Albert Valentin, d'après une idée de Jean Moncorgé (Jean Gabin). A : Gilles Grangier, Michel Audiard et Albert Valentin. D : Michel Audiard. I : Jean Gabin (Archimède), Bernard Blier, Paul Frankeur, Darry Cowl, Julien Carette, Guy Decomble, Jacqueline Maillan, Noël Roquevert, Dora Doll, Gaby Basset, Albert Dinan.

1959 68. *Maigret et l'Affaire Saint-Fiacre*

P : Filmsonor, Intermondia, Cinétel (Paris), Pretoria-Titanus (Rome), Dn : Cinédis. R : Jean Delannoy. A : Rodolphe-Marie Arlaud, Jean Delannoy et Michel Audiard, d'après le roman de Georges Simenon. D: Michel Audiard. I: Jean Gabin (Maigret), Valentine Tessier, Robert Hirsch, Michel Auclair, Michel Vitold, Paul Frankeur, Jacques Morel, Gabrielle Fontan, Marcel Pérès, Jacques Marin, Serge Rousseau, Camille Guérini, Armande Navarre, Micheline Luccioni, Charles Bouillaud.

69. *Rue des prairies*

R: Films Ariane, Filmsonor, Intermondia (Paris), Vidès (Rome). Dn: Cinédis. R: Denys de la Patellière. A: Denys de la Patellière et Michel Audiard, d'après le roman de René Lefèvre. D: Michel Audiard. I: Jean Gabin (Henri Neveux), Claude Brasseur, Marie-José Nat, Roger Dumas, Paul Frankeur, Renée Faure, Louis Seigner, Guy Decomble, Alfred Adam, Bernard Dhéran, Albert Dinan, Roger Tréville, Jacques Monod, Gabriel Gobin, François Chaumette, Max Montavon, Léon Zitrone.

1960 70. *Le Baron de l'écluse*

P: Filmsonor, Intermondia, Cinétel (Paris), Vidès (Rome). Dn: Cinédis. R: Jean Delannoy. S: Maurice Druon, d'après une nouvelle de Georges Simenon. A: Jean Delannoy. D: Michel Audiard. I: Jean Gabin (baron Antoine Jérôme Napoléon), Micheline Presle, Jean Desailly, Jacques Castelot, Blanchette Brunoy, Jean Constantin, Aimée Mortimer, Louis Seigner, Robert Dalban, Jean-Pierre Jaubert, Alexandre Rignault, Gabriel Gobin.

71. *Les Vieux de la vieille*

P: Cité Films, Cinétel, Fides, Terra-Film (Paris), Titanus (Rome). Dn: Cinédis. R: Gilles Grangier. A: René Fallet, Michel Audiard et Gilles Grangier, d'après le roman de René Fallet. D: Michel Audiard. I: Jean Gabin (Jean-Marie Péjat), Noël-Noël, Pierre Fresnay, Guy Decomble, Alexandre Rignault, Mona Goya, Yvette Etiévant, Yane Barry, André Dalibert, Bruno Balp, Paul Bisciglia, Charles Bouillaud, Paul Faivre, Paul Mercey, Albert Michel, Gabriel Gobin.

1961 72 *Le Président*

P: Cité Films, Terra-Film, Fides (Paris), Gesi-Cinématografica (Rome). Dn: Ufa Comacico. R: Henri Verneuil et Michel Audiard, d'après le roman de Georges Simenon. D : Michel Audiard. I : Jean Gabin (Émile Beaufort), Bernard Blier, Alfred Adam, Renée Faure, Henri Crémieux, Louis Seigner, Robert Vattier, Pierre Larquey, Charles Bouillaud, Charles Cullum, Gérard Fallu, Jean Martinelli, Henri Nassiet, Jacques Marin, Pierre Moncorbier.

73. *Le cave se rebiffe*

P : Cité Films (Paris), Compania Cinématografica Mondial (Rome). Dn : Ufa Comacico. R : Gilles Grangier. A : Albert Simonin, Gilles Grangier et Michel Audiard, d'après le roman d'Albert Simonin. D : Michel Audiard. I : Jean Gabin (Ferdinand Maréchal dit Le Dab), Bernard Blier, Frank Villard, Maurice Biraud, Antoine Balpêtré, Martine Carol, Françoise Rosay, Ginette Leclerc, Clara Gansard, Albert Dinan, Gérard Buhr, Heinrick Gretler, Lisa Jouvet, Gabriel Gobin, Robert Dalban, Jacques Marin, Paul Faivre, Hélène Dieudonné.

1962 74. *Un singe en hiver*

P : Citra-Cité Films. Dn : Ufa Comacico. R : Henri Verneuil. A : François Boyer, d'après le roman d'Antoine Blondin. D : Michel Audiard. I : Jean Gabin (Albert Quentin), Jean-Paul Belmondo, Suzanne Flon, Noël Roquevert, Gabrielle Dorziat, Paul Frankeur, Camille Guérini, Marcelle Arnold, Hella Petri, Lucien Raimbourg, Geneviève Fontanel, Charles Bouillaud, André Dallibert, Anne-Marie Coffinet, Hélène Dieudonné, Sylviane Margole.

75. *Le Gentleman d'Epsom* puis *Les Grands Seigneurs*

P : Cipra-Cité Films (Paris), Ccm (Rome). Dn : Ufa Comacico. R : Gilles Grangier. S : Albert Simonin et Michel Audiard. A : Gilles Grangier et Michel Audiard. D : Michel Audiard. I : Jean Gabin (Richard Briand-Dormoy dit le Commandant), Madeleine Robinson, Frank Villard, Jean Lefebvre, Paul Frankeur, Louis de Funès, Jean Martinelli, José Steiner, Marie-Hélène Dasté, Aline Bertrand, Camille Fournier, Paul Mercey, Jacques Marin, Albert Dinan, Alexandre Rignault.

1963 76. *Mélodie en sous-sol*

P : Cipra-Ciné Films (Paris), Ccm (Rome). Dn : Mgm. R : Henri Verneuil. A : Albert Simonin et Michel Audiard, d'après le roman de John

Trinian. D : Michel Audiard. I : Jean Gabin (M. Charles), Alain Delon, Viviane Romance, Carla Marlier, Maurice Biraud, Claude Cerval, José-Luis de Villalonga, Germaine Montéro, Jean Carmet, Dora Doll, Henri Virlojeux, Rita Cadillac, Anne-Marie Coffinet, Dominique Davray.

77. *Maigret voit rouge*

P : Films Copernic (Paris), Titanus (Rome). Dn : Comacico. R : Gilles Grangier. A : Jacques Robert et Gilles Grangier, d'après le roman de Georges Simenon *Maigret, Lognon et les gangsters.* D : Jacques Robert. I : Jean Gabin (Maigret), Françoise Fabian, Guy Decomble, Vittorio Sanipoli, Paul Carpenter, Ricky Cooper, Bred Harris, Marcel Bozzuffi, Paulette Dubost, Roland Armontel.

1964 78. *Monsieur*

P : Films Copernic (Paris), Corona (Munich), Zebra-Films (Rome). Dn : Comacico. R : Jean-Paul Le Chanois. A : Georges Derrick et Pascal Jardin, d'après la pièce de Claude Géval. D : Pascal Jardin. I : Jean Gabin (Monsieur), Liselotte Pulver, Mireille Darc, Philippe Noiret, Jean-Pierre Darras, Gaby Morlay, Andrex, Jean-Paul Moulinot.

79. *L'Âge ingrat*

P : Gafer. Dn : Valoria. R : Gilles Grangier. S et A : Gilles Grangier, Claude Sautet et Pascal Jardin. D : Pascal Jardin. I : Jean Gabin (Émile Malhouin), Fernandel, Frank Fernandel, Marie Dubois, Noël Roquevert, Paulette Dubost, Rellys, Andrex.

1965 80. *Le Tonnerre de Dieu*

P : Films Copernic (Paris), Fida Cinematografica (Rome). Dn : Comacico. R : Denys de la Patellière. S : Denys de la Patellière et Pascal Jardin, d'après le roman de Bernard Clavel. D : Pascal Jardin. I : Jean Gabin (Brassac), Michèle Mercier, Lili Palmer, Georges Géret, Robert Hossein, Louis Arbessier, Daniel Ceccaldi, Paul Frankeur.

81. *Du Rififi à Paname*

P : Films Copernic (Paris), Gloria Films (Munich), Fida Cinematografica (Rome). Dn : Comacico. R et A : Denys de la Patellière, d'après le roman d'Auguste Le Breton. D : Alphonse Boudard. I : Jean Gabin (Paulo), Gert Froebe, Nadja Tiller, Georges Raft, Claudio Brooks.

1966 82. *Le Jardinier d'Argenteuil*
P : Films Copernic, Gafer (Paris), Films Vertrieb, Roxy Films (Munich). Dn : Comacico. R : Jean-Paul Le Chanois. A : Jean-Paul Le Chanois et Alphonse Boudard, d'après le roman de René Jouglet. D : Alphonse Boudard. I : Jean Gabin (Tulipe), Liselotte Pulver, Pierre Vernier, Curd Jurgens, Mary Marquet, Jean Tissier, Noël Roquevert.
1967 83. *Le Soleil des voyous*
P : Films Copernic (Paris), Fida Cinematografica (Rome). Dn : Comacico. R : Jean Delannoy. A : Jean Delannoy et Alphonse Boudard, d'après le roman de J.-M. Flynn. D : Alphonse Boudard. I : Jean Gabin (Denis Farraud), Robert Stack, Margaret Lee, Jean Topart, Suzanne Flon.
84. *Le Pacha*
P : Gaumont International (Paris), Rizzoli (Rome). Dn : Gaumont. R : Georges Lautner. A : Georges Lautner et Michel Audiard, d'après le roman de Jean Delion. D : Michel Audiard. I : Jean Gabin (commissaire Joss), Dany Carrel, André Pousse, Robert Dalban, Jean Gaven, Félix Marten.
1968 85. *Le Tatoué*
P : Films Copernic, Films Corona (Paris), Ascot Cineraid (Rome). Dn : Prodis. R : Denys de la Patellière. S : Alphonse Boudard. D : Pascal Jardin. I : Jean Gabin (Legrain), Louis de Funès, Dominique Davray, Lyne Chardonnet, Pierre Guéart, Jo Warfield, Donald James von Kurtz, Henri Virlojeux, Yves Barsacq, Hubert Deschamps, Max-Jean Fournel, Micheline Luccioni, Jean-Pierre Sentier.
1969 86. *Sous le signe du taureau*
P : Gaumont International. Dn : Gaumont. R : Gilles Grangier. A : François Boyer, Gilles Grangier et Michel Audiard, d'après le roman de Roger Vrigny. D : Michel Audiard. I : Jean Gabin (Raynal), Suzanne Flon, Colette Déréal, Michel Auclair, Raymond Gérôme, Alfred Adam, Jacques Monod, Jean-Paul Moulinot, France Valéry.
87. *Le Clan des Siciliens*
P : Fox-Europa, les Films du Siècle. Dn : Fox. R : Henri Verneuil. A : Henri Verneuil, José Giovanni et Pierre Pelegri, d'après le roman d'Auguste Le

Breton. D: José Giovanni. I: Jean Gabin (Vittorio Manalese), Alain Delon, Lino Ventura, Irina Demick, Amédéo Nazzaro, Elisa Cegani, Karen Blanguernon, Sidney Chaplin, Yves Lefèbvre, Philippe Baronnet, Marc Porel, Léopoldo Trieste, César Chauveau, Danielle Volle.

1970 88. *La Horse*

P: Pac, Snc, Gafer (Paris), Romana Films (Rome), Roxy Films (Munich). Dn: Impéria-Snc. R: Pierre Granier-Deferre. A: Pierre Granier-Deferre et Pascal Jardin, d'après le roman de Michel Lambesc. D: Pascal Jardin. I: Jean Gabin (Auguste Maroilleur), André Weber, Pierre Dux, Éléonore Hirt, Christian Barbier, Danièle Ajoret, Michèle Barbey, Armando Francioli, Félix Marten, Marc Porel, Orlane Paquin, Henri Attal, Dominique Zardi, Julien Guiomar.

1971 89. *Le Chat*

P: Lira Films, Gafer, Cinétel (Paris), Ascot Cineraid (Rome). Dn: Valoria. R: Pierre Granier-Deferre. A: Pierre Granier-Deferre et Pascal Jardin, d'après le roman de Georges Simenon. D: Pascal Jardin. I: Jean Gabin (Julien Bouin), Simone Signoret, Annie Cordy, Jacques Rispal, Harry Max, Carlo Nell, Paul Bonifas, Nicole Desailly.

90. *Le drapeau noir flotte sur la marmite*

P: Marianne Production, Profilm. Dn: Cic. R, A et D: Michel Audiard, d'après le roman de René Fallet. I: Jean Gabin (Victor Ploubaz), Ginette Leclerc, Éric Damain, Claude Piéplu, Jacques Martin, Jean Carmet, André Pousse, Roland Meunier, Roger Dumont, Yves Barsacq, Micheline Luccioni, Jacqueline Doyen.

1972 91. *Le Tueur*

P: Cofci, Gafer, Europa-Films (Paris), Mondial Te-Fi (Rome), Rialto Film (Berlin). Dn: Prodis. R, S et A: Denys de la Patellière. D: Pascal Jardin. I: Jean Gabin (commissaire Le Goff), Fabio Testi, Uschi Glas, Bernard Blier, Félix Marten, Jacques Richard, Georges Staquet, Gérard Depardieu.

1973 92. *L'Affaire Dominici*

P: Cofci, Snc, Gafer (Paris), Mondial Te-Fi (Rome). D: Snc. R: Claude Bernard-Aubert. S et A: Claude Bernard-Aubert, Daniel Boulanger et Louis-Émile Galey. D : Daniel Boulanger. I : Jean Gabin (Gaston Dominici), Paul Crauchet, Daniel Ivernel, Victor Lanoux, Gérard Darrieu, Geneviève Fontanel, Gérard Depardieu, Evi Maltagliati, Jacques Richard, Jacques Rispal, Henri Vilbert.

93. *Deux hommes dans la ville*

P : Adel Productions (Paris), Medusa (Rome). Dn : Vatoria. R, S et D : José Giovanni. I : Jean Gabin (Germain), Alain Delon, Mimsy Farmer, Michel Bouquet, Victor Lanoux, Gérard Depardieu, Cécile Vassort, Christine Fabréga, Icario Occhini, Jacques Monod, Guido Alberti, Bernard Giraudeau, Robert Castel, Malka Ribowska.

1974 94. *Verdict*

P : Peef, les Films Concordia (Paris), Compania Cinematografica Champion (Rome). Dn : Warner-Columbia. R : André Cayatte. S : André Cayatte et Henri Coupon. A : Pierre Dumayet, André Cayatte et Paul Andréota. D : Pierre Dumayet. I : Jean Gabin (président Leguen), Sophia Loren, Michel Albertini, Henri Garcin, Muriel Catala, Julien Bertheau, Gisèle Casadessus, Jean-François Rémi, Mario Pilar, Daniel Lecourtois.

1976 95. *L'Année sainte*

P : Snc, TF1 (Paris), Tritone Films (Rome). Dn : Snc. R : Jean Girault. S : Louis-Émile Galey. A : Jean Girault et Jacques Vilfrid. D : Jacques Vilfrid. I : Jean Gabin (Max Lambert), Danielle Darrieux, Jean-Claude Brialy, Henri Virlojeux, Paolo Giusti, Luciano Bartoli, Nicoletta Macchiavelli, Monique Tarbès, Maurice Teynac, Jacques Marin, Umberto Raho, Renato Romano, Gianpiero Albertini.

BOX-OFFICE, DISQUES, RADIO

BOX-OFFICE (1946-1976)

> *« Et puis, quand tout sera fini, je reviendrai à mes premières amours : mon fusil, mon carnier et mon chien. Des champs et des bois. Là-bas, dans un coin de Sologne, ce sera la chasse aux lièvres et aux perdreaux. Au vert, dans ma maisonnette, dans la lande, pas de chiqué, je resterai nature comme je l'ai toujours été en m'écriant : « après tout, ça n'a pas trop mal marché ». »*
>
> (Jean Gabin, *Voilà* n° 327, 25-06-1937)

ANNÉE SORTIE	TITRE DU FILM	RÉSULTATS FRANCE
1946	L'Imposteur	2 210 933
	Martin Roumagnac	2 491 431
1947	Miroir	1 776 310
1949	Au-delà des grilles	2 018 745
1950	La Marie du port	2 691 123
1951	Pour l'amour du ciel	679 163
	Victor	1 022 481
	La nuit est mon royaume	2 533 125
1952	Le Plaisir	1 216 723
	La Vérité sur Bébé Donge	1 249 698
	La Minute de vérité	3 113 421
1953	Fille dangereuse	1 499 618
	Leur dernière nuit	1 365 507

	La Vierge du Rhin	1 794 823
1954	Touchez pas au grisbi	4 170 496
1954	L'Air de Paris	2 074 167
1955	Napoléon	5 405 252
	Le Port du désir	1 776 080
	Razzia sur la chnouf	2 906 148
	French Cancan	3 963 928
	Chiens perdus sans collier	3 905 504
	Gas-oil	3 096 411
1956	Des gens sans importance	2 394 712
	Voici le temps des assassins	1 538 259
	Le Sang à la tête	1 978 323
	La Traversée de Paris	4 893 174
	Crime et Châtiment	1 782 212
1957	Le Cas du docteur Laurent	2 722 438
	Le rouge est mis	2 104 394
1958	Maigret tend un piège	3 076 005
	Les Misérables	9 966 274
	Le Désordre et la Nuit	2 171 400
	En cas de malheur	3 152 082
	Les Grandes Familles	4 042 041
	Archimède le clochard	4 073 891
	Maigret et l'Affaire Saint-Fiacre	2 868 465
	Rue des prairies	3 412 201
1960	Le Baron de l'écluse	3 160 233
	Les Vieux de la vieille	3 477 455
1961	Le Président	2 785 518
	Le cave se rebiffe	2 812 814
1962	Un singe en hiver	2 124 873
	Le Gentleman d'Epsom. (Les Grands Seigneurs)	1 726 833
1963	Mélodie en sous-sol	3 158 083
	Maigret voit rouge	2 043 675

1964	Monsieur	1 830 810
	L'Age ingrat*	2 862 204
1965	Le Tonnerre de Dieu	4 096 394
1966	Du Rififi à Paname	1 983 477
	Le Jardinier d'Argenteuil*	868 857
1967	Le Soleil des voyous*	2 149 267
1968	Le Pacha	2 050 211
	Le Tatoué	3 211 778
1969	Sous le signe du taureau	641 890
	Le Clan des Siciliens	4 821 585
1970	La Horse*	2 113 540
1971	Le Chat*	1 035 709
	Le Drapeau noir flotte sur la marmite	756 439
1972	Le Tueur*	910 500
1973	L'Affaire Dominici*	1 359 946
	Deux hommes dans la ville	2 454 112
1974	Verdict	1 537 278
1976	L'Année sainte	1 123 190

(Source : *Ciné-Passions*, Éditions Dixit, 2000)

* Films dont Jean Gabin et Fernandel – la Gafer -, puis Jean Gabin seul, après la mort de Fernandel (1971), sont coproducteurs. La Gafer a également coproduit *L'Homme à la Buick*, *Le Voyage du père* (1966) et *Heureux qui comme Ulysse...* (1969).

Selon le Centre national de la Cinématographie, *Les Misérables*, de sa sortie (1958) au 31 décembre 2004, a enregistré 9,94 millions de spectateurs, précédé par *La Grande Vadrouille* (17,27), *Le Petit Monde de Don Camillo* (12,79), *Le Corniaud* (11,74) et suivi par *La Guerre des boutons* (9,94), *La Vache et le prisonnier* (8,84), *Le Bataillon du ciel* (8,65), *Violettes impériales* (8,13), *Le Gendarme de Saint-Tropez* (7,81), *Le Comte de Monte Cristo* (7,78), *Les Bidasses en folie* (7,46), *Le Retour de Don Camillo* (7,43), *Les Aventures de Rabbi Jacob* (7,30), *Monsieur Vincent* (7,06), *Les Grandes Vacances* (6,99), *Si Versailles m'était conté* (6,99), *Le Salaire de la peur* (6,94), *Jour de fête* (6,83), *Le Gendarme se marie* (6,83) et *Fanfan la tulipe* (6,73), tous films français sortis entre 1946 et 1976. *Les Misérables* fut de loin, le plus gros score réalisé par Jean Gabin à cette époque. D'une manière générale, on estimait alors que trois sur quatre des spectateurs étaient des provinciaux.

DISQUES

> *« Jeudi 2 août 1945. Prévert* [...] *Je viens de rencontrer Gabin, il m'a dit : « Pour un type comme moi, avec ma gueule répandue, quel calvaire, le métro ! Autour de moi, je n'entends que des réflexions de ce genre : 'Regarde, c'est Gabin ! Comme il a vieilli !' 'Tiens, c'est Gabin ! Il en a pris un sacré coup !', ou bien 'Est-ce vraiment Jean Gabin, ce vieillard avec ses cheveux blancs ?' 'Pas possible !' Or, moi, je trouve que si les cheveux de Gabin ont beaucoup blanchi, son visage n'a pas vieilli du tout... »* [...] *Quelques jours plus tard, Marcel Carné, Jacques Prévert, le décorateur Trauner, Joseph Kosma et moi, nous nous réunîmes chez Les Vieilles, rue Dauphine, pour discuter des* Portes de la nuit. *Carné désirait recréer dans des décors l'atmosphère de mon* Paris de nuit. *Marlène Dietrich devait venir avec Gabin, mais seul l'acteur nous a rejoints. Kosma ouvrit sa serviette et en retira quelques feuilles de musique. Il s'installa au piano désaccordé. Prévert dit alors à Gabin : « Voici la chanson que vous allez chanter avec Marlène dans le film. » Kosma entama l'air et, penché sur les notes, Gabin, d'une voix mal assurée, commença à chantonner :*
> *Les feuilles mortes se ramassent à la pelle,*
> *Et le vent du nord les emporte*
> *dans la nuit froide de l'oubli...*
> *Nous assistâmes à la naissance des* Feuilles mortes, *la grande chanson d'amour d'après-guerre qui parcourut le monde. Finalement, Marlène Dietrich, sans avoir prêté attention à la chanson, écrite pourtant pour elle, refusa son rôle sous prétexte que le film présentait la France sous un trop mauvais jour. Et Jean Gabin fit de même. »*
>
> (Brassaï, *Conversations avec Picasso*, Gallimard, 1964, pp. 232-233)

> « *Cet orgueil du faux gangstérisme* [celui d'Albert Simonin dans *Touchez pas au grisbi*] *me rappelait une phrase de Gabin après la première projection privée (à Saint-Maurice) de* La Belle et la Bête. *Marlène en était marraine. Après la projection, au bar, il me dit : « Alors, maintenant faut que tu nous fasses* un vrai film, avec des bistrots ». »
>
> (Jean Cocteau, *Le Passé défini, III*, 1954, Gallimard, 1989, pp. 169-170).

À l'écran, Jean Gabin chante *La chance me fuit* dans *Chacun sa chance* (1930), *Vive les grosses dames* ! dans *Méphisto* (1930), *L'amour est le plus fort* dans *Tout ça ne vaut pas l'amour* (1931), la version masculine de *La Môme Caoutchouc*, Fréhel en chantant la version féminine, dans *Cœur des lilas* (1931), *La Chanson des mariniers* dans *La Belle marinière* (1932), *Viens Fifine* dans *Zouzou* (1934), *Quand on s'promène au bord de l'eau* et *Qu'est-ce que tu dis d'ça* dans « *La Belle Équipe* (1936) et *Que faut-il pour être heureux dans la vie ?* dans *Pépé le Moko* (1936). Il chante avec Gaby Basset *Pour être encore plus heureux* dans *Chacun sa chance* puis avec Josseline Gaël *Mon bonheur est avec toi* dans *Cœurs joyeux* (1931). À l'exception de la troisième (*L'amour est le plus fort*) toutes ces chansons ont été gravées puis rééditées.

Chansons précédentes au music hall et au théâtre : avec Mistinguett, *C'est un petit rien, La Java de Doudoune, Julie c'est Julie* et *On m'suit* ; de l'opérette *Arsène Lupin banquier* : *C'est chouette d'être un monsieur, Ce sont des choses qui ne se disent pas, Quand on a ça* et *Le Chœur des ronfleurs*.

Contrairement à ce qui a été écrit ici ou là, ce n'est pas lui, mais Brigitte Helm qui chante *Pour une nuit d'amour* dans *L'Étoile de Valencia* (1933). Et ce n'est pas lui non plus qui chante *C'est toujours la même chose* et *La Semaine de sept jours* dans *Du haut en bas* (1933).

Le Répertoire général Polydor de 1932 offrait trois disques de « Jean Gabin, des Bouffes-Parisiens, avec accompagnement de l'orchestre Bervilly » :

– 521.714 V.25 : *Quand on a ça* et *C'est chouette d'être un monsieur* (Marcel Lattès/Yves Mirande) dans *Arsène Lupin, banquier*, d'après Maurice Leblanc.

– 521.764 V.25 : *Léo, Léa, Élie* (Gabaroche/Phylo/Pothier), *Je ne dis pas non* (Reed/Nelson/Willemetz/Pothier).

– 521.765 V.25 : un fox-trot : *Ingénument... naïvement* (Oberfeld/Willemetz/Pothier), une chanson comique : *C'est moi le mari* (Harry Warren/P. Briquet).

Ces six chansons ont été rééditées en 1975 dans le disque *Les Vedettes du cinéma chantent* (enregistrements originaux 1932-1942 : Arletty, Danielle Darrieux, Marlène Dietrich, Florelle, Lilian Harvey, Henry Garat), Philips, 6620.044, 30 cm.

Autres chansons de Jean Gabin reprises dans ce disque :

– *Avec ma petite gueule* (Van Parys/M. Gleize), 1932.

– *Viens Fifine*, valse musette de *Zouzou* (avec Joséphine Baker), paroles de Geo Koger, Henri Varna et E. Audiffred, musique de Vincent Scotto, 1934.

– *Léo, Léa, Élie* a été reprise dans les *Rois du Caf'Conc* n° 1, Fontana 826.540 QY. *Avec ma petite gueule* a été reprise dans *Les Rois du Caf'Conc* n° 2.

Jean Gabin chante avec Mistinguett *On m'suit* (Pierre Chagnon/Fred Pearly/Leo Lelièvre), chanson de *Paris qui tourne* rééditée dans le microsillon 33 tours (30 cm) *Mistinguett* (Vega, collection *Les Voix aimées*, 19.142 mono). « Sur le même disque, il me semble bien reconnaître la voix de Gabin, chantant *Mary* (chanson de Fred Mélé et Creaven) avec Mistinguett, mais le nom des différents interprètes masculins (qui interviennent brièvement) n'est pas mentionné sur la pochette : mystère ! » (Lettre de Jean-Pierre Bouyxou à Claude Gauteur, 11-08-1977).

La chanson de *Cœur de lilas*, *La Môme caoutchouc* (Maurice Yvain/Serge Veber), a été gravée par les disques Salabert, 3064 face SF 585 A (face SF 584 A : *Dans la rue*, par Fréhel). *La Môme caoutchouc* a été repiquée dans le microsillon 33 tours (30 cm) « Bandes sonores originales des films et opérettes 1930-1940 », album de deux disques chez Philips, 2 T. Mono 66021 028. Dans le même album, toujours par Gabin, la *Chanson des mariniers* (Maurice Yvain/Marcel Achard) de *La Belle Marinière*.

La chanson de *La Belle Équipe*, *Quand on s'promène au bord de l'eau* (Maurice Yvain/Julien Duvivier) et *Qu'est-ce que tu dis d'ça* (Maurice Yvain/Jacques Poterat) ont été rééditées en 1975, chez Pathé Marconi 2 C.008. 12976, 17 cm. *Quand on s'promène au bord de l'eau* se trouve également dans deux 30 cm : *Du Caf'Conc'au Music Hall* n° 22, Pathé Marconi 2 C.054. 15296; *Rétro 1925-1937*, Pathé Marconi 2 C.176. 14964/5.

La Môme caoutchouc et *Quand on s'promène au bord de l'eau* ont été reprises en 1977 dans *Ciné-parade 1930-1939*, coffret Pathé Marconi 2 C 150 15886/8.

Sauf erreur, *Il faut savoir demander ça gentiment !* (numéro chanté et dansé par Jean Gabin et les sœurs Mazza (paroles de Jacques-Charles et Leo Lelièvre fils, musique de René Sylviano et Jean Boyer) n'a pas été gravée, non plus que les chansons de *Zouzou : La Java des Marsialo*, et d'*Adieu les beaux jours : La Marche des aventuriers* (paroles de Raoul Ploquin, musique de Hans Otto Borgmann) ainsi que *Pour une nuit d'amour*, chantée par Brigitte Helm.

En 1974, Jean Gabin a enregistré pour C.B.S. un 17 cm (9320) : *Ce que je sais* (Jean-Loup Dabadie/Philippe Green) et *Maître Corbeau et Juliette Renard* (Jean-Pierre Saban/Jean-Loup Dabadie/Bill Owen).

Par ailleurs, Jean Gabin a été le capitaine Nemo de *20 000 lieues sous les mers*, album Disneyland (ST 3923 F, 1970) d'après le roman de Jules Verne et le film de Walt Disney, adaptation phonographique de Jean Bolo, chansons et paroles de Jacques Poterat, musique d'accompagnement de Maurice Jarre.

On trouve désormais Jean Gabin en disques compacts : *Chansons de films et d'opérettes des années 30*, Forlane UCD 19033. Quatorze au total : *Léo, Léa, Élie, Je ne dis pas non, Ingénuement, naïvement, C'est moi le mari* et *Avec ma petite gueule ; Quand on a ça* et *C'est chouette d'être un monsieur ; La Môme caoutchouc*, la *Chanson des mariniers* et *Viens Fifine ; Quand on s'promène au bord de l'eau* et *Qu'est-ce que tu dis d'ça ; On m'suit* et, surprise, *C'est un petit rien* (Rose/Dubin/Tobias), ces deux dernières avec Mistinguett.

À ces quatorze titres, repris ici et là, Les Etoiles de la chanson/La Collection André Bernard (MN 7243 8 40201 25) en a ajouté cinq : *Ce sont des choses qui ne se font pas* (M. Lattès/Y. Mirande) de l'opérette *Arsène Lupin banquier* avec Meg Lemonnier et René Koval ; *Vive les grosses dames* (C. Oberfeld/C. Pothier), extrait de la bande sonore de *Méphisto* (1930) ; *Pour être encore plus heureux* (W. Kolb/N. Dostal/R. Pujol) avec Gaby Basset, extrait de la bande sonore de *Chacun sa chance*, et le *Final* du même film ; *Mon bonheur est avec toi* (P. Abraham/H. Wolf) avec Josseline Gaël, extrait de la bande sonore de *Cœurs joyeux* (1931).

Enfin Frémeaux et Associés (FA 029) a publié en 1994 une intégrale Jean Gabin, tous les titres déjà cités, avec en prime le *Chœur des ronfleurs* (M. Lattès/Y. Mirande) de l'opérette *Arsène Lupin banquier* avec Meg Lemonnier, Jacqueline Francell et René Koval ; *Ce que je sais* et *But Now I Know* (P. Green/J.L. Dabadie) ; ainsi que dix-sept chansons interprétées par Ferdinand Joseph Eugène Gabin-Moncorgé dit Gabin Père.

RADIO

Jean Gabin a enregistré deux émissions conservées à la phonothèque de la Maison de la radio à Paris :

– *Des Sacs et des cordes* (68'), récit radiophonique avec voix, chœur et orchestre réalisé par Yves Darriet, d'après François Villon, avec Madeleine Rabereau et Léo Ferré (première diffusion : 12-01-1951), INA/Le Chant du Monde, 874 1165, 2004.

– *M'auriez-vous condamné ?* (67'), monologue de Jean-Jacques Gautier réalisé par Albert Riera (première diffusion : 10-01-1954).

BIBLIOGRAPHIE

« [...] j'ai horreur qu'on soit mêlé, de près ou de loin, à mes affaires privées. Cette attitude, je le sais bien, me vaut une solide réputation de râleur et de mauvais coucheur. Je ne la conteste pas. Elle est parfaitement fondée. À ce détail près, cependant, que je ne suis râleur et mauvais coucheur... qu'à bon escient, c'est-à-dire précisément lorsqu'on s'immisce dans des questions qui ne regardent que moi... J'aime par-dessus tout la tranquillité. Mes goûts sont simples : la pêche, la chasse ; la lecture aussi, mais seulement quand j'ai la tête bien reposée, et pas de préoccupations qui puissent m'accaparer l'esprit. Bien manger est également un plaisir que je ne dédaigne pas, loin de là, surtout lorsque le menu comporte des plats en sauce, arrosés d'un petit beaujolais léger ! Ah ! je suis aussi têtu comme une mule, obstiné comme une caboche de Breton. Cela tient de famille. Nous avons tous ça dans le sang, de père en fils. [...] »

(Jean Gabin, *Le Film vécu* n° 8, 09-03-1950)

« Pendant presque cinquante ans, de 1930 à 1976, le beau garçon transformé en grand monsieur a fait partie du patrimoine national. Play-boy prolétaire façon « Front popu », gentleman-farmer bougon à la manière des notables IVe République, truand respectable agacé par les violences inutiles du milieu des années 1970, il aura traversé la France de son temps pour en refléter les métamorphoses. »

(*Paris Match* n° 1942, 15-08-1986)

I. Jean Gabin par lui-même

– « Quand je revois ma vie », souvenirs recueillis par Didier Daix, *Pour Vous* n° 355 à 360, 05-09 à 10-10-1935.

– « Oui, j'ai pas mal bourlingué », *Ciné-France* n° 10, 09-04-1937.

– « Souvenirs de Jean Gabin, gosse à la redresse », *Voilà* n° 326 et 327, 18 et 25-06-1937.
– « Confidences, ma carrière par mes films », *Le Film vécu* n° 08, 09-03-1950.
– « La vie de Jean Gabin racontée par lui-même », *Opéra* n° 278 à 290, 08-11-1950 à 31-01-1951.
– « Touchez pas au bonhomme », propos recueillis par Robert Chazal, *Constellation* n° 79, novembre 1954, pp. 51-58.
– « Jean Gabin raconte », propos recueillis par André-Georges Brunelin, *Cinéma 57* n° 16, 18 et 21, mars, mai et septembre-octobre 1957.
– « Jean Gabin : « Je suis comme ça » », confidences recueillies par Guy Silva, *L'Humanité*, 04 au 07-10-1964.
– « Moi, Ponce Pilate », *Paris-Soir*, 6-10-1934.
– « La prochaine fois… je m'évade », *Le Journal*, 22-03-1937.
– « Mon ami Jean Renoir », *Ce Soir*, 29-05-1937.
– « Le jour se lève sur le môme Carné », *Pour Vous* n° 541, 29-03-1939.
– « Pourquoi je ne tourne pas *Les Portes de la nuit* », *Ciné-Revue* n° 8, 22-06-1946.

Voir également les propos de Jean Gabin (recueillis par, dans) :
– Raymonde Latour, *L'Image*, 15-04-1932.
– Didier Daix, *Pour Vous* n° 214, 22-12-1932.
– Doringe, *Pour Vous* n° 254, 28-09-1933.
– Julien J. London, *La Griffe*, 29-04-1934.
– Odile D. Cambier, *Cinémonde*, 19-05-1935.
– Serge Veber, *Pour Vous* n° 410, 24-09-1936.
– Doringe, *Pour Vous* n° 425, 07-01-1937.
– R. L. Dauven, *Ce Soir*, 25-09-1937.
– Serge Veber, *Pour Vous* n° 557, 19-07-1939.
– Jean Palaiseul, *Noir et Blanc*, 02-05-1949.
– Didier Daix, *Ce Matin-Le Pays*, 30-11-1949.
– Henri Gault, *Paris-Presse l'Intransigeant*, 08-02-1958.
– Guy Le Bolzer, *Cinémonde* n° 1228, 20-02-1958.
– Gisèle Stéphane, *La Tribune de Genève*, 04-05-1959.

– Juliette Boisrivaud, *Paris-Presse l'Intransigeant*, 21-11-1959.
– François Gault, *Témoignage Chrétien*, 11-12-1959.
– Paul Giannoli, *Paris-Presse l'Intransigeant*, 15-04-1961.
– Juliette Boisrivaud, *Paris-Presse l'Intransigeant*, 23-08-1962.
– Carmen Tessier, *France-Soir*, 02-09-1962.
– Maurice Tillier, *Le Figaro Littéraire*, 11-06-1964.
– XXX…, *Cinémonde* n° 1657, 24-06-1966 (« Gabin par Gabin »).
– Jacques Baroche, *Cinémonde* n° 1728, 16-01-1968.
– Monique Pantel, *France-Soir*, 23-11-1968.
– Monique Sobieski, *Le Journal du Show-Business* n° 13, 27-12-1968.
– Jacques Baroche. *Ciné-Revue* n° 3, 16-01-1969.
– Léon Zitrone, *Jours de France* n° 795, 05-03-1970.
– Nicole Jolivet, *France-Soir*, 11-11-1970.
– Henri Rode, *Cinémonde* n° 1847, décembre 1970.
– Jean-Claude Mazeran, *Le Journal du Dimanche* n° 1299, 17-10-1971 ; *Lectures pour tous*, janvier 1972.
– Pierre Montaigne, *Le Figaro*, 15-04-1972.
– Nicolas de Rabaudy, *Paris Match* n° 1298, 23-03-1974.
– Alain Rémond, *Télérama* n° 1289, 25-09-1974.
– Louis Valentin, *Lui* n° 131, décembre 1974.
Voir également l'avant-propos, signé Jean Gabin, de *Pantruche ou les mémoires d'un truand*, de Ferdinand Trignol, Éditions Fournier, 1946.

II. Livres sur Jean Gabin

– ANDREU Guillaume/MENANT Frédérique : *Les Mots de Gabin*, Philippe Rey, 2005.
– BARBIER Philippe et MOREAU Jacques : *Jean Gabin*, PAC, 1983.
– BETTI Jean-Michel (Jean POGGI, Michel BORGET et Betty TRUCK) : *Salut, Gabin* ! Trévise-Ramsay, 1977. Préface de Gilles Grangier.
– BRIEU Jean-François : *Gabin gueule d'amour*, Albin Michel, 2001.
– BRUNELIN André : *Gabin*, Robert Laffont, 1987 et 2004.
– COLIN Gerty : *Jean Gabin*, Presses de la Cité, 1983.
– DE LUCA Jean : *Jean Gabin, 20 films pour une légende*, Éd. SDE, 2004.

– GAUTEUR Claude et BERNARD André : *Gabin ou les avatars d'un mythe*, PAC, 1976.
– GLÂTRE Patrick et MILLOT Olivier : *Jean Gabin la traversée d'un siècle*, Créaphis, 2004.
– LOUBIER Jean-Marc : *Jean Gabin/Marlène Dietrich, un rêve brisé*, Acropole, 2002.
– MILHAUD Sylvie : *Jean Gabin*, Solar, 1981.
– MISSIAEN Jean-Claude et SICLIER Jacques : *Jean Gabin*, Henri Veyrier, 1977.
– PÉRISSET Maurice : *Jean Gabin*, J'ai lu Cinéma, les grands acteurs, 1990.

III. Livres où il est question de Jean Gabin

– AGEL Henri : *Jean Grémillon*, Seghers, 1970 (Rencontre avec Jean Gabin : du quotidien au tragique), pp. 43-55.
– BAZIN André : « *Le jour se lève* », in *Regards neufs sur le cinéma*, Éditions du Seuil, 1972, pp. 140-157.
– BORDE Raymond et CHAUMETON Étienne : *Panorama du film noir américain*, Éditions de Minuit, 1955, pp. 168-169.
– BOULANGER Pierre : *Le Cinéma colonial*, Seghers, 1975, pp. 94, 107-108, 121, 129, 142.
– BRASSART Alain : *Les Jeunes premiers dans le cinéma français des années 60*, Éditions du Cerf/Éditions Corlet, 2004, pp. 23-25, 169-186.
– CHAZAL Robert : *Jean-Paul Belmondo*, Denoël, 1971, pp. 33-34, 110-214-230.
– DURIEUX Gilles : *Lino Ventura*, Flammarion, 2001, pp. 119-124, 130, 136-138, 158-160, 228, 277, 279-284, 310, 313, 321, 323, 342, 368.
– DUVILLARS Pierre : *Cinéma, mythologie du xxe siècle*, Éditions de l'Ermite, 1950, pp. 37-38, 67-76.
– GASTON-MATHÉ Catherine : *La Société française au miroir de son cinéma*. De la débâcle à la décolonisation, Arléa/Corlet, Collection Panoramique, 1996, pp. 173-177.
– GUÉRIF François et LÉVY-KLEIN Stéphane : *Belmondo*, PAC, 1976, pp. 52-53, 172-173.

- HIGHAM Charles: *Marlène, la vie d'une star*, Calmann-Lévy, 1978, pp. 144-146-160-163.
- MAILLOT Pierre: *Les Fiancés de Marianne*, Éditions du Cerf, 1996.
- MAURIAC Claude: *L'Amour du cinéma*, Albin Michel, 1954, pp. 229-233; *Petite Littérature du cinéma*, Éditions du Cerf, 1957, pp. 151-153, 155-157.
- OLIVIER Paul: *Raimu*, France-Empire, 1977, pp. 57, 173, 193, 264-265.
- QUEVAL Jean: *Marcel Carné*, Éditions du Cerf, 1952, pp. 60, 87-91.
- SELLIER Geneviève, *Jean Grémillon, le cinéma est à nous*, Méridiens Klincksieck, 1989, pp. 19-46 et 147-176.

Voir également

Revues mensuelles

- CARNÉ Marcel: « Jean Gabin, un chic type », *Ciné-Magazine* n° 1, janvier 1933.
- CHAVANCE Louis: « Le paradoxe de Gabin », *Ciné-Club*, avril 1954.
- RENOIR Jean: « Entretien », *Cahiers du Cinéma* n° 78, Noël 1957.
- ROULEAU Raymond: « Jean Gabin », *Visages et Contes du Cinéma* n° 21, 15-05-1938.
- Junie ASTOR, Edwige FEUILLÈRE et Jany HOLT; Pierre BLANCHAR, Marcel DALIO, René LEFEVRE, André LUGUET et Pierre RENOIR, in « Jean Gabin », *Visages et Contes du Cinéma* n° 21, 15-05-1938.
- Micheline BONNET, Jeanne WITA et Louis BERGER; ARLETTY, Danielle DARRIEUX, Michèle MORGAN et Madeleine RENAUD; Marcel CARNÉ, Jean GRÉMILLON, Pierre MAC ORLAN, Jacques PRÉVERT et Jean RENOIR dans le numéro spécial de *Ciné-Club*, d'avril 1954, à l'occasion des vingt-cinq ans de cinéma et des cinquante ans de Jean Gabin (Hommage à la Salle Pleyel, le 21 avril 1954).

Hebdomadaires

- AUDIARD Michel: « Jean Gabin », *Paris Match* n° 1074, 06-12-1969.
- BASSET Gaby: *France-Dimanche* n° 807 à 810, 08-02 à 01-03-1962.

– BONNET Micheline : *France-Dimanche* n° 1608 à 1612, 27-06 au 25-07-1977.
– BOUDARD Alphonse : *Un songe en hiver*, Le Nouvel observateur n° 1787, 04-02-1999.
– BRIALY Jean-Claude : « Gabin intime », *Paris Match* n° 1394, 14-02-1976.
– DIETRICH Marlène : *Cinévie* n° 45, 06-08-1946.
– DUBOST Paulette : *Un homme dans la vie*, Le Nouvel Observateur n° 2060, 29-04-2004.
– GIRAULT Jean : « Thank you, M. Gabin ! », *Pariscop* n° 413, 21-04-1976.
– GRANIER-DEFERRE Pierre : « Sur Jean Gabin », *Cinémonde* n° 1847, décembre 1970.
– MAUCHAIN Jeanne (DORIANE) : *France-Dimanche* n° 56, 28-09-1947.
– ROMANCE Viviane : *France-Dimanche* n° 872, 08-05-1963.
– SPAAK Charles : « Gueule d'amour sur fonds de taffetas », *Cinémonde* n° 476, 01-12-1937.
– VERNEUIL Henri : *Télé Star* n° 316, 19-10-1982.

Quotidiens

– DELANNOY Jean : « Gabin la pudeur », *La Tribune de Genève*, 15-05-1958.
– LE CHANOIS Jean-Paul : « J'ai fait entrer Jean Gabin dans la peau de trois personnages : Jean Valjean, le docteur Laurent et un valet de chambre », *L'Humanité*, 06-10-1964.

IV. Témoignages

Livres

– MONCORGÉ-GABIN Florence : *Quitte à avoir un père, autant qu'il s'appelle Gabin*, Le Cherche-Midi, 2003.
– MONCORGÉ-GABIN Florence et Mathias : *Gabin hors champ*, Michel Lafon, 2004.
– ARNOUL Françoise : *Animal doué de bonheur*, Belfond, 1995, pp. 104-117, 123-125, 126.

– ARLETTY : *La Défense*, La Table Ronde, 1970, pp. 126-127, 197. Voir également « Mon ami au présent » in *Arletty*, par Philippe de Comes et Philippe Ariotti, Henri Veyrier, 1978.
– AUMONT Jean-Pierre : *Souvenirs provisoires*, Julliard, 1957, pp. 45, 80, 88, 352.
– BAKER Joséphine : *Mémoires*, Corréa, 1949, pp. 175-178.
– BARDOT Brigitte : *Initiales BB*, Grasset, 1996, pp. 159, 161, 162.
– BELMONDO Jean-Paul : *Trente ans et vingt-cinq films*, UGE, 1963, pp. 92-94.
– BLEUSTEIN-BLANCHET Marcel : *La Rage de convaincre*, Robert Laffont, 1970. *Mémoires d'un lion*, Librairie académique Perrin, 1988.
– BLIER Annette et DUFRESNE Claude : *Bernard Blier*, Solar, 1989, pp. 67-68, 163-165, 169-170.
– BRAISSAÏ : *Conversations avec Picasso*, Gallimard, 1964, pp. 232-233.
– BRASSEUR Pierre : *Ma vie en vrac*, Calmann-Lévy, 1972, pp. 282-283.
– BRIALY Jean-Claude : *Le Ruisseau des singes* Robert Laffont, 2000, pp. 311-327. *Je ne vous ai pas tout dit*, XO éditions, 2004, pp. 21-30.
– CANAILLE Caro : *Étoiles en pantoufles (Jean Gabin, un dur mou)*, Paris, André Martel, 1954, pp. 249-260.
– CARNÉ Marcel : *La Vie à belles dents*, Éditions Jean-Pierre Ollivier, 1975, pp. 15-16, 82, 93-121, 130, 139-153, 176, 211, 225-280, 301-308, 335-341, 373, 405, 468, 476.
– CARREL Dany : *L'Annamite*, Robert Laffont, 1991, pp. 161-164, 254-256.
– CASTANS Raymond : *Fernandel m'a raconté*, La Table Ronde, 1976, pp. 193-204.
– DALIO Marcel : *Mes années folles*, Éditions Jean-Claude Lattès, 1976, pp. 50, 89-90, 92-93, 96, 108, 188-191, 287.
– DARRAS Jean-Pierre : *Pourquoi dites-vous ça en riant*, Plon, 1984, pp. 139, 290-294.
– DIETRICH Marlène : *Marlène D.*, Grasset, 1984, pp. 129-137.
– DUBOIS Marie : *J'ai pas menti, j'ai pas* tout dit, Plon, 2002, pp. 94-98.

– DUBOST Paulette : *C'est court la vie*, Flammarion, 1992, pp. 177-181.
– FEUILLÈRE Edwige : *Les Feux de la mémoire*, Albin Michel, 1977, p. 249.
– GÉLIN Daniel : *Deux ou trois vies qui sont les miennes*, Julliard, 1977, pp. 107-111, 233.
– GIOVANNI José : *Mes grandes gueules*, Fayard, 2002, pp. 353-363.
– GRANGIER Gilles : *Flash-Back*, Presses de la Cité, 1977, pp. 141, 143-156, 181-198, 201-212. Voir également *Passé la Loire c'est l'aventure*, 50 ans de cinéma, entretiens avec François Guérif, Terrain Vague, Losfeld, 1989.
– JARDIN Pascal : *La Guerre à neuf ans*, Grasset, 1971, pp. 36, 57-59 ; *Guerre après guerre*, Grasset, 1973, pp. 27, 131, 134-136.
– LAPIERRE Marcel : *Aux portes de la nuit, le roman du film de Marcel Carné*, Paris, La Nouvelle Édition, 1946, pp. 43-53, 73-84.
– LAUTNER Georges : *On aura tout vu*, Flammarion, 2005, pp. 86-89.
– LE BRETON Auguste : *Monsieur Rififi*, Hachette, 1981, pp. 148-151.
– LEFEBVRE Jean : *Pourquoi ça n'arrive qu'à moi ?*, Carrère-Michel Lafon, 1984, pp. 141-144.
– LEFEVRE René : *Le Film de ma vie 1938-1940*, Gallimard, 1947, p. 51 ; *Le Film de ma vie 1939-1973*, Paris, Éditions France-Empire, 1973, pp. 34-35, 322-336.
– LEDUC Violette : *La Bâtarde*, Gallimard, 1964, « Folio », 41, pp. 341-343.
– LELOUCH Claude : *Itinéraire d'un enfant gâté*, Robert Laffont, 2000, pp. 198-201.
– LESAFFRE Roland : *Mataf*, Pygmalion/Gérard Watelet, 1991, pp. 46-50, 134-137, 161, 192, 195-202, 211, 217-218.
– LUGUET André : *Le Feu sacré*, La Palatine, 1955, pp. 251-254.
– MAGGIAR (Amiral) : *Les Fusiliers marins de Leclerc*, Éditions France-Empire, 1984, pp. 325-327.
– MISTINGUETT : *Toute ma vie*, Julliard, 1954, tome 2, pp. 47-48.
– MORGAN Michèle : *Mon bonheur de vivre*, Éditions de Paris, 1958, pp. 101-103, 107, 111-113, 122, 127-129 et 193. *Mes yeux ont vu*,

UGE 10/18, 1965, pp. 121, 124, 130, 132. *Avec ces yeux-là*, Robert Laffont, 1977, pp. 83-100, 104-106, 112-118, 133-136, 142, 146, 162-165, 193, 268-273, 289.
- PICCOLI Michel : *Dialogues égoïstes*, Olivier Orban, 1976, pp. 70, 104-106.
- PIERRE-LOUIS : *Mes bonnes fréquentations*, Éditions France-Empire, 1983, pp. 36, 187, 195-197.
- PIEUCHOT Jean : *Régisseur de cinéma*, Dualpha, 2003, pp. 249-254, 307-312, 343-346, 349-353.
- PINOTEAU Claude : *Merci la vie !*, Le Cherche-Midi, 2005.
- POUSSE André : *Touchez pas aux souvenirs*, Robert Laffont, 1989, pp. 106, 144-154.
- RENOIR Jean : *Ma vie et mes films*, Flammarion, 1974, pp. 118, 123-125, 208, 250-251.
- RIVA Maria : *Marlène Dietrich par sa fille*, Flammarion, 1993.
- RIVERS Fernand : *Au milieu des étoiles*, Les Films Fernand Rivers, pp. 109-110.
- ROMANCE Viviane : *Romantique à en mourir*, Vertiges du Nord/Carrère, 1986, pp. 19, 32, 35.
- RONET Maurice : *Le Métier de comédien* (entretiens avec Hervé Le Boterf), France-Empire, 1977, pp. 33, 64-66, 78, 127, 157, 171-172.
- SABLON Jean : *De France ou bien d'ailleurs*, Robert Laffont, 1986, p. 30.
- SIGNORET Simone : *La nostalgie n'est plus ce qu'elle était*, Le Seuil, 1976, pp. 131, 329, 364.
- SIMENON Georges : *Au-delà de ma porte-fenêtre*, Presses de la Cité, 1978, pp. 16-18, 44.
- SPAAK Janine : *Charles Spaak mon mari*, France-Empire, 1977, pp. 86-89, 143, 149-150, 215-216.
- TABET Georges : *Vivre deux fois*, Robert Laffont, 1979, pp. 83, 85, 87.
- TUAL Denise : *Le Temps dévoré*, Fayard, 1980, pp. 133-141, 159, 165-166, 168-170 ; *Au cœur du temps*, Carrère, 1987.

V. Études

Revues (mensuelles)

– BALLAND Jacques : « Jean Gabin », *Raccords* n° 5, octobre 1950.
– BAZIN André : « Jean Gabin héros de la tragédie moderne », *Ciné-Digest* n° 1, mai 1949 : voir également Doc. 47, Éditions Peuple et Culture ; *Ciné-Club* n° 1, décembre 1949 (*Le jour se lève*).
– BEYLIE Claude : « Gabin de Paris », *Écran 77* n° 54, janvier 1977.
– BOUNOURE Gaston : « Notes sur Jean Gabin », *Image et Son* n° 10, février 1948.
– BRUNELIN André-Georges : « Esquisse d'un portrait », *Ciné-Club*, avril 1954.
– CHEVASSU François : « La Saison cinématographique 1959 » (*Archimède le clochard*), 1960 (*Le Baron de l'écluse, Maigret et l'Affaire Saint-Fiacre, Rue des prairies*) et 1961 (*Les Vieux de la vieille*).
– DORINGE : « Jean Gabin, sa vie, ses films », *Visages et Contes du Cinéma* n° 21, 15-05-1938.
– ESNAULT Philippe et GAUTEUR Claude : « Le dossier Gabin », *Image et Son* n° 200, décembre 1966.
– FIESCHI Jacques : « Revoir Gabin dans *Le jour se lève* », *Cinématographe* n° 23, janvier 1977.
– GAUTEUR Claude : « Sur le dernier avatar de Jean Gabin », *Positif* n° 119, septembre 1970 ; « Les années d'apprentissage de Jean Gabin », *Lettres et Médecins*, septembre 1971 ; « Gabin sur les planches », *Écran 74*, n° 26, juin 1974.
– GEVAUDAN Frantz : « Docteur Moncorgé et Mister Gabin », *Cinéma 77* n° 217, janvier 1977.
– LEIRENS Jean : « En plein gabinisme ! » (*Le Président*), Bruxelles, *Amis du film et de la T.V.* n° 66, avril 1961.
– LENNE Gérard : *La Marseillaise* et *Le Président*, relecture politique de deux films français, *La Revue du Cinéma-Image et Son-Écran* n° 359, mars 1981.
– MARCHAL Pierre A. : « Le cas Gabin », *L'Écran lorrain* n° 226, avril 1966.

- MARMIN Michel : « Le dossier Gabin », *Le Spectacle du monde* n° 178, janvier 1977.
- RÉGENT Roger : « Présence de Jean Gabin », *Ciné-Club*, avril 1954.
- Jean Gabin, in « Petit Lexique des acteurs français d'aujourd'hui », *Cinéma 63* (juillet-août) n° 78.

Hebdomadaires

- BARJAVEL René ; « Jean Gabin », *Le Merle Blanc* n° 249, 07-01-1939.
- BAZIN André : « Jean Gabin et son destin », Radio-Cinéma-Télévision, 01-10-1950.
- BEAUME Georges : « Jean Gabin monarque bourgeois », *Cinémonde* n° 965, 30-01-1953 ; « Gabin l'irremplaçable », *Cinémonde* n° 1031, 07-05-1954.
- BERGUT Bob : « Bon anniversaire, M. Gabin », *L'Écran français* n° 308, 30-05-1951 (Voir aussi *L'Écran français* n° 289, 24-11-1950).
- BESCOS José et RODE Henri vous racontent en images la carrière de Jean Gabin, *Cinémonde* n° 1423, 14-11-1961.
- BESSY Maurice : « Jean, Gabin, Alexis Moncorgé dit : Jean Gabin », *Cinémonde* n° 550, 03-05-1939.
- CAPDENAC Michel : « Gabin-solo Q » (*Le Baron de l'écluse*), *Les Lettres Françaises*, 21-04-1960.
- CAU Jean : « Il était le Français d'abord », *Paris Match* n° 1942, 15-08-1986.
- CERESA François : *Gueule d'amour*, Le Nouvel Observateur n° 1926, 04-10-2001.
- CHARTIER Jean-Pierre : « Jean Gabin pourrait être le Gary Cooper français », *Témoignage Chrétien*, 13-09-1946.
- CHAZAL Robert : « Gabin m'a dit : je voudrais tourner *La Terre* », *Cinémonde* n° 786, 29-08-1949 ; « Le Déserteur de *Quai des brumes* est devenu l'inspecteur Maigret, mais Jean Gabin reste Jean Gabin, l'acteur le plus solide du cinéma français », *Ciné-Revue* n° 43, 23-10-1957.
- CORTADE René : « Les métamorphoses de Jean Gabin », *Arts* n° 773, 04-05-1960.

– DAILLY Roland : « Jean Gabin : « J'ai 25 ans de cinéma ! », *Radio-Cinéma-Télévision* n° 225, 09-05-1954.
– DELAIN Michel : « Gabin : "Expérience bouleversante" » (*L'Affaire Dominici*), *L'Express*, 12-09-1973.
– DE LA BRÈCHE Guy : « Parmi les sept péchés capitaux, Jean Gabin a choisi la colère », *Ciné-Revue* n° 19, 12-05-1961.
– DURAN Michel : « Jean Gabin », *Le Canard Enchaîné* n° 1143, 25-05-1938.
– ENGELHARD Hubert : « Jean Gabin, l'un des meilleurs atouts du cinéma français », *Réforme*, 01-09-1956.
– FABRICE Gérard : « Un grand film, un grand conflit : *Les Portes de la nuit*. Carné tourne le dos à Marlène et Gabin », *Paris-Cinéma* n° 17, 30-01-1946.
– FAINSILBER Benjamin : « Jean Gabin, l'acteur qui s'ignore », *Cinémonde* n° 449, 27-05-1937.
– FORD Charles : « Jean Gabin, le tâcheron du cinéma », *Ciné-Révélation* n° 157, 04-04-1957.
– GÉRAC Michel : « Jean Gabin nature », *Cinémonde* n° 737, 14-09-1948.
– GRAND Odile : « Gabin machine à films », *Le Soir illustré* n° 2059, 09-12-1971.
– HARLÉ P.A. : « Jean Gabin, bon artiste français », *La Cinématographie française* n° 988, 08-10-1937.
– HOLBANNE Françoise : « Un rude gars, Jean Gabin », *Ciné-Miroir* n° 664, et 665, 24 et 31-12-1937.
– DE HULDEN Marcel : « Rendez-vous avec Jean Gabin », *Opéra*, 12-12-1945.
– LABARTHE André-Sylvain et SICLIER Jacques : « Le Mythe Gabin », *Arts* n° 574, 27-06-1956.
– LAROCHE Pierre : « Gabineries », *Le Canard Enchaîné*, avril 1954.
– LEPROCHON Pierre : « Jean Gabin, un mythe, puis un acteur », *Télérama* n° 574, 15-05-1961 ; « Jean Gabin et Humphrey Bogart, deux visages de la fatalité », *Télérama* n° 605, 20-08-1961.
– LONDON Geo : « L'acquittement de Mme Jean Gabin », *Carrefour*, 01-06-1949.

– MAGNY Claude-Edmonde : « *Martin Roumagnac* », *Juin* n° 47, 07-01-1947.
– LE MINOTAURE : « Croquis à l'emporte-tête : Jean Gabin », *L'Écran français* n° 74, 27-11-1946.
– MAURIAC Claude : « Jean Gabin plus admirable encore » (*Archimède le clochard*), *Le Figaro Littéraire*, 18-04-1959. (Sur *Au-delà des grilles, La Marie du port, La nuit est mon royaume, Touchez pas au grisbi, L'Air de Paris, Razzia sur la chnouf* et *La Traversée de Paris*, voir *Le Figaro Littéraire* des 19-11-1949, 25-05-1950, 17-11-1951, 27-03-1954, 02-10-1954, 16-04-1955, 16-04-1955 et 03-11-1956.)
– PIVERD Jean : « Le cas Gabin », *Heures nouvelles*, 15-01-1946.
– QUEVAL Jean : « Depuis *La Marie du port* de Marcel Carné, Jean Gabin a vendu son âme à la société », *Radio-Cinéma-Télévision* n° 117, 13-04-1952.
– RÉMOND Alain : « Monsieur Gabin est toujours là », *Télérama* n° 1242, 03-11-1974:
– REUILLARD Gabriel : « Jean Gabin », *Gringoire*, 29-06-1939.
– RODE Henri : « Jean Gabin : « Moi, je fais mon travail et je n'en fais pas une chopine » », *Cinémonde* n° 1847, décembre 1970.
– SADOUL Georges : « Jean Gabin », *Regards* n° 224, 28-04-1938.
– VALDOIS Jean : « Jean Gabin », *Ciné-Magazine* n° 2, février 1935.
– VAN COTTOM Joë : « Les immortels du cinéma », *Ciné-Revue* n° 40, 1971.
– VIDAL Simone : « Jean Gabin, l'ours au cœur d'or », *Le Film complet* n° 650, 02-01-1958.

Voir aussi :
– « Jean Gabin : ses disques », *Cinémonde* n° 535, 18-01-1939.
– « Opinion publique : pour ou contre Jean Gabin », *Cinémonde* n° 1549, 14-04-1964 (Jean Macabies).
– « Jean Gabin : 3 millions de spectateurs par film », *Télérama* n° 896, 19-03-1967 (anonyme).
– ALEXANDRE Philippe : « L'Affaire Jean Gabin ou les ennuis de M. Moncorgé propriétaire terrien », *Candide*, 01-08-1962.
– COLLIN Robert : « Jean Gabin le dur », *Paris Match*, 02-05-1964.

– FRIEDMAN Michel : « Le cas Gabin », *France-Observateur* n° 639, 02-08-1962.
– MALLET Serge : « Jean Gabin et les paysans », *France-Observateur* n° 278, 16-04-1964.
– S.G. : « Le procès d'Alençon », *L'Express*, 23-04-1964.
– VAN COTTOM Joë ; « L'Affaire Gabin pose un problème : le retour des vedettes à la terre est-il compromis ? », *Ciné-Revue* n° 32, 09-08-1962.

Quotidiens

– BAZIN André ; Sur *Martin Roumagnac, Miroir, La Marie du port, Razzia sur la chnouf, Gas-oil, Des gens sans importance*, voir *Le Parisien Libéré* des 27-12-1946, 15-05-1947, 17-08-1949, 13-04-1955, 17-11-1955 et 20-02-1956.
– BRATSCHI Georges : « Gabin présente *La Horse* : un seigneur plus simple que sa légende », *La Tribune de Genève*, 21-04-1970.
– CHAZAL Robert et FAURE Jean-Paul : « Monsieur Gabin », *Paris-Presse l'Intransigeant*, 29-04-1954.
– DENIEL Louis : « Courses chez Jean Gabin », *Le Monde*, 08-08-1981.
– LAPIERRE Marcel : « Il rêvait d'être mécanicien : Jean Gabin est devenu une gloire du cinéma français », *Paris-Soir*, 18-07-1937.
– MAGNAN Henry : « « Être ou ne pas être ?... » Jean Gabin aura résolu la question », *Le Monde*, 29-10-1956.

VI. Bibliographie sélective de langue anglaise sur les stars

Les ouvrages ci-dessous s'adressent surtout aux stars hollywoodiennes ; ils proposent cependant une réflexion sur le phénomène des stars et le fonctionnement de leur « mythe ». Par ailleurs on commence à voir apparaître un certain nombre d'ouvrages sur les stars d'autres pays, notamment les stars européennes.

Stars

- DYER Richard : *Stars*, BFI, Londres, 1979 – l'ouvrage de référence (réédité en 1982, 1986, 1990, 1992 ; une nouvelle édition a été publiée en 1998 avec un chapitre supplémentaire de Paul McDonald). De larges extraits de l'ouvrage de 1979, suivis du chapitre de Paul McDonald et d'un chapitre d'un ouvrage postérieur de Dyer (*Heavenly Bodies* – voir plus bas), a été publiée en français sous le titre *Le Star system hollywoodien, suivi de Marilyn Monroe et la sexualité*, chez L'Harmattan en 2004.
- BUTLER Jeremy G (sous la direction de) : *Star Texts : Image and Performance in Film and Television*, Wayne State University Press, 1991.
- DE CORDOVA Richard : *Picture Personalities : The Emergence of the Star System in America*, University of Illinois Press, 1990.
- DYER Richard : *Heavenly Bodies : Film Stars and Society*, Macmillan, Londres, 1987.
- GLEDHILL Christine (sous la direction de) : *Stardom, Industry of Desire*, Routledge, Londres, 1991.
- MC DONALD Paul : *The Star System : Hollywood's Production of Popular Identities*, Wallflower, 2000.
- *Naremore* James : *Acting in the Cinema*, University of California Press, 1988.
- STACEY Jackie : *Star Gazing : Hollywood Cinema and Female Spectatorship*, Routledge, 1994.

Stars individuelles

(liste très sélective d'ouvrages sur les stars, ou bien qui contiennent des chapitres sur certaines stars ; pour une bibliographie plus complète, se reporter, entre autres, à Dyer, 1998 ; Vincendeau 2000 ; Moseley, 2002 et 2005).

- BRITTON Andrew : Cary Grant : Comedy and Male Desire, Tyneside Cinema, Newcastle upon Tyne, 1983, reproduit dans *CineAction* n° 7, 1986.
- CARTER Erica : *Dietrich's Ghosts, The Sublime and the Beautiful in Third Reich Film*, London, BFI, 2004.

– DYER Richard et VINCENDEAU Ginette (sous la direction de) : *Popular European Cinema*, Routledge, Londres, 1992.
– ELEFTHERIOTIS Dimitris : *Popular Cinemas of Europe : Studies of Texts, Contexts and Frameworks.* (Continuum, 2001).
– HANSEN Miriam : *Babel and Babylon : Spectatorship in American Silent Film*, Harvard University Press, Cambridge, Mass., 1991. [chapitre 3, sur Rudolf Valentino, dont de larges extraits sont publiés en français dans *20 ans de théories féministes sur le cinéma, Grande-Bretagne et États-Unis*, coordonné par Bérénice Reynaud et Ginette Vincendeau, *CinémAction 67*, Corlet, 1993].
– *Jeffords* Susan : *Hard Bodies : Hollywood Masculinity in the Reagan Era*, Rutgers University Press, New Brunswick NJ, 1994.
– MC GILLIGAN Patrick : *Cagney, the Actor as Auteur*, A.S. Barnes Co. Inc, New York, 1975.
– MELLEN Joan : *Big Bad Wolves : Masculinity in the American Film*, Elm Tree Books, Londres, 1978.
– MOSELEY Rachel : *Growing Up With Audey Hepburn : Text, Audience, Resonance*, Manchester University Press, 2002.
– MOSELEY Rachel (sous la direction de) : *Fashioning Film Stars, Dress, Culture, Identity*, Londres, BFI, 2005.
– SIEGLOHR Ulrike : *Heroines Without Heroes : Reconstructing Female and National Identities in European Cinema 1945-1951*, Londres, Continuum, 2000.
– HAYWARD Susan : *Simone Signoret : The Star as Cultural Sign*, Londres, Continuum, 2004.
– TASKER Yvonne : *Spectacular Bodies : Gender, Genre, and the Action Cinema*, Comedia/Routledge, London, 1993.
– VINCENDEAU Ginette : *Stars and Stardom in French Cinema*, Londres, Continuum, 2000 [à paraître en français chez L'Harmattan, sous le titre *Les Stars et le Star system en France*, en 2006].

NOTES

1. Cosignée par André Bernard, qui en avait agencé l'illustration.

2. Avec, aujourd'hui, Ginette Vincendeau : un éclairage neuf, et tout en nuances.

3. Dans *Les Français*, Fayard, 1983, « Points Actuels » A.63, p. 150. Zeldin y écrit plus loin (p. 303), assez contradictoirement et fort discutablement, que « l'idée que les Français se révèlent dans leur cinéma est aussi superficielle que le fait de penser trouver à Hollywood l'essence même des États-Unis ».

4. *Opéra*, n° 281, 29-11-1950. « *Le music-hall*, confiera-t-il à Frank Fernandel, *reste mon meilleur souvenir, ma faiblesse, à cause de son parfum de coulisse extraordinaire* » (*Europe I*, 03-07-1970).

5. *Pour Vous* n° 425, 07-01-1937. *Voyage au bout de la nuit* était son livre de chevet à l'époque, confiera-t-il plus tard à André Brunelin.

6. *Ciné-France*, 09-04-1937. « *Moi, qui ne lis pas beaucoup, je ne connaissais pas le bouquin dont tout le monde parlait* », déclarera Jean Gabin à Robert Chazal au sujet de *Touchez pas au grisbi* (*Constellation* n° 79, novembre 1954). Et à Jacques Baroche (*Ciné-Revue* n° 3, 16-01-1969) : « *Je ne lis jamais. Si,* Paris-Turf. *Je ne lis pas, je n'ai jamais lu. Je ne suis pas un monsieur cultivé. Je suis un affreux matérialiste. On parle de philosophie. La seule que je connaisse, c'est celle de l'argent.* »

7. À Maurice Bessy, *Cinémonde* n° 550, 03-05-1939. Il dira à Jacques Baroche (*Cinémonde* n° 1728, 16-01-1968) : « *Oh ! je ne me fatigue pas. Je tourne en moyenne un film par an. À l'époque actuelle, il faut faire de plus en plus attention. Le public commande. Il est axé vers une certaine catégorie de films, il faut faire des films qui lui plaisent. Et ces catégories sont deux : le policier et le comique.* »

8. « Jean Gabin, un chic type », écrivait Marcel Carné (*Ciné-Magazine* n° 1, janvier 1933). « *Le jour se lève sur le môme Carné* », écrit Jean Gabin (*Pour Vous* n° 541, 23-03-1939).

9. Paris, Éditions de l'Ermite, pp. 37-38 et 67-76. On se reportera également aux analyses d'André Bazin, notamment celles axées sur *Le jour se lève*: *Ciné-Club* n° 1, décembre 1949.

---

10. À Louis Valentin, *Lui*, n° 131, décembre 1974. Lire le beau chapitre (7 : L'Entracte, pp. 279-333) du *Gabin* de Brunelin, *op. cit.*

---

11. Je renvoie, à cet égard, aux analyses décisives de Claude Mauriac (in *L'Amour du cinéma*, Paris, Albin Michel, 1954, pp. 229-233), de Jacques Siclier et André-Sylvain Labarthe (in *Arts* n° 574, 27-06-1956).

---

12. À noter, à la suite de Brunelin, que Gabin y a un (faux) « fils » pour la première fois à l'écran (*op. cit.*, p. 350).

---

13. À noter, toujours à la suite de Brunelin (*op. cit.*, p. 207), que c'est dans *Le rouge est mis* que Gabin, qui a en a giflé plus d'une et plus d'un à l'écran, était giflé à son tour, pour la première et la dernière fois de sa « vie cinématographique », en l'occurrence par sa « mère » ! Geste, précisons-le, transposé tel quel du roman d'Auguste Le Breton à l'origine du film.

---

14. Selon *France-Soir* (du 15-11-1960), *Les Grandes Familles*, devenu *Les Requins de la finance*, était donné par un critique polonais comme un exemple, certes involontaire mais néanmoins excellent, de film marxiste.

---

15. « Qu'il ait navigué, jadis, n'a rien d'étonnant : il a cette rudesse des gens de mer, et aussi, dans les yeux, cette mélancolie qu'on prend, sur les ponts des navires, comme un mal venu des embruns » (Jean Laury, *Le Figaro*, 11-12-1932).

---

16. En 1976, j'avais écrit ici : « Philippe Esnault aime à relever dans *La Vérité sur Bébé Donge* une des ellipses politiques les plus significatives du cinéma français : l'histoire, sentimentale et financière, de ce couple de bourgeois de province ne comporte aucune allusion à la période 1939-1945, pourtant révélatrice ». Maurice Aubergé, adaptateur et dialoguiste, et Henri Decoin, réalisateur, savaient, eux, et dès 1951, que Georges Simenon avait écrit en… 1940 *La Vérité sur Bébé Donge*, qui fut publié en… 1942. À vouloir trop prouver… *Mea culpa*.

---

17. Image qui a survécu à l'acteur. Pour comprendre Georges Marchais, explique Michel Cardoze à Luc Bernard (in *Les Nouvelles Littéraire* du 03.06.1982), « il faut se tourner vers l'image de l'ouvrier qu'a donnée le cinéma qui passe par le Gabin de *Pépé le Moko*, celui de *La Bête humaine* et les rôles tenus par Raymond Bussières. Marchais, lui, c'est l'image de l'ouvrier bagarreur. » Et aller-retour Berlin-Paris avec Colette Godard (in *Le Monde*, 14-04-1983) : « Heinrich Georg, interprète célèbre – avant 1933 – de l'ouvrier, de l'homme de gauche, une sorte de Gabin des premiers temps. »

---

18. Précisant la place de Georges Marchais dans la galerie des portraits nationaux, aux feux croisés du réel, de l'imaginaire et du symbolique, Alexandre Adler note à propos du plus illustre des prédécesseurs du secrétaire général du PCF : « Thorez s'est consciemment donné pour modèle Jean Gabin, c'est-à-dire l'image d'un groupe humain, les ouvriers professionnels, sûrs de leur destin et de leur place dans une société en croissance. Comme Gabin, il a évolué progressivement du jeune guerrier sexuellement agressif de *Gueule d'amour* et de *La Bandera* [...] au garagiste prospère et faussement rangé de *Touchez pas au grisbi*, arrêtant net un Lino Ventura [...] pour finir propriétaire terrien déchargeant sa chevrotine sur les maraudeurs demi-intellectuels qui tournaient autour de son domaine » (*Libération*, 11-01-1990).

19. Émile Beaufort, tout ensemble Clemenceau, Briand et Herriot, « sauveur providentiel, au-dessus des partis » ; *Le Président*, « tremplin poujadiste de la Vᵉ République » : voir la relecture de Gérard Lenne, in *La Revue du Cinéma* n° 359, mars 1981.

20. On lira avec profit le témoignage de Florence Moncorgé-Gabin, *Quitte à avoir un père, autant qu'il s'appelle Gabin*, Le Cherche-Midi, 2003.

21. Trois ans après, le personnage de Jean Gabin dénoncera la barbarie de la peine capitale dans le contexte assez différent de *Deux hommes dans la ville* écrit et réalisé par José Giovanni, coproduit et co-interprété par Alain Delon.

22. *Paris Match* n° 1074, 6-12-1969. Un homme de gauche à qui *des* gens de gauche ont fini par donner des idées de droite : la formule de Michel Audiard, mort en 1985, n'a jamais autant rencontré d'écho, légèrement actualisé, qu'en 2006.

23. Alain Rollat : « Mitterrandiste et fauriste, la conversion radicale de Pierre Poujade », *Le Monde*, 25/26-12-1983. Aux élections présidentielles de 2002, Pierre Poujade s'est rallié à Jean-Pierre Chevènement, *Le Monde*, 26-12-2001.

24. Position différente de sa partenaire du *Chat* : « Si j'ai refusé la Légion d'honneur, c'est pour rester fidèle à ce que j'ai écrit à ce sujet dans *La Nostalgie*... et aussi pour que Prévert, où qu'il soit, n'ait pas à rougir de moi » (Simone Signoret, à Jean-François Josselin, *Le Nouvel Observateur* n° 907, 27-03-1982).

25. (À André Brunelin, in *Gabin*, *op. cit.* p. 446). « C'est un écueil pour le comédien devenu star et parfois son propre producteur : il veut amener les rôles à lui au lieu d'aller, lui, vers les personnages. On a vu ainsi les meilleurs faire des erreurs : retripatouiller les scripts à leur gré, couper des scènes pour privilégier les leurs, bref avoir le pas sur le metteur en scène... ou n'accepter qu'un metteur en scène sans grande envergure pour le manœuvrer à leur guise » : ce n'est pas un muet du sérail qui le constate mais quelqu'un qui a voix au chapitre, un comédien nommé Charles Vanel (in *Monsieur Vanel*, Jacqueline Cartier, *op. cit.*, p. 272).

26. René Bonnell, *Le Cinéma exploité*, Le Seuil, 1978, p. 185. Effet de perspective à ne pas négliger : ce « personnage » des années 1960-70 se bat et se débat dans une société *conflictuelle*, alors que nous sommes depuis la fin des années 1980 dans une société à la fois *consensuelle* et *duale*.

---

27. « On pourrait noter dans les films français où figurait Jean Gabin, un trait presque systématique très proche des contraintes rituelles des séries télévisées, et dont je me suis toujours demandé, releva par ailleurs Gérard Genette, s'il figurait au contrat : cette obligation – mais je la perçois plutôt comme un privilège accordé à l'acteur – consiste à apparaître au moins une fois vêtu d'un pyjama (impeccablement repassé). Cette règle comportait peut être des exceptions, mais elle suffisait à soutenir l'intérêt de ces films, d'ailleurs inégaux en mérite : on guettait l'apparition du pyjama et sitôt satisfait ce rite, on pouvait rentrer chez soi. [...] Gabin arborait volontiers (quoique que successivement) plusieurs pyjamas dans le même film – peut-être deux dans *French Cancan* et, si j'ai bonne vue, quatre dans *Mélodie en sous-sol*. » (Gérard Genette, *Figures V*, « Des genres et des œuvres », Éditions du Seuil, 2002. Cité par Patrick Glâtre et Olivier Millot, *Jean Gabin, la traversée d'un siècle*, Créaphis, 2004, p. 39).

---

28. Même si la revue *Arts* affirmait au moment de la Nouvelle Vague que, des stars, « il n'y en a pas, en France » ; Dossier « Les Quatre vérités du cinéma français », *Arts*, 02-12-1959.

---

29. Voir Claude Gauteur et André Bernard, *Gabin ou les avatars d'un mythe*, PAC, 1976 ; Jacques Siclier et Jean-Claude Missiaen, *Jean Gabin*, Henri Veyrier, 1977 et André Brunelin, *Gabin*, Robert Laffont, 1987. Ces trois ouvrages sont les plus importants. Pour une bibliographie complète des autres livres et articles consacrés à Gabin, voir la fin de cet ouvrage.

---

30. Pour une liste des travaux anglo-américains sur les stars, voir la bibliographie à la fin de cet ouvrage.

---

31. Patrick McGilligan, *Cagney, the Actor as Auteur*, A.S. Barnes Co. Inc, Ney Work, 1975, p 1982. La thèse « Gabin auteur ou pas » est également discutée par Jean-Pierre Jeancolas qui écrit : « Ni Jean Gabin, ni Fernandel, ni, dix ans plus tard, Louis de Funès n'ont assumé la responsabilité des films qui les faisaient populaires. Mais il s'était créé entre eux et leur public une sorte d'accoutumance, une relation qui pesait lourd sur le travail des scénaristes ou de metteurs en scène peu originaux. » *Le Cinéma des Français, La Ve République 1958-1978*, Stock/Cinéma, 1979.

---

32. Dyer, *Stars*, p. 111 (citation ne figurant pas dans la traduction française).

---

33. Comme par exemple Goffredo Foffi, dans « The Cinema of the Popular Front in France (1934-38) » *Screen*, vol 14, n° 4, 1972, p. 28.

---

34. Voir Charles-Robert Ageron, « L'Exposition coloniale de 1931 : Mythe républicain ou mythe impérial ? », dans Pierre Nora, *Les Lieux de Mémoire*, Gallimard, 1984.

35. Voir à ce sujet, Michel Marie, « Sous l'uniforme, les nerfs et le muscle » et Frédérique Moreau, « Le cinéma colonial : un sous-genre, le film légionnaire dans les années 1930 », in *L'Avant-Scène Cinéma*, n° 285/286, 1982 ; voir aussi Pierre Boulanger, *Le Cinéma colonial*, Seghers, 1975.

36. Pour une analyse détaillée de *Moontide* et *The Impostor*, voir Ginette Vincendeau, « Not for Export : Gabin in Hollywood », in Alastair Phillips & Ginette Vincendeau (eds.), *Journeys of Desire, European Actors in Hollywood*, London, BFI, 2006.

37. Patrick McGilligan, *Cagney, The Actor as Author*, p. 207. Voir aussi Dyer, *Stars*, op. cit., pp. 42-44, et Dyer, *Heavenly Bodies*, op. cit., « introduction ».

38. Richard Dyer, « *A Star is born* and the construction of authenticity », in Christine Gledhill (ed), *Stardom, Industry of Desire*, Routledge, London, 1991, pp. 132-140.

39. Richard Dyer discute cet aspect du jeu de Judy Garland, dans « A Star is born », in Gledhill, *Stardom*, op. cit., pp. 138-139.

40. Comme le font remarquer Michèle Lagny, Marie-Claire Ropars, Pierre Sorlin (à propos de *La Belle Équipe*, *Les Bas-fonds* et *Pépé le Moko*) dans *Générique des Années 1930*, PUV, 1986, p. 203. Le fait est particulièrement marqué pour *Pépé le Moko* (où il n'apparaît qu'après 5 minutes de fiction) ; il l'est moins pour *La Belle Équipe* et *Les Bas-fonds* (2 minutes dans chaque cas).

41. André Bazin, « Jean Gabin et son destin », *Radio-Cinéma-Télévision*, 01-10-1950. Jean-Pierre Jeancolas, quant à lui, voit les morts fréquentes de Gabin à l'écran comme analogues au climat « morbide » de la France de l'immédiat avant-guerre ; interprétation tentante mais qui à mon avis présume un lien trop direct entre les films et leur contexte social (voir chapitre 6). In *15 ans d'années trente, Le Cinéma des Français 1929-1944*, Stock/Cinéma, 1983, puis Nouveau Monde éditions, 2005.

42. Thèse que j'ai proposée dans « Melodramatic Realism », *Screen*, Vol 30, n° 3, 1989.

43. Dyer, *Stars*, p. 130 (citation ne figurant pas dans la traduction française).

44. Pour une étude plus détaillée de *La Belle Équipe* (et *Pépé le Moko*), voir Ginette Vincendeau, « Community, Nostalgia and the Spectacle of Masculinity », *Screen*, Londres, novembre-décembre 1985.

45. Dyer, *Stars, op. cit.*, pp. 157/158 (citation ne figurant pas dans la traduction française).

46. Dyer, *Stars*, p. 158 (passage ne figurant pas dans la traduction française).

47. Sellier, *Jean Grémillon, op. cit.*, chapitre 1, pour une étude très poussée de ce film et en particulier sur le contraste milieu populiste-boulevard.

---

48. Roland Barthes commente sur cette disparité entre le langage utilisé par Dominici et celui des juges, dans « Dominici ou le triomphe de la Littérature », *Mythologies*, Éditions du Seuil, Collection Points, 1979 (édition originale : 1957) pp. 50-53.

---

49. Jean Delannoy sur *Maigret tend un piège*, in *Jean Delannoy, Filmographie, propos, témoignages*, présentés par Claude Guiguet, Emmanuel Papillon, Jacques Pinturault, Institut Jacques Prévert, Les Amis de Ciné-sous-Bois, 1985, p. 57.

---

50. Il est vrai que certains acteurs américains, comme Gary Cooper, John Wayne et Clint Eastwood, définissent leur jeu *aussi* par l'absence de mouvement. Leur présentation d'une certaine identité masculine en dépend. Comme Gabin, leur force découle du fait qu'ils n'ont pas besoin de s'agiter, mais elle dépend également – contrairement à Gabin – de leur aptitude à bouger rapidement si nécessaire (par exemple être rapides à la détente avec leurs révolvers, sauter sur leur cheval si nécessaire, etc).

---

51. *Le Monde*, 8 janvier 1987, p 25. Cet article est cité par Michèle Lagny dans son excellente analyse de *La Bête humaine* parue dans *French Film : Texts and Contexts*, Susan Hayward & Ginette Vincendeau (eds.), Routledge, London, 1990 & 2000, pp. 83-101.

---

52. Louis Chevalier, *Classes laborieuses et classes dangereuses*, op. cit., p. 453. Chevalier reprend dans cet ouvrage la classique analyse de Marx et Engels basée sur *Les Mystères de Paris* d'Eugène Sue, elle-même reprise par Umberto Eco (voir plus bas).

---

53. Dans une perspective différente, Michèle Lagny a aussi analysé l'effet de dédoublement de Gabin dans *La Bête humaine*, offrant au spectateur une position « d'ubiquité », qui lui permet de « voir, sans courir le risque impliqué par la vision » ; Lagny, dans *French Film : Texts and Contexts*, op. cit., p. 97.

---

54. Voir par exemple les analyses de Noël Burch sur la représentation de la France rurale dans le cinéma français des premiers temps, dans *Life to those Shadows* (« The Wrong Side of the Tracks »), BFI, London, 1990, pp. 43-79.

---

55. Patrick MacGilligan analyse un phénomène semblable, toutes proportions gardées, chez Cagney, dont l'image à la fin de sa carrière est très différente de celle des débuts et en même temps l'incorpore, lorsque « l'enfant rebelle des taudis Tom Powers devient le grand patron de l'industrie C.P. MacNamara ». in MacGilligan, *Cagney the Actor as Auteur*, op. cit., p. 191.

---

56. Claude Gauteur me signale qu'Autant-Lara aurait eu l'intention, par cette insertion de Nord-Africains, de faire une allusion à la guerre d'Algérie, alors bannie des écrans français. Il n'en reste pas moins que les forces combinées de l'image de Gabin en tant que « Français », de l'aspect sordide de l'hôtel, et de la remarque désobligeante sur la musique arabe, rendent l'épisode lisible surtout en termes d'altérité des Nord-Africains.

---

57. Formule reprise par Godard dans *Le Mépris* ; voir Jacques Aumont, « The fall of the gods », in Hayward & Vincendeau (eds), *French Film, Texts and Contexts*, op. cit., p 224.

---

58. Laura Mulvey, « Visual Pleasure and Narrative Cinema », *Screen*, Vol 16 n° 3, 1975 ; cet article, reproduit dans de nombreuses anthologies, est paru en français dans *20 ans de théories féministes sur le cinéma, Grande-Bretagne et États-Unis*, coordonné par Bérénice Reynaud et Ginette Vincendeau, *CinémAction* 67, CinémAction- Corlet, 1993.

---

59. La base psychanalytique des théories de Mulvey a été particulièrement contestée car elle court le risque de reproduire ce qu'elle critique, c'est-à-dire *l'absence* du féminin. D'autres études, s'inspirant particulièrement des études culturelles britanniques, ont mis l'accent au contraire sur la *présence* sociale et historique de la spectatrice de cinéma et tenté de théoriser ses plaisirs. Par ailleurs, d'autres études féministes ont cherché à expliquer l'expression d'un discours féminin au cinéma, par exemple dans les films réalisés par des femmes. Pour un survol des études féministes anglo-saxonnes, voir « *20 ans de théories féministes du cinéma* », *CinémAction* 67, *op. cit.*

---

60. Les textes les plus intéressants sur la masculinité au cinéma restent ceux de Pam Cook, Steve Neale et Richard Dyer publiés dans *Screen*, Vol 23 n° 3/4, 1982, ainsi que ceux de Steve Neale (« Masculinity as spectacle ») dans *Screen*, Vol 24 n° 6, 1983, et Ian Green (« Malefunction ») dans *Screen*, Vol 25 n° 4/5, 1984. Le texte de Pam Cook (sur *Raging Bull*) est paru en français dans *Hollywood en VO*, coordonné par Noël Burch, Nathan Université, 1992.

---

61. Miriam Hansen, *Babel and Babylon : Spectatorship in American silent film*, Harvard University Press, Cambridge Mass, London, 1991. Un extrait du chapitre sur Valentino est paru dans « 20 ans de théories féministes du cinéma », *CinémAction* 67, *op. cit.*

---

62. Même si cette « femme » n'est souvent que le fantasme masculin de la féminité, le cinéma américain a néanmoins mis des stars féminines sur un piédestal (Garbo, Dietrich, Crawford, etc) d'une manière quasiment inconnue dans le cinéma français (sauf peut-être brièvement avec Bardot).

---

63. Voir les résultats des enquêtes de *La Cinématographie française* et commentaires de Marcel Colin-Reval, publiés le 19-03-1937, 25-03-1938 et 31-03-1939. Voir aussi le chapitre V de Lagny, Ropars et Sorlin, *Générique des années 1930*, *op. cit.*

64. Voir en particulier : Raymond Bellour, *L'Analyse du film*, Albatros, 1979 ; Peter Wollen, *Readings and Writings : semiotic counter-strategies*, Verso, London, 1982 ; Laura Mulvey, *Visual and Other Pleasures*, Macmillan, London, 1989.

65. Voir Lagny, Ropars & Sorlin, *Générique des années 1930*, op. cit., et Ginette Vincendeau, « Community, nostalgia and the Spectacle of Masculinity », *Screen*, Vol 26 n° 6, 1985.

66. Pour une analyse de la figure père/fille dans le cinéma des années 1930, voir Ginette Vincendeau, « Daddy's Girls, Oedipal Narratives in French Cinema of the 1930s », Iris, janvier 1989. Voir aussi Noël Burch and Geneviève Sellier, La Drôle de guerre des sexes du cinéma français 1930-1956.

REMERCIEMENTS

Danièle Lacaille-Gauteur, Josy et André Bernard, Henriette et Roger Commault, Jean-Pierre Busca, François Guérif, Barthélemy Amengual, Jean-Pierre Bouyxou, Raymond Chirat, Philippe Esnault, Nadine Christophe, Louis Demay, Pierre Didier, *Écran*, *Positif*, *La Revue du cinéma*, *Télé Médecine*, *Le Film français*, les bibliothèques de l'Arsenal et de l'Idhec – Femis.

Claude Gauteur

Pour leur contribution à mon stock de documents et cassettes vidéo des films de Jean Gabin, merci à Odette, Raymond, Jean-Louis et Sophie Vincendeau, Sylvie Pliskin, Michel Marie, Gertrud Koch, Thomas Elsaesser, Elaine Lenton, Peter Graham, Victor Perkins, Michèle Lagny, Véronique Bourdis, Biddy Fischer. Remerciements spéciaux à Jane Mitchell pour son travail minutieux d'analyse statistique de certains films.

Enfin, pour leur lecture vigilante et leurs précieux commentaires sur ce texte, merci à Michel Marie, Claude Gauteur, Simon Caulkin et Richard Dyer.

Ginette Vincendeau

TABLE DES MATIÈRES